中等职业教育汽车运用与维修系列教材

汽车总线技术

主　编　徐景波
副主编　余红梅

中国人民大学出版社
·北京·

前言
Preface

随着人们对汽车的安全、节能、环保以及舒适等性能要求的提高，目前汽车上的电子设备越来越多，微控制器的数目多达几十个。汽车总线技术（也称为车载网络技术）是现代汽车电子技术的发展趋势之一，它不仅解决了汽车电子化出现的线路复杂和线束增加的问题，而且实现了控制系统间信息和资源的共享，是车上信息和控制系统的支撑。

汽车总线技术在现代汽车电子技术中的地位越来越重要，德国的汽车维修职业教育中专门设有汽车网络方向。目前国内这方面的教材大多数偏重于网络理论，不符合高等职业教育的特点。编者从事汽车单片机和网络教学十几年，同时又在汽车维修企业负责技术工作，一直致力于编写一本让汽车修理工和中、高职学生看得懂、用得上的车载网络教材。本书尽量避免高深的网络通信理论，力图用通俗的语言将汽车总线技术介绍清楚。本书以汽车机电维修工的工作需要为出发点，与汽车网络维修实践紧密结合，充分吸收了“行动导向”的职业教育理念，满足了现代职业教育的需要。

本书借鉴德国大众汽车网络维修培训资料，在计算机网络技术、现场控制技术和多年的教学实践的基础上编写而成，内容包括汽车单片机基础、汽车网络技术基础、大众轿车CAN总线系统及总线装置、CAN总线控制系统的维修、汽车总线电路读识和车载网络系统的通信、汽车媒体网络等。

参加本书编写工作的有：承德石油高等专科学校徐景波（编写第2、3、4、5章），承德石油高等专科学校余红梅（编写第1、6章）。本书由徐景波担任主编，余红梅担任副主编。

由于编者水平有限，教材难免有疏漏之处，希望各教学单位在积极选用和推广本系列教材的同时，及时提出修改意见和建议，以便再版修订时改正。

在编写本书过程中，编者参考和借鉴了大量的相关资料和书籍，在此一并向有关作者致以最诚挚的谢意！

编　者

前言

编者

目录

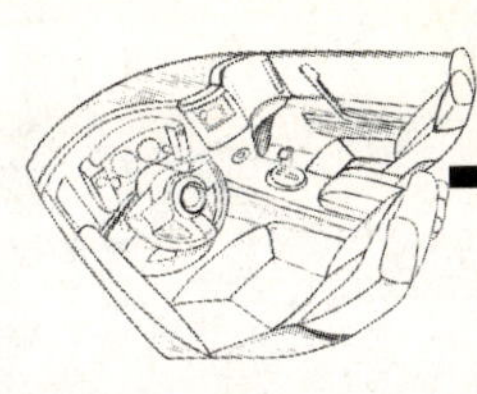

第1章

汽车单片机基础

引　言

单片机是单片微型计算机（Single Chip Micro Computer）的简称，也称为微处理器（Micro Processor Unit，MPU）或微控制器（Micro Controller Unit，MCU）。它和大家熟悉的奔腾等PC都属于微机家族。但单片机（微控制器）是主要用于控制目的的一种专业微处理器，它更接近于智能化电子元件而不是计算机。

一个只有几元钱的智能元件，在电子应用领域几乎无所不能，由于单片机的诞生，电子应用进入了“智能化”时代。单片机以其功能强、体积小、可靠性高、面向控制及价格低廉等一系列优点，在工业控制、智能化仪器仪表、计算机通信、家电、玩具、汽车等领域得到了广泛的应用。

学习任务一　单片机系统

学习目标： 1. 能够描述单片机系统的组成和最简单的单片机系统。
　　　　　2. 能够正确描述单片机主要硬件的作用。

学习方法： 启发式教学，多媒体教学和实验演示相结合。

1. 单片机就在我们身边

你见过单片机吗？其实它就藏在我们日常生活的常用设备中：电子表、计算器、掌上游戏机、数码照相机、录音笔、电视与空调的遥控器以及汽车电脑板等，不胜枚举。在PC内部也有单片机，它化身成光驱激光读取头的控制器以及网卡、键盘和鼠标的控制芯片等。图1—1是丰田5A-FE发动机电脑主板，它的核心部件就是单片机。

单片机从外形上看就是一枚芯片，但是它整体的工作原理和PC是一模一样的，它仍然是一个不折不扣的典型微机系统，它具有组成计算机系统的三个要素：CPU、内存和I/O（输入/输出接口）。

如图1—2所示，所有微机系统都由CPU、内存、I/O和外部设备组成：

CPU：运算或逻辑上的判断；

存储器：存放程序与数据；

图 1—1　丰田 5A-FE 发动机电脑主板

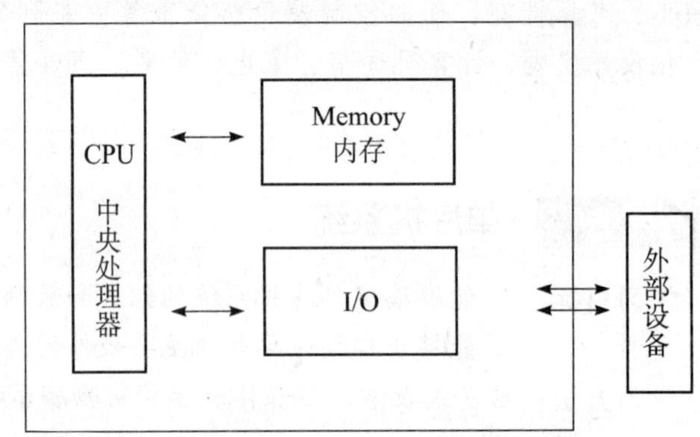

图 1—2　计算机的基本组成

I/O：与外界沟通的桥梁，连接传感器、执行器、显示等外部设备。

2. 最简化的单片机系统

单片机可以控制汽车、航空航天等各种复杂控制系统，也可以控制灯光、门窗等简单控制系统，如果控制对象简单，那么单片机控制系统可以非常简单。

以 AT89C2051 单片机为例，最简化系统只需要一个＋5V 电源，可以用干电池或稳压电源提供；由＋5V 电源和一个电容组成的复位电路；一个石英晶体和两个电容组成的振荡电路；满足以上三个硬件条件，同时存入相应程序，就可以实现对控制对象发光二极管的控制，如图 1—3 所示。

实际上上述三个条件也是汽车电脑工作的必要条件，如果发现汽车电脑不工作，那么依次检查的也是电源、复位电路和振荡电路。

对于复杂的控制系统，需要有相应的微机硬件系统和软件系统。

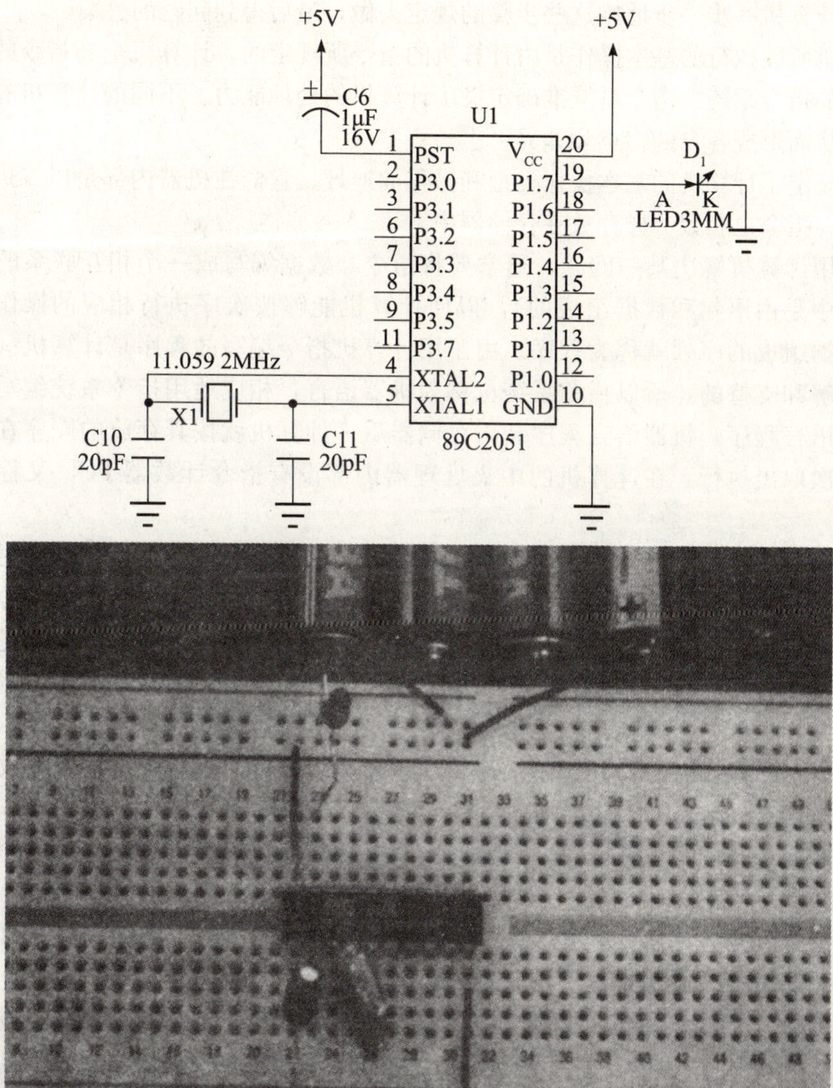

图 1—3　最简化的单片机系统

开发过程也很简单，在 PC 的编程软件上，编好程序如 Prog01. asm（见学习任务二）后，通过 USB 接口和刻录机可以将程序直接写入单片机 AT89C2051，然后取下单片机芯片，在面板上接好电路，发光二极管即可按照程序进行亮、灭控制。

3. 微型计算机的硬件系统

汽车用微机和通用微机的硬件系统的基本组成大致相同。它们都是由运算器、控制器、存储器、外部设备、接口等组成的。大规模集成电路已将计算机的运算器及控制器集成在一块芯片上，该芯片即为单片机或微处理器。

（1）中央处理器。

1）指令简介。用计算机解决任何问题，都先要把问题的解法分解为非常简单的一些步骤，让计算机一步一步地按这些步骤的规定去做，最后得到问题的答案。

计算机所能执行的基本操作是由计算机的指令所规定的。计算机全部指令的集合称为该计算机的指令系统。指令系统准确定义了计算机的处理能力。不同的计算机有不同的指令系统，从而形成各自的特点和差异。

指令规定了计算机的基本操作类型和操作的地址。它们在机器内部是以二进制编码形式表示的。指令也和数一样存放在存储器中。

为了用计算机解决某一问题，通常要将指令和数据编写成一个相互联系的序列（在高级语言中是由语句和数据组成的），以便计算机能够按次序执行相应的操作，这个由指令和数据组成的序列就称为程序。由于用计算机指令编写的程序是计算机（机器）所能直接理解和支持的，所以指令系统也称为机器语言，相应地用指令系统编写的程序就称为机器语言程序。机器语言程序装入存储器后，计算机就按其存放的顺序在计数器的指引下依次取出执行。在计算机的中央处理器内部设有指令计数器 PC，又称为程序计数器。

2）中央处理器的组成。中央处理器（CPU）是整个计算机硬件部分的指挥中心。CPU 根据程序中的一条一条指令，控制计算机各部分协调地工作，完成对数据进行加工和处理的任务。与此相对应，CPU 由两部分组成：一为控制器，简写为 CU，它控制各部分协调工作；二为算术逻辑运算器，简写为 ALU，它负责算术和逻辑运算，核心为一个运算器。

为了提高计算机的效率，CPU 中一般还包括一组寄存器，它们由指令计数器（PC）、指令寄存器（IR）、变址寄存器、堆栈指针、若干个通用寄存器(R_i)和反映计算机状态的状态指示寄存器等组成。寄存器具有存储器功能，同时由于这些寄存器是由一些高速电子线路构成的，并且处于 CPU 的内部，所以，其存取速度较之存储器快。

(2）存储器。存储器一般分为两种：能读出也能写入的存储器称为随机存储器，简称 RAM；只能读出的存储器叫做只读存储器，简称 ROM。

在单片机中，RAM 主要用来存储计算机输入/输出数据（传感器和执行器数据）和计算过程中产生的中间数据等。根据需要，RAM 的数据可随时调出或被新的数据代替（改写）。RAM 在计算机中起暂时存储信息的作用。当电源切断时，所有存入 RAM 的数据均完全消失。

在发动机运行时，为了保存 RAM 中的一些数据，如故障码、空燃比学习修正值等，防止点火开关关断时，因电源被切断而造成数据丢失，ECU 都与常供电（30 号线）相连。为此，如无必要不能断开蓄电池的正极和搭铁，以防止存入 RAM 的数据丢失。

ROM 用来存储固定数据，即存放各种永久性的程序和永久性、半永久性的数据，单片机中 ROM 一般用来存放程序，如电子控制燃油喷射发动机系统中的一系列控制程序软件、喷油特性、点火控制特性以及其他特性数据等。这些信息资料一般都是在制造时由厂家一次性存入，使用时无法改变其中的内容，当电源切断时，存入 ROM 的程序不会丢失，通电后又可以立即使用。

(3）输入/输出接口。输入/输出接口也称为 I/O，它是单片机与外界沟通的桥梁，连接传感器、执行器、显示器等外部设备，同时也可以与其他计算机相连进行数据交换（通信)，详见本章学习任务四。

学习任务二　单片机的软件系统

学习目标： 了解什么是汇编语言，如何将程序写入单片机，认识单片机的软件系统。

学习方法： 启发式教学，多媒体教学和实验演示相结合。

1. 单片机的应用软件

一般单片机系统的开发是先完成硬件部分，接着开始编写程序，如果要求执行速度够快而内存很小的话，那么汇编语言应该是首选，如果程序较为复杂，为了节省开发时间，通常采用 C 语言。

一般在 PC 的应用软件上编写程序，程序经过编译程序翻译成机器码的二进制文件后，就可以把该二进制文件由 PC 发送给刻录器对单片机进行刻录。刻入单片机后再把该芯片放到已布好线等待测试的硬件线路板上，接上＋5V 电源后，看程序执行是否如我们所预期的。如果不是，那么可能是程序某个部分有错误，必须重新修改程序。这时就要重新进入程序主体，判断哪一部分出了问题，接下来又是重新编译与重新刻录，再做一次测试。单片机的开发过程是由多次的“修改”构成的，当然其中也包括硬件的修正在内。如图 1—3 所示，指示灯亮灭控制程序（汇编语言）Prog01. asm 为：

```
                ORG      0000H
                MOV      R0, #00H
STAR    DJNZ    R0, $
LOOP    MOV     SP, #50H
                MOV      P3, #00H
                CALL     DELAY
                MOV      P3, #FFH
                CALL     DELAY
                SJMP     LOOP
;
DELAY   MOV     R0, #00H
$1      MOV     R1, #00H
$2      DJNZ    R1, $2
```

将该程序写入单片机，按照图 1—3 接好电路，发光二极管即可自动进行亮、灭交替工作。

2. 单片机的系统软件

对于较复杂的单片机系统，如汽车电控系统，就必须配备操作系统才能工作。由于单片机的操作功能比较简单，还算不上名副其实的操作系统，因而被称为监控程序。

微机的系统软件包括：操作系统、各种语言的编译程序及应用软件和工具软件等。

3. 专用微机的软件系统

在汽车微机控制系统中，除硬件设备外，还必须配备一定的软件。软件包括系统软件和应用软件两大部分。系统软件一般用得较少，只有装备上述电子地图一类的特殊装置时才需要。这种软件一般是通用的，如 Windows 操作系统等。应用软件则要根据使用场合及硬件配置情况由汽车制造厂自己编制。

汽车计算机控制系统中的应用软件，是为了过程控制或其他控制而编制的用户程序，软件的实时性要求很高，多数情况下采用汇编语言。

在微机控制系统中，控制对象都是不一样的，不仅控制系统本身的硬件配置不同，而且系统应用软件也各不相同。但控制系统中的应用软件必须满足实时性、针对性、灵活性、通用性和可靠性几个方面的基本要求。

学习任务三 微机的外部设备

学习目标：认识微机的主要外部设备和常用汽车电控系统设备。

学习方法：启发式教学，多媒体教学和实验演示相结合。

计算机的输入/输出设备和外存储器，统称为计算机的外部设备。它是人与计算机互相联系进行数据处理的设备，即人—机接口设备，是计算机系统的重要组成部分。常用的输入设备有各种传感器、键盘等。常用的输出设备有各种执行机构（执行器）、显示器等。

在图 1—3 所示的最简化的单片机系统中，外部设备只有输出设备，即执行机构“发光二极管”。

1. 传感器

微机控制系统一般由传感器、控制器（单片机为核心）和执行机构三部分组成。

在微机控制系统中，传感器是把非电信号（温度、压力、转速等）转化为电信号（一般为电压形式）以便计算机识别的装置。同样，在汽车微机控制系统中，控制和检测对象的参数尽管是多种多样的，但都要变成电信号，这种电信号可分为模拟信号和数字信号两种。

（1）模拟传感器。微机控制对象的各种被测参数如冷却液温度、空气流量、转速等都是通过传感器变成模拟信号，然后经过 A/D 转换器转变成数字信号进入 CPU。

（2）数字传感器。数字传感器大都产生离散信号。例如，转速传感器产生的信号，经过数字传感器的预处理变成 CPU 要求的标准脉冲后，进入 CPU 控制的计数器，通过测频或测周期的算法，就可求出相应的转速值。

另外，各种手动和自动开关如汽车的点火开关、空调开关、压力开关等，对于微机控制系统来说，它们都是数字传感器。通常这些信号代表两种状态，如开与关、高电平与低电平等。

2. 执行装置

执行装置是指单片机驱动的受控对象的部件，如图 1—3 中的发光二极管、汽车电控喷射的喷油器（电磁阀）、自动空调的风门电动机等，有模拟信号控制和数字信号控制两种执行装置。

（1）模拟执行装置。模拟执行装置是单片机的输出装置，例如，自动空调的风门电动机、电子加速机构中的节气门开度控制器等。

（2）数字执行装置。汽车数字执行装置有喷油器的电子线圈、电子点火的点火线圈、自动变速器的占空比控制电磁阀等。

如图 1—4 所示为本田雅阁主要传感器和执行装置。

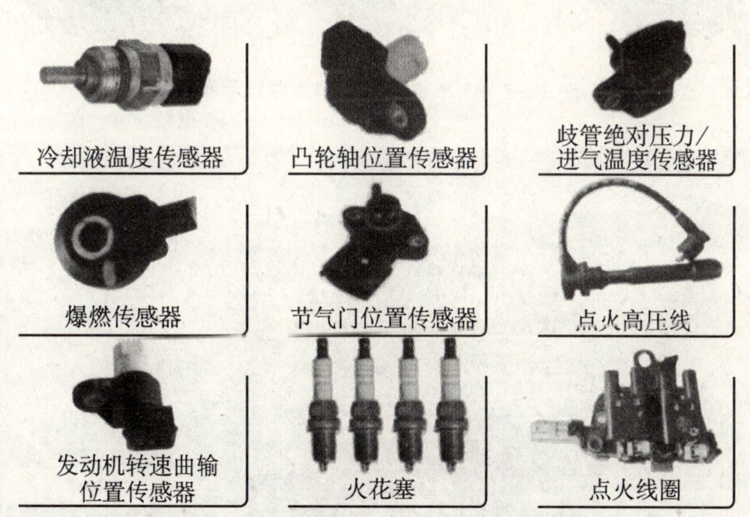

图 1—4　本田雅阁主要传感器和执行装置

3. 键盘

键盘是人和计算机对话的主要设备之一。人们通过键盘将编好的程序、命令等信息输入给微处理机。

汽车上用的许多微机系统一般无须安装键盘。此类微机是专门用于汽车检测与自动控制（如点火、喷油、防滑制动控制等）的。它的程序是事先编好并存储于微机的存储器内，且是固定不变的。只要通过传感器等信号启动相应的程序即可完成相应的自动控制。如果汽车的自动控制系统出现故障，需要调用系统的自诊断程序时，可以通过开关或简单的连接线即可实现人—机对话的目的。

但也有许多汽车微机控制系统装有微型键盘，以便于人—机对话，如自动空调控制键盘、导航控制键盘等。

如图 1—5 所示为汽车空调键盘和液晶显示器。

4. 显示器

显示器是计算机的输出装置。汽车上的显示器主要有 LED（发光二极管）、LCD（液晶显示器）和 CRT（阴极射线显像管）等几种。

如图 1—6 所示为汽车仪表显示器。

图 1—5　汽车空调键盘和液晶显示器

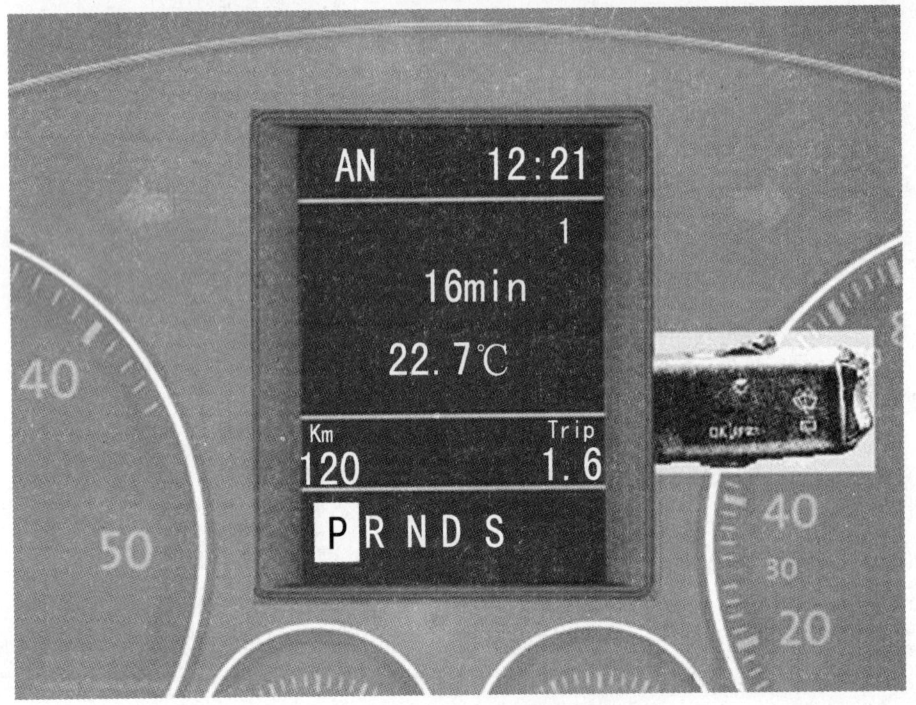

图 1—6　汽车仪表显示器

5. 外存储器

因为计算机的直接寻址范围受地址总线的限制，如 16 位地址线，最大寻址范围只有 64 KB，一般是不够用的。因此，需要外部存储器支持。另外，如果程序存放在外部存储器 ROM 中，更便于程序的更新，如果厂家需要对控制程序进行修改或更新，那么只需要更换 ROM 芯片即可。

学习任务四　单片机的接口与通信

学习目标：了解接口的基本概念，认识通信的基本原理，掌握总线和总线标准的概念。

学习方法：启发式教学，多媒体教学和实验演示相结合。

1. 接口与通信的基本概念

接口也称为输入/输出口（I/O），是一种在微处理机和外围设备之间控制数据流动和数据格式的电路。简单地说，接口就是连接两个计算机或电子设备单元的部件。

计算机、单片机系统以及外围设备等相互之间进行的数据和信息交换称为通信。例如，计算机之间通过网络进行的数据交换称为通信，而鼠标、键盘和显示器等与计算机之间的数据交换也称为通信。

在当今信息时代，通信的应用无处不在，通信的种类也五花八门，但从数据发送和接收的基本方式来看，无非分为两种，即并行收发和串行收发，或称为并行通信和串行通信。

如 MCS-51 单片机具有并行和串行两种通信方式，它和外部的并行通信是通过 4 个并行 I/O 端口实现的，而和外部的串行通信则通过芯片 P3 端口的第二功能引脚 RXD 及 TXD 来实现。串行接口和并行接口统称为输入/输出（I/O）接口，如图 1—7 所示。

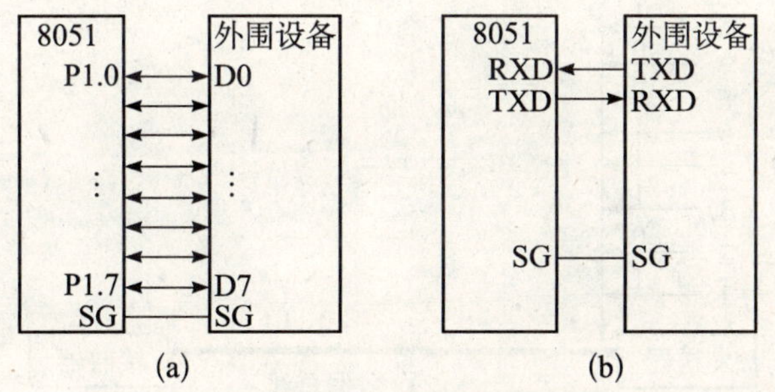

图 1—7　并行与串行通信的数据传输方式

（a）并行通信；（b）串行通信

2. 并行接口

同时传输两位或两位以上的数据称为并行传输。以并行传输方式通信时，把多位数据（如 8 位数据）的各个位同时传送，如图 1—8 所示。微机内部几乎都采用并行传输方式。由于 CPU 与外部设备的速度不同，外部设备的数据线不能直接接到总线上。为使 CPU 与外部设备的动作匹配，两者之间需要有缓冲器和锁存器。缓冲器和锁存器用于暂时保存数据。具有这些功能的接口称为并行接口。

并行通信的优点是通信速度快；缺点是数据有多少位，就需要多少根数据线，显然通信成本较高。MCS-51 单片机与片外存储器之间的数据通信就属于并行通信，计算机内部的数据传输基本上也都是并行通信。

但是由于并行通信占用数据线多，传输距离短，因此计算机之间以及计算机与外围设备之间进行的通信大都采用串行通信。

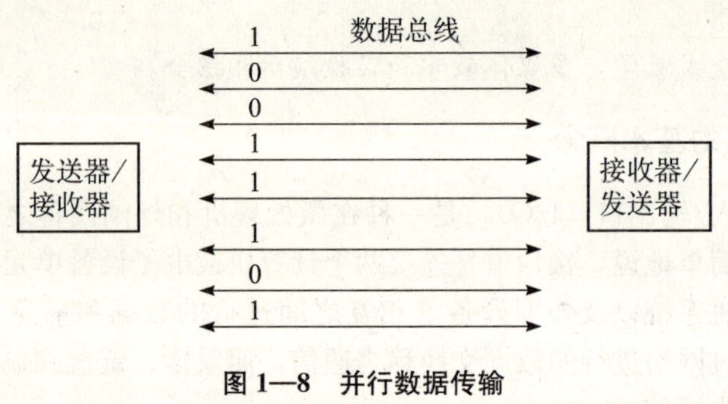

图 1—8　并行数据传输

3. 串行接口

一次传输一位数据称为串行传输，如图 1—9 所示。以串行传输方式通信时使用的接口称为串行接口，它由接收器、发送器和控制器三部分组成。接收器把外部设备送来的串行数据变为并行数据送到数据总线；发送器把数据总线上的并行数据变为串行数据发送到外部设备。控制器是控制上述两种变换过程的电路。串行接口的主要用途是进行串/并、并/串转换。

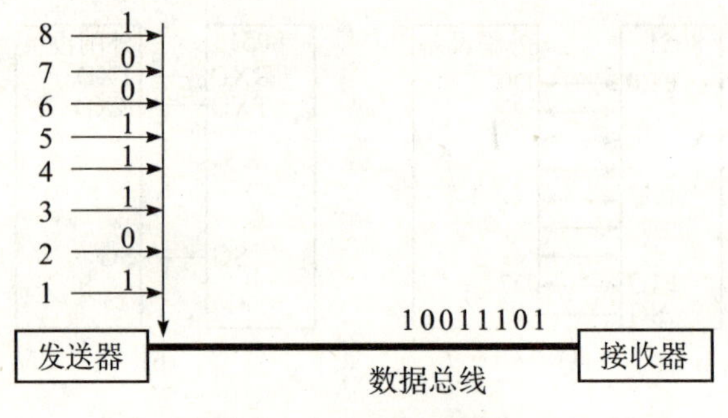

图 1—9　串行数据传输

单片机之间以及其与外围设备之间进行的通信大都采用串行通信，我们常用的"USB"接口就是串行接口即"标准串行输入/输出口"的简称。

4. 总线与总线标准

(1) 总线的功能。总线（BUS）传送的是数据信号，总线是计算机各模块之间、计算机与外部设备之间、计算机与计算机之间传输信息的公共通道。之所以称为总线，是因为每个模块或计算机在经过批准后都可以使用这个公共通道来传输信息。

总线和导线最大的区别是，总线是公共的，如一根网线可以连接成百上千台计算机并同时工作，而每台计算机可以同时接收和发送各种不同的信息。这是因为总线传递的是数字信号，是分时复用的，即不同的信息在不同的时刻（每条信息占用的时间极短）经总线传送信息；而导线是专用的，同一时间只能传递一种信号，导线传递的是模拟信号或单个数字信号。

(2) 总线的应用。计算机系统中需要进行大批量、高速率的数据传输。数据传输在计算机系统的集成电路芯片的内部、集成电路芯片之间、计算机内部各部件之间、计算机与计算机之间、计算机与其他仪器或设备之间进行。所有这些数据传输必须依赖总线来进行。总线是这些数据传输的必经之路。

(3) 接口电路与总线技术。在计算机系统中，接口电路是计算机之间、CPU 与各种外部设备之间进行大批量信息交换的中间电路。

为了充分发挥总线的功能，接口电路的设计、生产、使用必须符合总线标准。总线技术是接口电路设计、生产、使用的最重要的技术之一，通用总线必须标准化。总线的标准化有利于简化接口电路的设计和生产，有利于增加接口电路产品的通用性（兼容性）。

(4) 单片机之间的通信。在相同型号的单片机之间进行通信（数据交换），只需要把单片机的 I/O 接口直接相连，通过一定的程序就可以交换数据，如图 1—10 所示，就像两个同一语言的人直接对话。

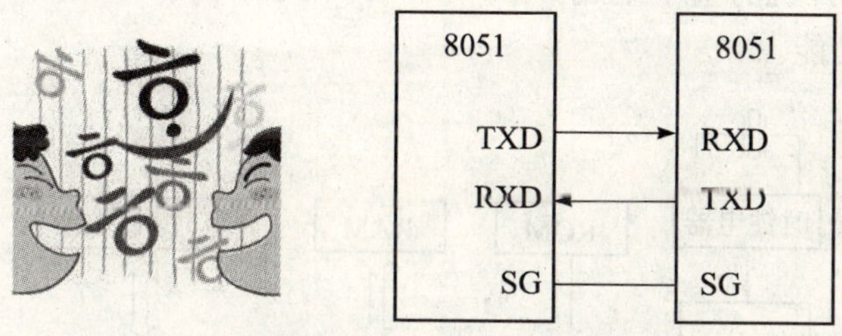

图 1—10　相同型号单片机之间的直接串行通信

但是为了使不同种类、不同制造商的设备相互之间能够顺利地进行串行通信，就必须有相应的接口电路，必须遵守一定的通信标准。就像不同语言的人之间的对话必须借助于翻译，而翻译必须掌握相应的语言规则，翻译就相当于接口电路（硬件），语言规则就相当于通信标准（软件），如图 1—11 所示。

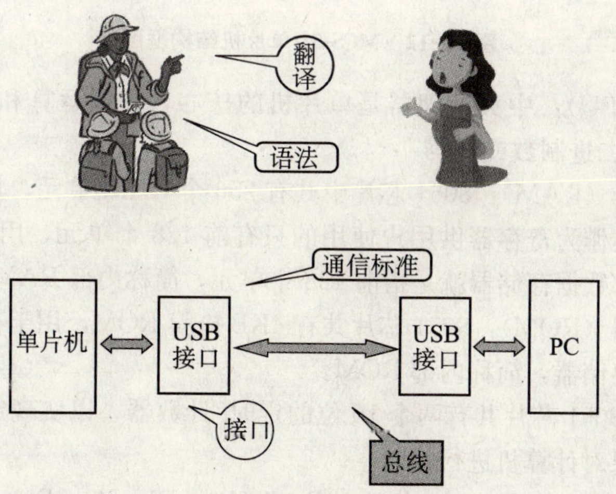

图 1—11　不同型号或不同种类设备相互之间的串行通信

当我们通过 Internet 进行通信时，需要通过网卡（专用接口）和其他各种类型的计算机进行通信，而网卡需要符合通信标准（ADSL）的软件驱动。为了满足不同种类的通信，要求有成百上千种接口和总线标准，如宽带网络通信的总线标准 ADSL、无线通信总线标准“蓝牙”以及目前广泛应用的汽车总线标准“CAN”。

学习任务五 常用单片机

学习目标： 了解MCS-51单片机的内部结构、MCS-51和P97C591的功能。

学习方法： 启发式教学，多媒体教学和实验演示相结合。

1. MCS-51单片机

（1）MCS-51单片机简介。1980年Intel公司推出了8位高档MCS-51系列单片机。它们是一代至今还被人们广泛应用的性能优异的单片机。由于MCS-51系列单片机的应用非常广泛，因而在本节将详细地予以介绍。

（2）MCS-51单片机的基本组成。MCS-51单片机的基本组成如图1—12所示。下面介绍各部分的基本功能。

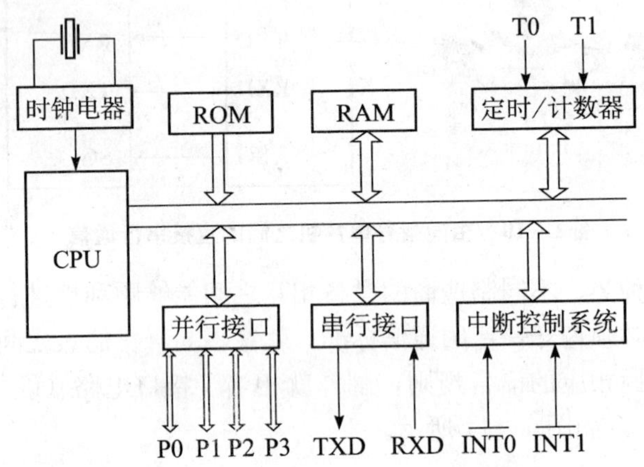

图1—12 MCS-51单片机结构框图

中央处理器（CPU）：中央处理器是单片机的核心，完成运算和控制功能。MCS-51的CPU能处理8位二进制数或代码。

内部数据存储器（RAM）：8051芯片中共有256个RAM单元，其中后128个单元被专用寄存器占用。能作为寄存器供用户使用的只有前128个单元，用于存放可读/写的数据。通常所说的内部数据存储器就是指前128个单元，简称内部RAM。

内部程序存储器（ROM）：8051芯片共有4KB掩膜ROM，用于存放程序、原始数据或表格，称为程序存储器，简称内部ROM。

定时/计数器：8051芯片共有两个16位的定时/计数器，以实现定时或计数功能，并以其定时或计数结果对计算机进行控制。

并行接口：MCS-51共有4个8位的I/O口（P0、P1、P2、P3），以实现数据的并行输入/输出。

串行接口：MCS-51单片机有一个全双工的串行口，以实现单片机和其他设备之间的串行数据传送。该串行口功能较强，既可作为全双工异步通信收发器使用，也可作为同步移位器使用。

中断控制系统：MCS-51 单片机的中断功能较强，以满足控制应用的需要。

8051 芯片共有 5 个中断源，即两个外中断、两个定时/计数中断、一个串行中断。全部中断分为高级和低级共两个优先级别。

时钟电路：MCS-51 芯片的内部有时钟电路，但石英晶体和微调电容必须外接。时钟电路为单片机产生时钟脉冲序列。系统允许的晶振频率一般为 6 MHz 和 12 MHz。

(3) MCS-51 单片机的引脚功能。MCS-51 是标准的 40 引脚双列直插式集成电路芯片。引脚排列如图 1—13 所示。

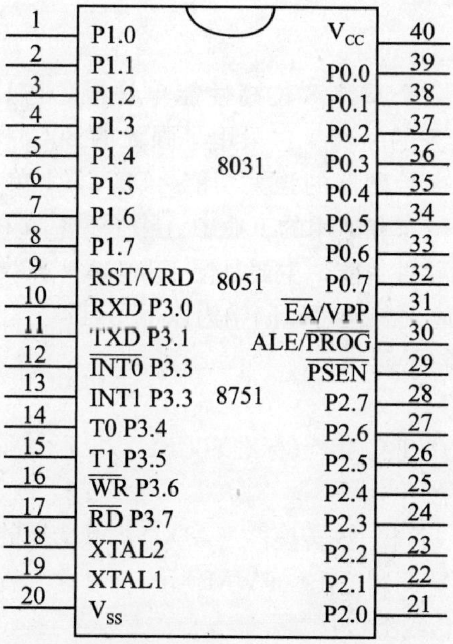

引脚	名称		名称	引脚
1	P1.0		V_{CC}	40
2	P1.1		P0.0	39
3	P1.2		P0.1	38
4	P1.3		P0.2	37
5	P1.4	8031	P0.3	36
6	P1.5		P0.4	35
7	P1.6		P0.5	34
8	P1.7		P0.6	33
9	RST/VRD	8051	P0.7	32
10	RXD P3.0		$\overline{EA}$/VPP	31
11	TXD P3.1		ALE/$\overline{PROG}$	30
12	$\overline{INT0}$ P3.3		$\overline{PSEN}$	29
13	INT1 P3.3	8751	P2.7	28
14	T0 P3.4		P2.6	27
15	T1 P3.5		P2.5	26
16	$\overline{WR}$ P3.6		P2.4	25
17	$\overline{RD}$ P3.7		P2.3	24
18	XTAL2		P2.2	23
19	XTAL1		P2.1	22
20	V_{SS}		P2.0	21

图 1—13　MCS-51 引脚图

MCS-51 单片机芯片 40 条引脚的定义及简单功能如下：

P0. 0～P0. 7：P0 口 8 位双向 I/O 接口线；

P1. 0～P1. 7：P1 口 8 位双向 I/O 接口线；

P2. 0～P2. 7：P2 口 8 位双向 I/O 接口线；

P3. 0～P3. 7：P3 口 8 位双向 I/O 接口线。

ALE：地址锁存控制信号。在系统扩展时，ALE 用于控制把输出的低 8 位地址锁存起来，以实现低位地址和数据的隔离。此外，由于 ALE 是以晶振 1/6 的固定频率输出的正脉冲，因此，可作为外部时钟或外部定时脉冲使用。

$\overline{PSEN}$：外部程序存储器读取信号。在读外部 ROM 时，$\overline{PSEN}$ 有效（低电平），以实现外部 ROM 单元的读操作。

$\overline{EA}$：访问程序存储控制信号。当信号为低电平时，对 ROM 的读操作限定在外部程序存储器；当信号为高电平时，对 ROM 的读操作是从内部程序存储器开始，并可延至外部程序存储器。

RST：复位信号。当输入的复位信号延续两个机器周期以上的高电平时即为有效，用以完成单片机的复位初始化操作。

XTAL1 和 XTAL2：外接晶体引线端。当使用芯片内部时钟时，这两个引线端用于外接石英晶体和微调电容；当使用外部时钟时，用于接外部时钟脉冲信号。

Vss：地线。

Vcc：＋5V 电源。

由以上介绍的内容可知，MCS-51 单片机系列芯片引脚的数目是 40 条，但单片机为实现其功能所需要的信号数目远超过此数，于是就出现了需求矛盾。为了解决这一矛盾，有一些引脚具有双重功能，在单片机的引脚中，有些引脚还有第二功能。

2. P87C591 单片机

(1) 简介。P87C591 是一个单片 8 位高性能单片机。它具有片内 CAN 控制器，是 80C51 单片机家族中非常优秀的一员。它采用了强大的 80C51 指令集，并成功地包含了 PHILIPS 公司 SJA 1000CAN 控制器的强大功能。P87C591 单片机以其先进的 CMOS 工艺制造和设计，广泛应用于汽车和通用的工业中。除了 80C51 的标准特性之外，该器件还为这些应用提供许多专用的硬件功能，主要是便于和 CAN 总线进行连接。

(2) 特性。P87C591 的主要特性可以归纳为以下几点：

- 16KB 的内部程序存储器。
- 512KB 片内数据 RAM。
- 3 个 16 位定时/计数器 T0、T1（标准 80C51）和 T2（捕获和比较）。
- 1 个片内看门狗定时器 T3。
- 带 6 路模拟输入的 10 位模/数转换器（ADC），可选择的快速 8 位 ADC。
- 2 个 8 位分辨率的脉宽调制输出（PWM）。
- 具有 32 个可编程的总线 I/O 接口。
- 保密位，32KB 加密阵列。
- 4 个中断优先级，15 个中断源。
- 有两个 16 位的 DPTR 寄存器可以提供对外部数据存储器的寻址方法。
- 可禁止 ALE 实现降低 EMI。
- 低电平复位信号。
- 增强型 PeliCAN 内核。
- 温度范围－40～85℃。
- 提供 44 引脚的 LCC 封装。

P87C591 是一种带 CAN 控制器的单片机，其与 CAN 总线连接时的典型应用接口电路如图 1—14 所示。

本单元在了解微型计算机工作原理的基础上，对其重要组成部分及外围设备做了详细的讲解。应了解微机（单片机）应用系统是由硬件和软件组成的。硬件是应用系统的基础。应掌握各部分的主要功能。软件则在硬件的基础上对其资源进行合理调配和使用，从而完成应用系统所要求的任务。在汽车控制系统中，软件往往是由生产厂家写入的，硬件、软件二者相互依赖，缺一不可。应了解常用的 MCS-51 单片机的内部组成结构、外部各引脚功能。

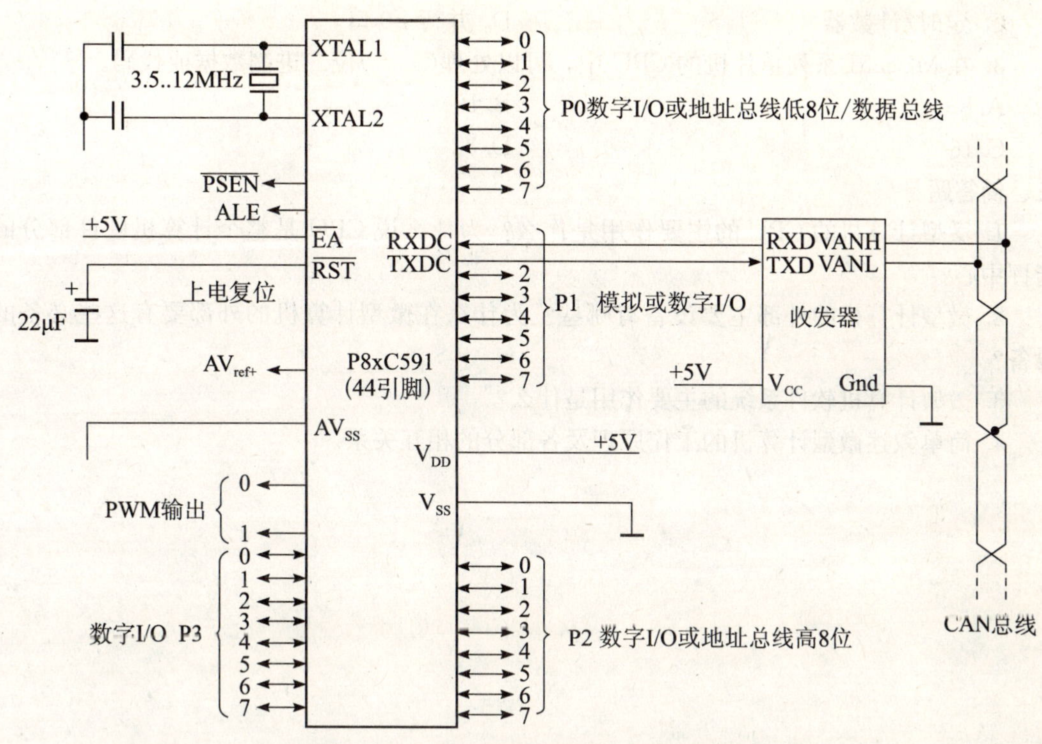

图 1—14　P87C591 典型 CAN 应用接口

学习测试

一、填空题

1. 单片机，也有人称之为________，它不但具有其他计算机快速、精确、程序控制等特点，最突出的是它还具有________、________、________、________等优点。

2. 微型计算机应用系统是以________为核心，配以________、________、________、________等外围电路和________，能实现________功能的实用系统。

3. 接口是一种在微处理器和外围设备之间控制________和________的电路。接口从大的方面分为________和________接口两种。

4. 存储器一般分为两种，能读出也能写入数据的存储器称为________，简称________；只能读出的存储器称为________，简称________。

5. 由于单片机的操作功能比较简单，不能称为名副其实的操作系统，因而称为________。

二、选择题

1. 在 MCS-51 系列单片机内部中，完成运算和控制功能的是(　　)。

A. 内部 RAM　　　　B. 内部 ROM

C. 定时/计数器　　　　D. 中央处理器 CPU

2. 在 MCS-51 系列单片机中，其他设备向单片机进行数据的串行输入时，应使用(　　)接口。

A. TXD 口　　　　B. RXD 口

C. 定时/计数器　　　　　　　　　　D. 并行 F0 口

3. 在 MCS-51 系列单片机的 CPU 中，可以处理(　　)位二进制数据或代码。

A. 8　　　　　　　　　　B. 10

C. 16　　　　　　　　　　D. 32

三、简答题

1. 微型计算机的 CPU 的主要作用是什么？为什么说 CPU 是整个计算机硬件部分的指挥中心？

2. 微型计算机的外部主要设备有哪些？为什么在微型计算机的外部要有这些必备的设备？

3. 微型计算机软件系统的主要作用是什么？

4. 简单叙述微型计算机的工作原理及各部分的相互关系。

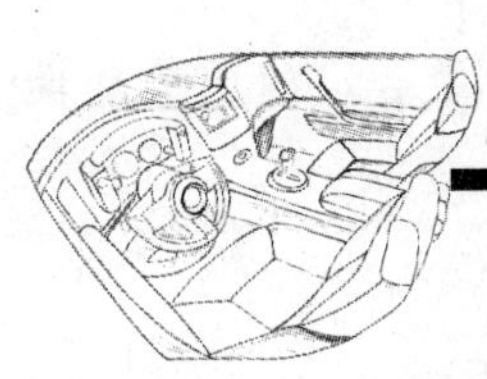

第2章

汽车网络技术基础

引　　言

20世纪的后50年，半导体技术出现后，在高速发展的电子工业技术支持下，随着社会对汽车综合性能要求的不断提高，汽车的电子化程度取得巨大成就。按照电子产品和电子系统的技术特点，汽车电子系统的发展分为三个阶段。

第一阶段（1965—1980年）：部件层次的汽车电器时代。

从20世纪60年代中期开始，一些能够部分替代机械控制部件作用的电子控制装置，如晶体管电压调节器和晶体管点火装置等开始装备汽车，随着集成电路和大规模集成电路的出现，这些电子控制装置又逐步实现了由分立元件向集成化的过渡。这一阶段，装备汽车的其他电子装置还有电子式闪光器、电子控制式喇叭、电子式间歇刮水控制器、数字时钟及20世纪70年代初期的IC点火装置和HEI高能点火系统等。

第二阶段（1980—1995年）：子系统层次的汽车微机（单片机）控制时代。

微处理器（单片机）在汽车电子中得到广泛应用，以微处理器为控制核心，以实现特定控制内容或功能为基本目的的各种电子控制系统得到了迅速发展。在短短的七八年中，电子控制汽油喷射系统、空燃比反馈控制系统、制动防抱死系统、安全气囊系统、电子控制自动变速器、巡航控制系统、电子控制门锁系统、前照灯灯光自动控制系统、自动除霜系统、车辆导航系统、座椅安全带收紧系统、车辆防盗系统、故障自诊断系统等相继在不同车辆上得到应用。进入20世纪90年代，能够实现多种控制功能的计算机集中管理系统逐步取代以前各自独立的电子控制系统，初步实现了汽车控制技术从普通电子控制向现代电子控制系统的过渡。电子控制技术在汽车上的应用，不仅拓展了电子控制的功能和控制内容，提高了控制精度，而且还为汽车网络技术奠定了基础。

第三阶段（1995至今）：集成网络化层次的汽车网络技术时代。

采用先进的微电子技术和车载网络技术，形成了车上的分布式、网络化的电子控制系统。整个车被连成一个多ECU、多节点的有机的整体，使得其性能也更加完善。

今天，世界主要生产厂的多数轿车上均装配有CAN局域网。CAN-BUS网络将车辆控制系统简化为节点模块化。在基于现场总线的分布式控制中，任何传统意义上的传感器和执行器都可以与同一现场的节点组合，构成节点模块，因此 CAN-BUS 网络极大地优化了汽车的控制系统。

学习任务一 汽车微机控制基础

学习目标： 1. 简单叙述汽车电子控制单元的基本构成和各部分的基本作用。
2. 正确描述汽车电子控制单元的连接类型及主要特点。

学习方法： 引导启发教学方式，可以在汽车电控实训室内进行现场教学。

1. 微机控制系统的组成

微机控制系统（简称电控系统）是指采用微机作为控制装置的自动控制系统。任何一种微机控制系统，其主要组成都可分为信号输入装置、电子控制单元（ECU）和执行元件三大部分，如图 2—1 所示。

图 2—1 微机控制系统的组成

微机控制系统中的信号输入装置是各种传感器。传感器的功用是采集控制系统所需的信息，并将其转换成电信号通过线路输送给 ECU。

电子控制单元（ECU）是一种综合控制电子装置，其功用是给各传感器提供参考（基准）电压，接收传感器或其他装置输入的电信号，并对所接收的信号进行存储、计算和分析处理，根据计算和分析的结果向执行元件发出指令。

执行元件是受 ECU 控制，具体执行某项控制功能的装置。

2. 电控系统的类型

电控系统有两种基本类型：开环控制系统和闭环控制系统。

开环控制系统的控制方式是 ECU 只根据各传感器信号对执行元件进行控制，而控制的结果是否达到预期目标对其控制过程没有影响。闭环控制系统对其控制结果进行检测，并将检测结果（即反馈信号）输入 ECU，ECU 则根据反馈信号对其控制结果进行修正。由此可见，闭环控制系统的控制精度比开环控制系统高。

3. 汽车微机控制系统

汽车微机控制系统是由多个电子控制单元（ECU）构成的复杂系统。每个电子控制单元的功能各不相同，它们相互配合才能完成整个任务。

随着电子技术的迅速发展和在汽车上的广泛应用，汽车电子化程度越来越高。从发动机控制到传动系控制，从行驶、制动、转向系控制到安全保证系统及仪表报警系统，从电源管理到为提高舒适性而作的各种努力，使汽车电子系统形成了一个复杂的大系统。这些系统除了各自的电源、传感器和执行器外，还需要互相通信，如图 2—2 所示，若仍沿用常规的点—点间的布线法进行布线，那么不但整个汽车的布线将会如一团乱麻，而且极大影响了控制系统的稳定性。

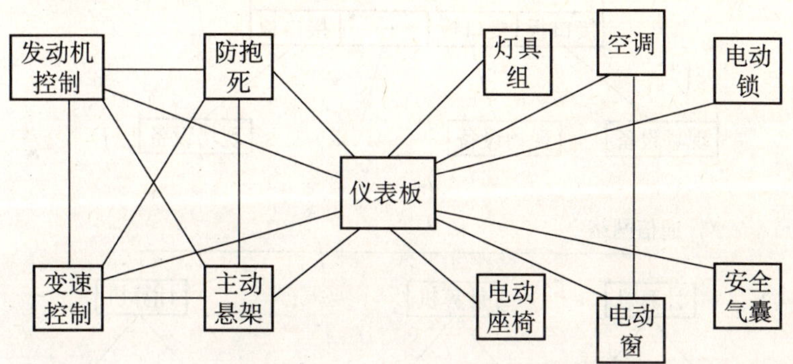

图 2—2　汽车微机控制系统常规通信网络

解决的方法有两种，一种是尽量减少各系统之间的通信，各微机控制系统相对独立，1995 年以前开发的轿车大都采用这种布局，如图 2—3 所示。

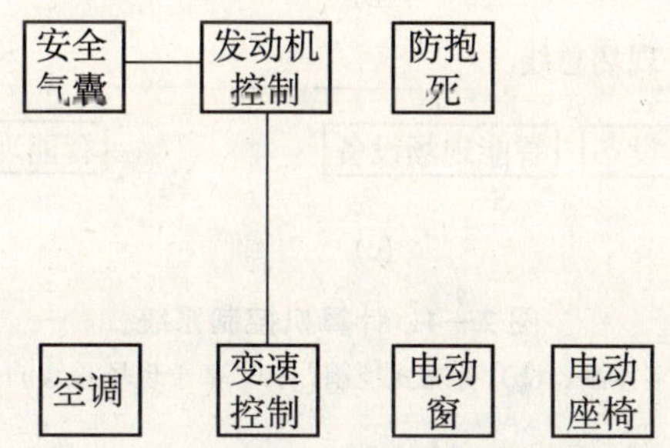

图 2—3　汽车微机控制系统框图

另一种是既要协调各个控制系统的关系，又要使通信网络和布线简单，在计算机网络和现场控制技术的基础上的汽车网络技术应运而生。

学习任务二　总线技术基础

学习目标：掌握计算机控制系统的分类、现场总线的组成和原理。

学习方法：引导启发教学方式，可以在汽车电控实训室内进行。

在要求响应速度快、实时性强、控制量多的应用场合，单个单片机往往仅负责某一点或某一个子系统的控制，对整个系统的控制难以把握，需要多个单片机构成复杂系统，这些控制单元需要按一定的方式连接起来进行通信。现代汽车控制系统的通信结构大都采用基于现场总线的分布式控制系统。

1. 计算机控制系统的分类

如图 2—4 所示，计算机控制系统有直接数字控制系统（Direct Digital Control System，DDCS）、分布式控制系统（Distributed Control System，DCS）和基于现场总线（Field BUS）的分布式控制系统三种结构。

直接数字控制系统是由一台计算机控制多个系统，汽车电子控制系统控制功能复杂，

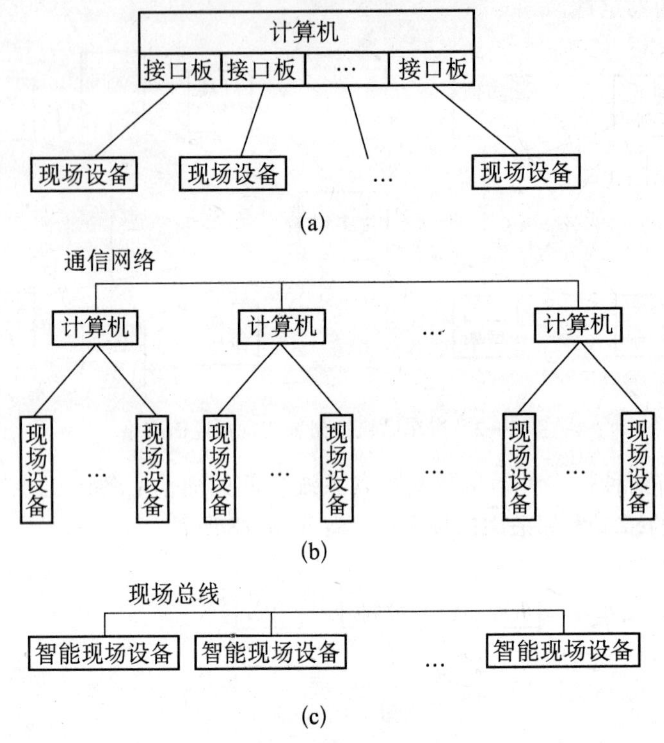

图 2—4 计算机控制系统

(a) 直接数字控制；(b) 分布式控制；(c) 基于现场总线的分布式控制

可靠性要求高，同时要求布线简单，因此不采用直接数字控制系统。

分布式控制系统是由多台计算机分别控制工作过程中多个控制回路，同时又可集中获取数据、集中管理和集中控制的自动控制系统，这种系统布线较为复杂。如图 2—4（b）所示的分布式控制结构中，每个计算机连接一些现场设备，完成一个或几个控制。

在如图 2—4（c）所示的基于现场总线的分布式控制结构中，所有控制和检测功能都分布到现场设备中，它们之间通过通信总线共享数据和协调工作。

现代汽车网络大都采用基于现场总线的分布式控制，如大众 CAN-BUS 控制系统，这种系统最大的特点是布线简单。

2. 现场总线

现场总线是在工业过程控制和生产自动化领域发展起来的一种网络体系。这些领域应用的电子装置，如传感器、执行器和调节器等非常多。随着技术和智能程度的增加，这些装置通过通信网络连接实现信息传送的需求不断增加，技术条件也不断成熟。在 20 世纪 80 年代产生了用于这种功能的通信网络，即现场总线，并形成了一些现场总线技术需求标准。现场总线定义为在过程现场和安装在控制室先进自动化装置中的一种串行数字通信链路。

与传统的控制系统结构相比，使用现场总线可以节省硬件数量和投资，节省安装和维护费用，用户具有高度的系统集成主动权，提高了经济性和可靠性，易于标准化和模块化，使设计和重构更容易。汽车上的控制局域网络可以归为现场总线类网络，又有自身的一些特点；车上的网络系统不仅有控制网络，如CAN总线和LIN总线，还有完成其他一些功能的网络，如媒体网络。目前汽车电子系统控制中应用最广泛的是CAN总线。

3. 现场总线的组成和工作原理

（1）现场总线的组成。

如图2—5所示，现场总线是由两大部分组成，即数据传输线和节点。

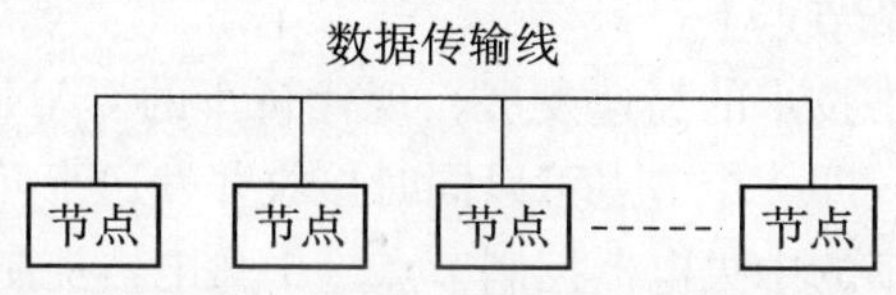

图2—5　总线系统的基本组成

在总线系统中节点包括控制单元和总线辅助设备，控制单元由一个控制器、一个收发器、两个数据传输终端组成，与传统汽车微机控制系统的控制器ECU相比，控制单元在硬件上多了专门的总线接口装置（如CAN总线接口），并有相应的软件即通信标准的支持。传统意义上的传感器、执行器称为总线辅助装置，同一现场的一个或多个辅助装置与控制器组合，构成总线模块也称为节点，如图2—6所示。

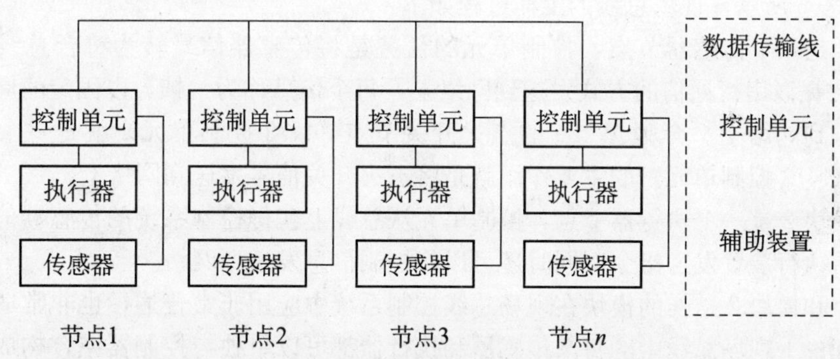

图2—6　现场总线的构成

（2）现场总线的工作原理。

1）节点和单片机控制系统的区别。

节点和传统的单片机控制系统表面上看有一些类似，如都有传感器、控制器（控制单元）和执行器，但是二者在本质上是完全不同的系统。

节点和控制系统最大的区别是，一个节点的各传感器和执行器可以分属于不同的控制系统，即传感器信号对于本节点控制的执行器不一定是有用的信号，节点只负责把传感器的信息发送到网上。而该执行器所需的传感器信号也不一定与该执行器在同一节点上，控制单元可以从总线上获得该控制系统所需的传感器信息。

2）节点的构成原则。

传感器和执行器需要放在一个节点上，有两个最重要的原则：

一是它们的安装位置在一起或距离很近，称为同一现场原则。如奔驰W220的左前转向灯和左大灯在一个节点（左前SAM控制单元）上，而右前转向灯和右大灯用在一个节点（右前SAM控制单元）上。大众轿车的转向柱模块（节点）上包括转向柱附近的所有开关，这样可以使布线简单，因此汽车总线的应用使汽车线束大为减少。

二是传感器信号和执行单元的控制信号必须满足该控制系统实时控制的要求，如果实时时间很短网络信息传输速度不能满足要求，传感器和执行器就必须与控制器放在一个节点内。如发动机控制在 5 000rpm 时，控制实时周期约 33μs，如果用 125kbps CAN 总线传输信息，传输每个传感器信息所需时间约为几十微秒，发动机控制至少需要 5～7 个传感器，显然网络传输速度不能满足要求，因此目前发动机控制系统的传感器和执行器一般都与发动机控制单元在同一个节点上。

由于单片机技术和网络技术的高速发展，现代轿车的 CAN 总线中，一个节点可以包括数十个传感器和执行器，即一个节点可以同时接收并发送十几个传感器信号，同时控制十几个执行器。如大众轿车的中央电器控制节点（中央电器控制单元 J519）可以控制各种加热器（电源管理）、燃油泵、压缩机、雨刮器、车内灯、后视窗和怠速等十几种装置。

（3）节点工作原理。

如图 2—5 所示，现场总线是一个网络系统，在本质上与 Internet 是一样的，每一个节点如同网络上的计算机一样，都可以向网络发送信息，同时也可以接收网络信息，节点可以根据这些信息决定操作策略，向执行器发送指令。各节点之间的关系是平等的，节点的信息（包括所有传感器信息和控制信息）都可以是共享的。

如图 2—6 所示，现场总线的工作过程如下：

节点 1 是一个传感器节点，控制单元的任务是将传感器信号转为符合总线协议（如 CAN）的数据以串行通信的方式发送到网络上，每个信息称为一帧，以固定的周期（循环往复）发送到网络上。奔驰 W220 的点火开关节点（N73 控制单元）就是一个这样的模块，节点（N73 控制单元）的主要作用就是将点火开关信号发送到网络上。

总线模块 2 是一个执行器节点，控制单元从总线上获得控制系统的传感器信息，然后进行决策给执行装置发送指令，同时还可以将控制信息发送到网络。

模块 1 和模块 2 这样的模块在现场总线控制系统中应用非常普遍，也非常适合标准化生产。在理论上现场总线中的每个传感器和执行器都可以单独与控制器结合构成节点，有时也称为智能传感器和智能执行装置。

由于成本等因素，通常我们把同一现场（Field）的多个传感器和执行器与控制单元相结合组成节点（总线模块），并通过数据线将各节点连接起来构成现场总线。模块 3 就是具有多个传感器和执行器的节点，这些传感器和执行器可以分属于不同的控制系统。控制单元接收总线上的信息和节点上传感器的信号，然后进行决策给执行器发送指令，同时可以将传感器信息和控制信息发送到网络。

4. 现场总线的优点

（1）经济性。一对 n 结构，一对传输线，连接 n 个总线模块双向传输多个信号，节省电缆费用可观，且安装简单，维护容易。

（2）可靠性。精度高，系统稳定性高，现代数字信号传输技术抗干扰能力强。

（3）可控性。现代轿车通过总线接入故障诊断仪，可以对所有控制单元进行编码和故障诊断。

（4）综合性。现场总线模块具备智能和综合能力，既可检测、变换、补偿、传送信息又有接收信息、控制和运算功能，同时还可以兼做网关，实现总线模块多用化，既方便，又节省。

（5）互换性和互操作性。如 CAN 总线系统，按照同一标准生产的总线设备，可以实现不同厂家产品的互换。

（6）开放性。现场总线为开放互联网络，所有的技术和标准全是公共的，对于制造商只能在其体系结构、工艺等方面保留特色，促使其质量提高，同时为网络设备的扩展提供了空间。

学习任务三　汽车全车网络概述

学习目标：掌握常用的汽车网络的标准、汽车网络的分类和应用。

学习方法：引导启发教学方式，可以在汽车电控实训室内进行。

由于受到信息传输速度、成本和网络功能的限制，现代汽车网络还不能完全采用单一的网络系统。现代汽车网络有多个局部网络，这些局部网络之间通过网关进行联系，实现信息交换，构成一个整体的汽车网络系统。

1. 网络标准

众多国际知名汽车公司早在 20 世纪 80 年代就积极致力于汽车网络技术的研究及应用。迄今为止，已有多种网络标准，如 SAE 的 J1850，德国大众的 ABUS，博世的 CAN，美国商用机器的 AutoCAN，ISO 的 VAN，马自达的 PALMNET 等。

2. 汽车控制局域网分类

目前存在的多种汽车网络标准，其侧重的功能有所不同，为方便研究和设计应用，SAE 车辆网络委员会将汽车数据传输网划分为 A、B、C 三类。

A 类：面向传感器/执行器控制的低速网络，数据传输速率通常只有（1～10）Kbit/s，主要应用于电动门窗、座椅调节、灯光照明等控制。

B 类：面向独立模块间数据共享的中速网络，传输速率一般为（10～100）Kbit/s，主要应用于电子车辆信息中心、故障诊断、仪表显示、安全气囊等系统，以减少冗余的传感器和其他电子部件。

C 类：面向高速、实时闭环控制的多路传输网，最高传输速率可达 1 Mbit/s，主要用于悬架控制、牵引控制、先进发动机控制、ABS 等系统，以简化分布式控制和进一步减少车身线束。到目前为止，满足 C 类网要求的汽车控制局域网只有 CAN 协议。三类网络功能均向下涵盖，即 B 类支持 A 类网的功能，C 类网能同时实现 B 类和 A 类网功能。

3. 汽车局域网的典型应用

我们以 CAN 为例分别介绍三类汽车局域网的典型应用方案。如图 2—7 所示的汽车防盗报警系统是典型的 A 类网络系统应用实例。由于车门开关及行李箱开关等信号只在一定的情况下产生，正常时没有信号，所以对数据传输速率要求极低，低速 A 类网就能充分满足系统要求，并且和传统的系统设计相比，车身线束大大减少，设计更为简单、方便。

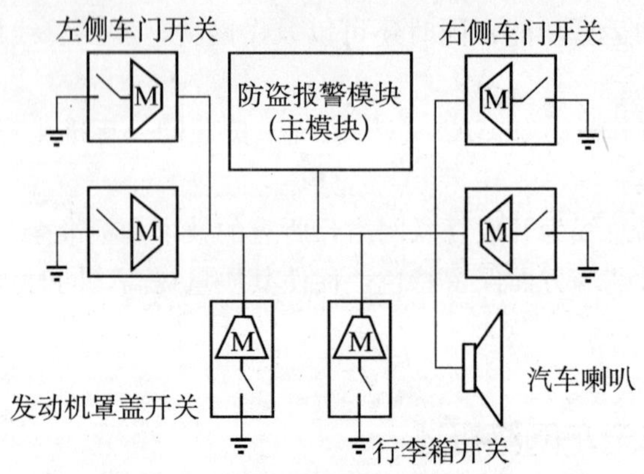

图 2—7　汽车防盗报警 A 类网络系统

当大量共享数据需要在车辆各智能模块间进行交换时，A 类网络系统不再胜任，可采用 B 类网络系统。由控制局域网 CAN 组成的典型 B 类网络系统如图 2—8 所示。车辆信息中心和仪表组单元无须单独连接液位、温度、车灯、车门及安全带等信号传感器，就能从总线上获取上述信息，大大地减少了传感器和其他电子部件数量，有效地节约了安装空间和系统成本。

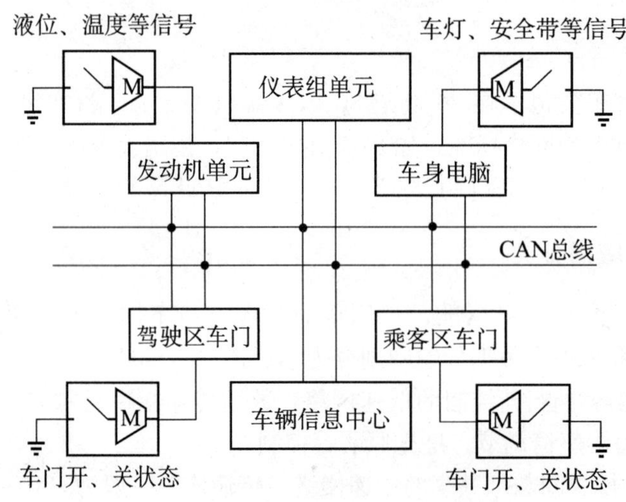

图 2—8　基于 CAN 总线的 B 类网络系统

通常 A 类网络系统不单独使用，而是和 B 类网络系统结合使用的。本书给出的组合网络系统如图 2—9 所示，图中没有摒弃 A 类网，而是通过车身计算机连接到 CAN 总线组成的 B 类网中，使得该 A 类网系统成为 CAN 总线的一个节点，这样无须在各传感器/执行器部件安装 CAN 控制器件，就能使得信号在 CAN 总线上传输，有效地利用了 A 类网低成本的优点。

在上述的应用中，都未充分发挥 CAN 总线高速、大容量的特点。为进一步减少车身线束，方便故障诊断，满足主要电子单元或系统间大量数据信息实时交换需要，使汽车各方面性能趋于最佳状态，则需建立基于 CAN 总线的 C 类网络系统。图 2—10 的 C 类网络系统方案中，CAN 总线有效地将发动机控制系统、驱动防滑系统及自动巡航系统等连接成为一个综合控制系统，整车性能得到大幅度提高。CAN 作为一种多主总线，支持分布式实时控制通信网络。其通信介质可以是双绞线、同轴电缆或光纤。在汽车发动机控制部件、传感器、抗滑系统等应用中，总线的传输速率最大可达 1 Mbps。

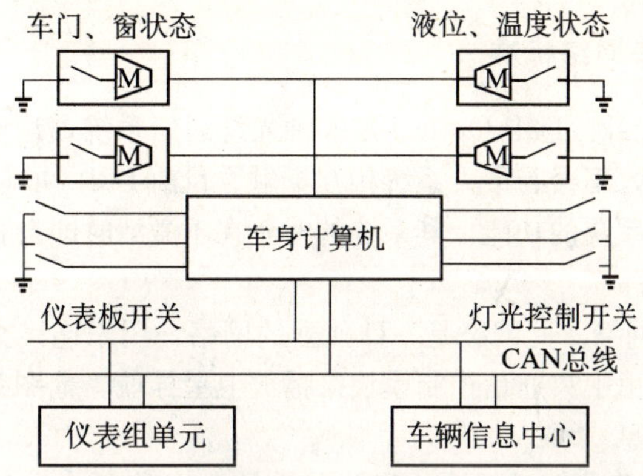

图 2—9　A 类网和 B 类网的组合应用方案

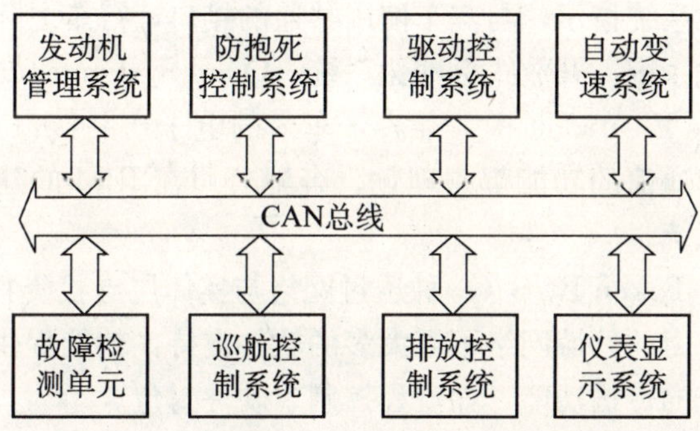

图 2—10　基于 CAN 总线的 C 类网络系统

如图 2—11 所示为奔驰 CAN 网络结构图。CAN 网络分为 CAN C 与 CAN B 两条相对独立的总线网络，用网关联在一起，构成控制网络。节点 N73、N80、A1 均可兼做网关。

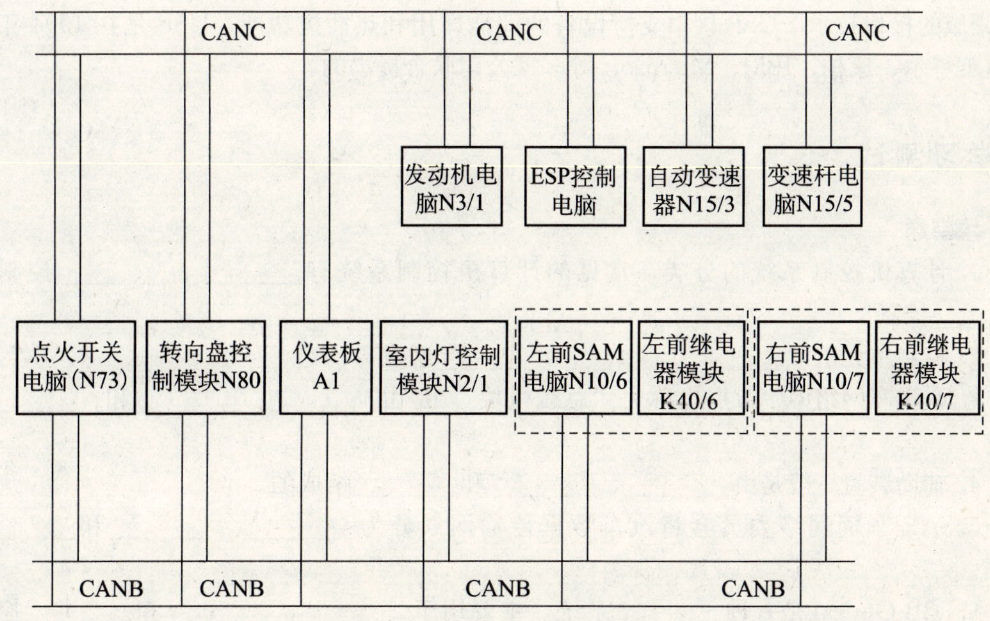

图 2—11　奔驰 CAN 网络结构图

4. 特殊用途的汽车网络标准

（1）D2B Optical 光纤。D2B Optical 是一种光纤通信系统，让使用者可以把娱乐及信息产品与中央系统整合，不会与中央系统相互抵触。目前 D2B Optical 应用在车身网络上，特别是数字影音、导航系统的功能，其系统的特色在于激活时即自我组态且融新旧的 D2B Optical 装置于车身网络。

（2）COMMAND 网络。此网络是一种独立的网络，用来连接交通状况记录模块与电视 TV 频道译码模块，由中央通信控制模块来播放卫星导航、地图系统，指挥驾驶员如何避开交通拥塞道路等信息。

（3）CellPort Labs 移动电话网络。移动电话与 D2B 光纤永久连接，当移动电话使用 TMC/GSM 与交通信息中心连接时，移动电话通过移动电话网络与交通状况记录模块传递资料，并做一个导航系统指示，与汽车使用共通的接口，行车之际，也可同时打电话。

（4）开放式标准化系统。开放式标准化系统（Open System and the Corresponding Interfaces for Automative Electronics），兼容于车内的电子产品接口，把实时的操作系统、软件接口及管理网络与通信的功能都条理化。奔驰公司在 IBM 的建议下，已将这套系统作为车上的基本操作系统。

（5）Token BUS。Token BUS（一种透过网络与实体层寻找资料的方式）对加载与实时的配备而言，强而有力的局域网络不需太多的软件支持，就能提供实体层、数据链路层及开放式相互连接系统的传输功能，如流程控制、硬件封包。

（6）Lonwork。这项科技可以让你无论在家中、大楼，还是工厂等，都能实现自动化操作。把智能型装置架设成一个网络，可以遥控它的功能。

（7）USB。USB 是英文 Universal Serial Bus（通用串行总线）的缩写，而其中文简称为“通串线”，是一个外部总线标准，用于规范电脑与外部设备的连接和通讯，是应用在 PC 领域的接口技术。USB 接口支持设备的即插即用和热插拔功能。USB 是在 1994 年年底由英特尔、康柏、IBM、Microsoft 等多家公司联合提出的。

学习测试

一、填空题

1. 计算机控制系统的分类，常见的计算机控制系统有________、________控制和________控制。

2. 控制单元由________、________和________组成。

3. 在汽车网络中，节点也称为“总线模块”，是由________、________和________组成的。

4. 辅助装置一般是由________、________和________组成的。

5. SAE 车辆网络委员会将汽车数据传输网划分为________、________和________三类。

6. D2B Optical 是一种________系统，主要用于________、________和________控制系统。

二、判断题（对的画√，错的画×）

1. 在现代汽车电子控制系统中，单机或双机通信即可满足实际需要。（　　）

2. 在现场总线中，同一节点的传感器和执行器一定是同一个控制系统。（　　）

3. 在通常的汽车网络结构中，可采用多条不同传输速率的总线分别连接不同类型的控制单元。（　　）

4. 现场总线比常规线路简单，系统所用导线少。（　　）

5. 在现场总线中，一个模块内可以只有一个传感器、一个节点而没有执行装置。（　　）

三、选择题

1. 在汽车网络结构中，车身系统的控制单元可采用(　　)的总线连接。

A. 低速　　B. 中速　　C. 高速

2. 在汽车网络结构中，信息与车载媒体系统的控制单元可采用(　　)的总线连接。

A. 低速　　B. 中速　　C. 高速

3. 在汽车网络中，用(　　)来约定各模块的优先权。

A. 数据总线　　B. 通信协议　　C. 总线速度

4. 汽车网络大多属于(　　)拓扑结构的局域网。

A. 总线状　　B. 星状　　C. 环状

四、简答题

1. 为什么在通常的汽车网络结构中，有些模块要采用不同传输速率的总线？试说明在通常的汽车网络结构中，各主要模块分别使用了什么传输速率的总线。

2. 与传统的控制系统结构相比，现场总线的优点有哪些？

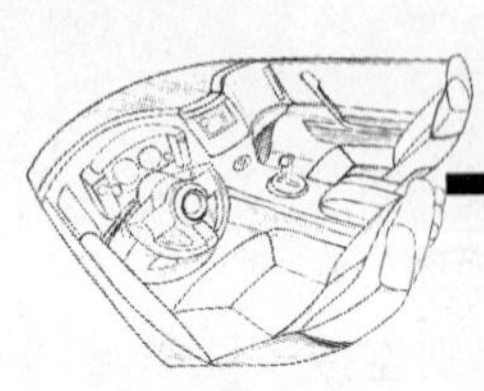

第3章

大众轿车CAN总线系统及总线装置

引　言

一般高档汽车都装有几十个微机控制器、上百个传感器和执行装置，不但线束极为复杂，而且一直存在集中控制和分散控制的矛盾。为此，德国博世公司开发了一种设计先进的解决方案——CAN现场总线（Controller Area Network），并已取得国际标准化组织（ISO11898）认证，同时，国际上一些大的半导体厂商也积极开发出支持CAN总线的专用芯片，促进了CAN总线技术在轿车中的广泛应用。

通过CAN总线，传感器、控制器和执行器由串行数据线连接起来，其通信协议相当于ISO/OSI参考模型中的数据链路层，网络可根据协议探测并纠正数据传输过程中因电磁干扰而产生的数据错误。CAN网络的配置比较容易，允许任何节点之间直接进行通信，而无须将所有数据全部汇总到主计算机后再进行处理。由于CAN的突出优势，目前CAN总线被现代汽车网络广泛采用。

学习任务一　大众轿车CAN总线系统与网关

学习目标： 1. 掌握大众CAN网络系统的组成。

2. 驱动CAN、舒适CAN、网关和诊断总线的结构和功能。

学习方法： 启发式教学，多媒体教学和实验演示相结合。

1. 大众CAN网络系统的组成

大众轿车CAN网络系统，也称为CAN总线系统。新一代大众CAN总线系统，已经从前一代2个CAN总线增加为5个不同的CAN总线加上3个LIN总线。

如图3—1所示，大众全车CAN网络按照数据传输速率的不同一般分为5个不同的子网络，分别为驱动CAN网络、舒适CAN网络、信息CAN网络、仪表CAN网络和诊断CAN这5个子网络。

5个子网的传输速率见表3—1，5个CAN子网通过网关连接起来构成全车CAN网络，这样既保证了各个控制系统的实时控制的要求，提高了控制的可靠性和稳定性，又降低了成本。

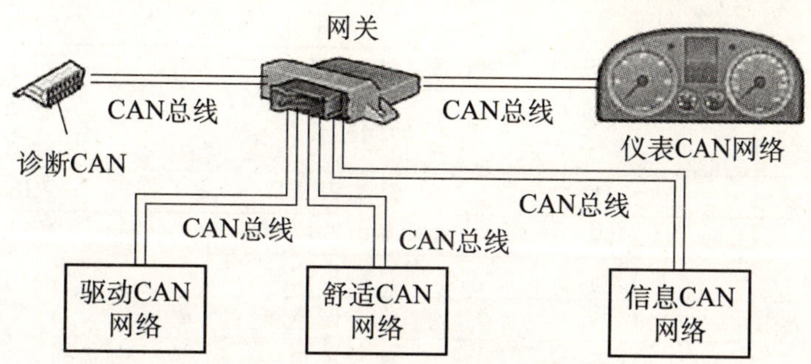

图 3—1　大众 CAN 网络系统

表 3—1

大众 CAN 局域网传输速率表

序号	子局域网名称	电源	传输速率/（Kb/s）
1	驱动网络	15 号线	500
2	舒适网络	30 号线	100
3	信息网络	30 号线	100
4	诊断网络	30 号线	500
5	仪表网络	15 号线	100

以大众速腾轿车为例，全车网络具体组成如图 3—2 所示，网络节点构成见表 3—2。

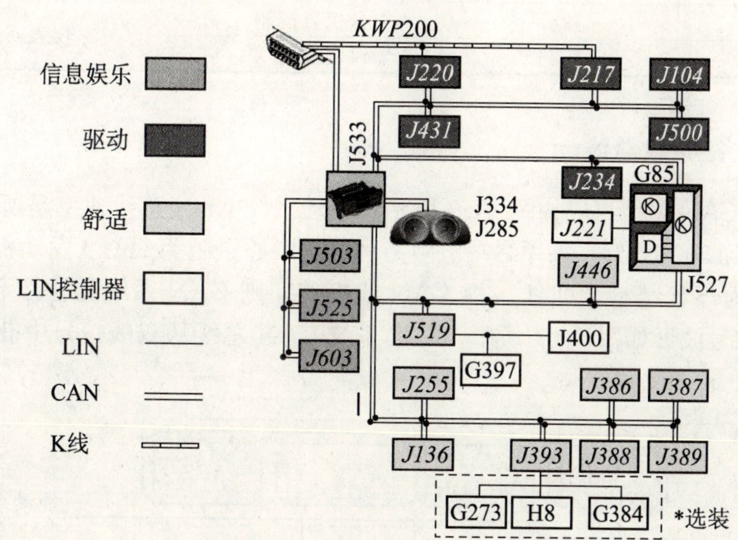

图 3—2　大众速腾 CAN 网络组成

表 3—2

大众速腾 CAN 网络节点构成

序号	控制单元	节点（控制模块）名称	子网络名称
1	J533	网关	网关 诊断网络
2	J210	发动机控制	驱动 CAN
3	J217	自动变速器控制	
4	J104	ABS 控制	
5	J431	大灯照程控制	
6	J500	转向助力控制	
7	J234	安全气囊控制	

续前表

序号	控制单元	节点（控制模块）名称	子网络名称
8	J527	转向柱开关	驱动 CAN 舒适 CAN
9	J221	防盗报警	LIN 网络
10	J519	中央电器控制	舒适 CAN
11	J393	舒适中央控制	
12	J255	自动空调控制	
13	J136	座椅控制	
14	J446	倒车警报控制	
15	J386	车门控制 1	
16	J387	车门控制 2	
17	J388	车门控制 3	
18	J389	车门控制 4	
19	J400	雨刷控制	LIN 网络
20	G397	雨滴、光强智能传感器	
21	J503	导航系统控制	信息娱乐 CAN
22	J525	数字式组合音响控制	
23	J603	CD 转化控制	
24	J285	组合仪表控制	仪表 CAN
25	J334	仪表控制	

2. 驱动系统 CAN 总线

驱动系统 CAN 总线组成如图 3—3 所示。驱动系统 CAN 总线速率是所有 CAN 总线中最高的，达到 500 Kb/s，采用终端电阻结构，其中心电阻为 66Ω（发动机电阻）；并且高低 CAN 线为环状结构，即任一根 CAN 线断路，则 CAN 系统无法工作。驱动系统 CAN 总线的信号波形如图 3—4 所示。驱动系统 CAN 总线从双线信号中获得信号电平，波形图如图 3—5 所示。

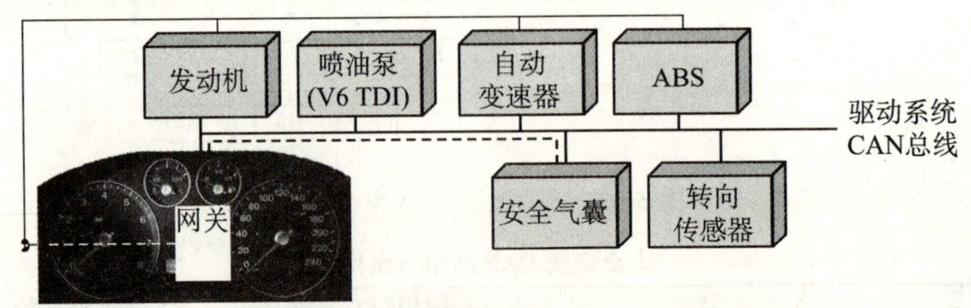

图 3—3　驱动系统 CAN 总线的组成图

驱动系统上的 CAN 总线信号和逻辑信号对应关系如下：

（1）CAN 高线的高电平为 3.5V，CAN 高线的低电平为 2.5V。

（2）CAN 低线的高电平为 2.5V，CAN 低线的低电平为 1.5V。

（3）逻辑 “1”，CAN 高线电压为 3.5V，CAN 低线电压为 1.5V。

（4）逻辑 “0”，CAN 高线电压为 2.5V，CAN 低线电压为 2.5V。

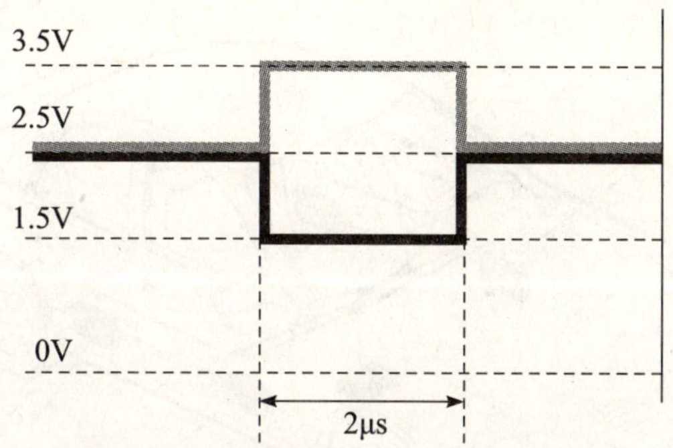

图 3—4　驱动系统 CAN 总线的信号波形

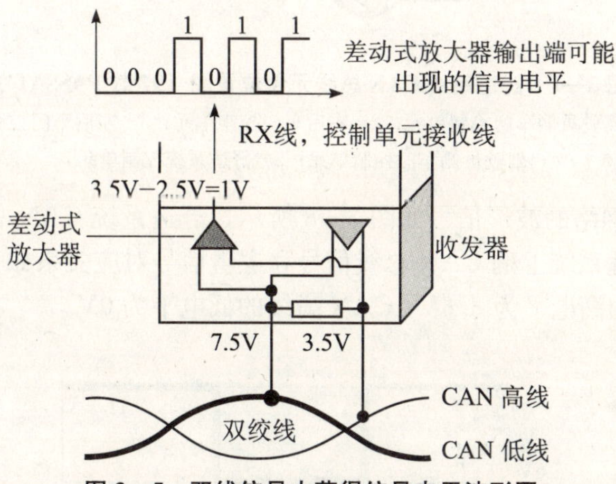

图 3—5　双线信号中获得信号电平波形图

3. 舒适系统 CAN 总线

舒适系统 CAN 总线组成如图 3—6 所示。舒适系统 CAN 总线由 30 号线激活，速率达到 100Kb/s，没有终端电阻，且高低 CAN 线分离，即任一根 CAN 线断路，CAN 系统不受影响。舒适系统 CAN 总线元件位置如图 3—7 所示。

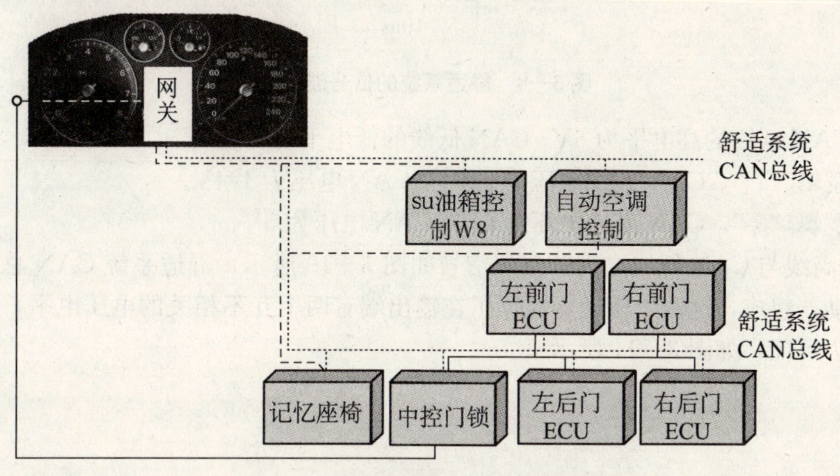

图 3—6　舒适系统 CAN 总线组成图

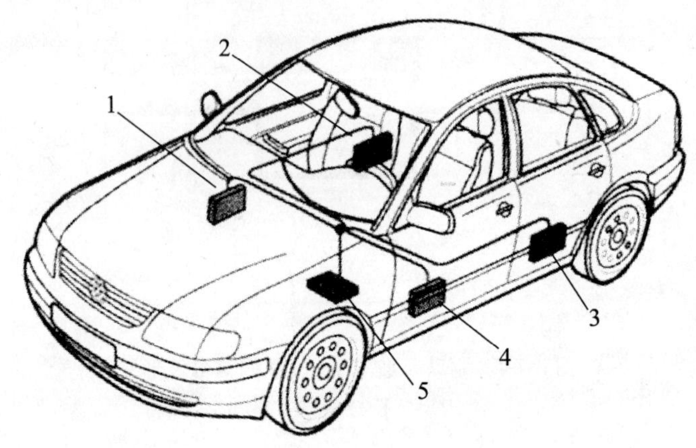

图 3—7　舒适系统 CAN 总线元件位置图（97 款 PASSAT）

1—副驾驶员侧车门控制单元；2—右后车门控制单元；3—左后车门控制单元；
4—驾驶员侧车门控制单元；5—舒适系统控制单元。

舒适系统 CAN 网络的波形信号如图 3—8 所示，舒适系统 CAN 总线中收发器的结构如图 3—9 所示，舒适系统上的 CAN 总线信号和逻辑信号对应关系如下：

（1）CAN 高线的高电平为 3.6V，CAN 高线的低电平为 0V。

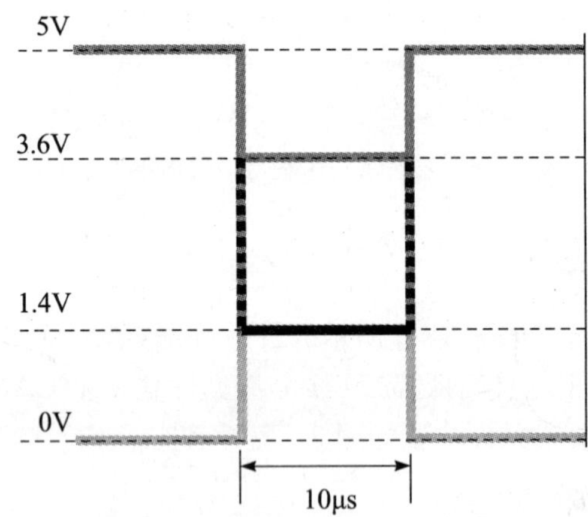

图 3—8　舒适系统的信号波形图

（2）CAN 低线的高电平为 5V，CAN 低线的低电平为 1.4V。

（3）逻辑“1”，CAN 高线电压为 3.6V，CAN 电压为 1.4V。

（4）逻辑“0”，CAN 高线电压为 0V，CAN 电压为 5V。

CAN 高线与 CAN 低线之间的差分信号如图 3—10 所示，舒适系统 CAN 总线由两个独立的驱动器组成，这两个驱动器保证了在输出端有两个互不相关的电压电平，从而使单线驱动成为可能，如图 3—11 所示。

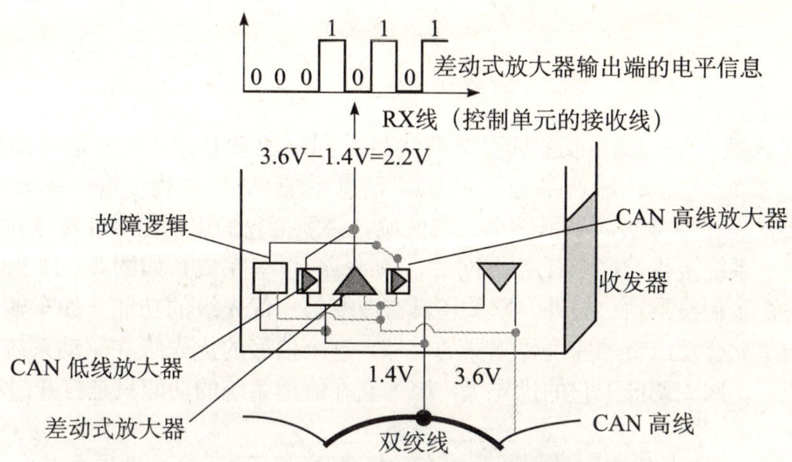

图 3—9　舒适系统中收发器的结构图

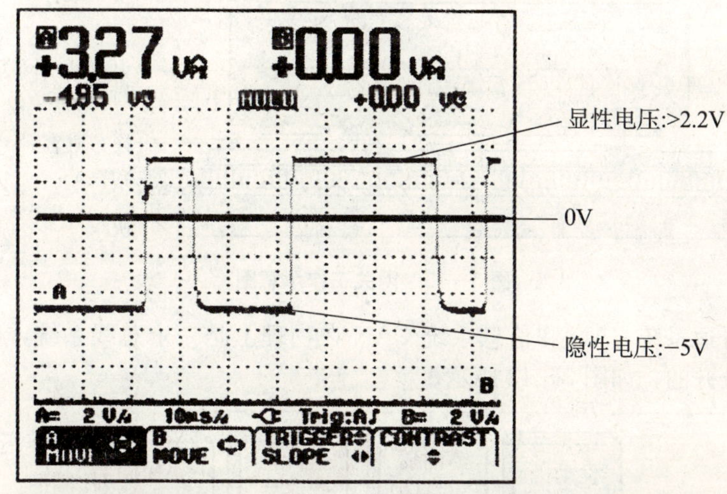

图 3—10　CAN 高线与 CAN 低线之间的差分信号图

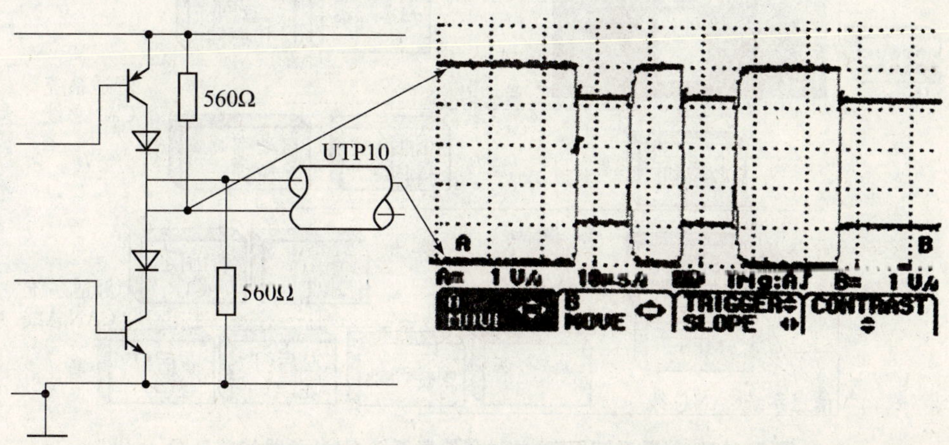

图 3—11　舒适系统 CAN 总线双驱动器电路

4. 网关

(1) 网关的作用。

由于不同区域CAN总线的速率和识别代号不同，驱动系统CAN总线的传输速率为500kBd，舒适系统CAN传输速率为100kBd，信息系统CAN总线传输速率为100kBd。因此一个信号要从一个总线进入到另一个总线区域，必须把它的识别信号和速率进行改变，使其能够让另一个系统接收，这个任务由网关（Gateway）来完成，如图3—12所示，网关工作情况就像一个车辆换乘站。另外，网关还具有改变信息优先级的功能。如车辆发生相撞事故，气囊控制单元会发出负加速度传感器的信号，这个信号的优先级在驱动系统非常高，但传到舒适系统后，网关调低了它的优先级，因为它在舒适系统的功能只是打开门和灯。

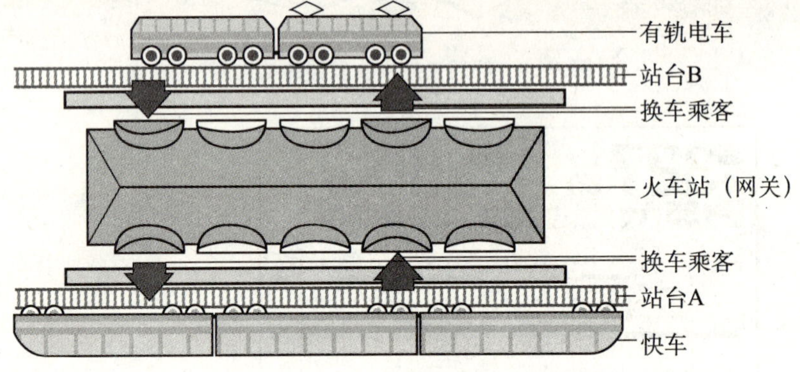

图3—12 网关工作示意图

大众车系舒适系统CAN和信息系统CAN在物理上是一个总线系统，但是它们在软件和硬件上是分开的，如图3—13所示。

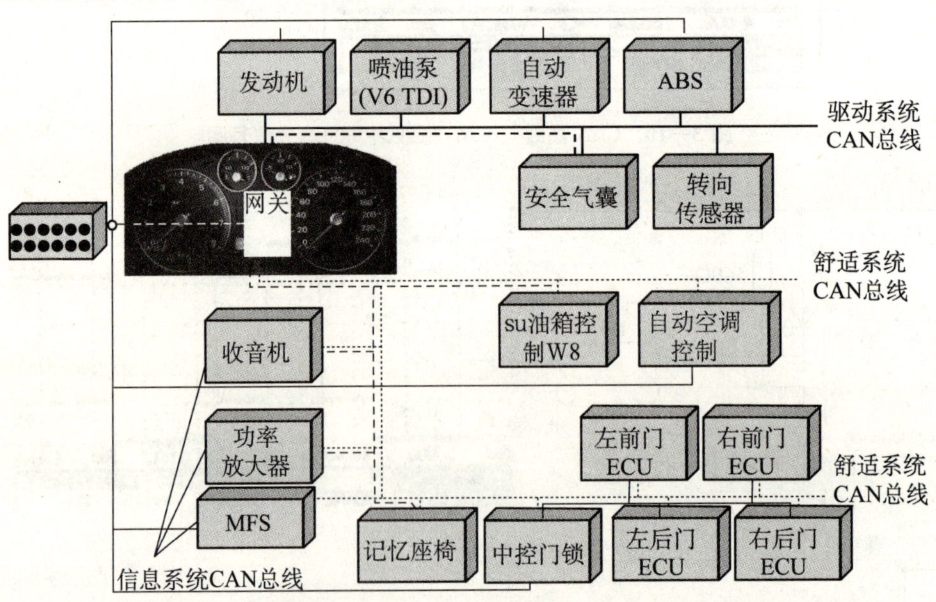

图3—13 舒适系统CAN总线和信息系统CAN总线的关系图

(2) 网关类型。

1）集成在组合仪表或汽车电气控制单元内部的网关。

2）单独的网关。大众速腾采用的网关为单独网关 J533。

（3）大众速腾网关 J533 的作用。

1）诊断网关作用，在不改变数据的情况下，将驱动总线、舒适总线、信息娱乐总线以及仪表总线的诊断信息传递到自诊断接口。

2）数据网关作用，使连接在不同的数据总线上的控制单元之间交换数据。

3）所有控制单元在网关上必须注册，才能够进行正常的通信。网关安装清单，如图 3—14所示。

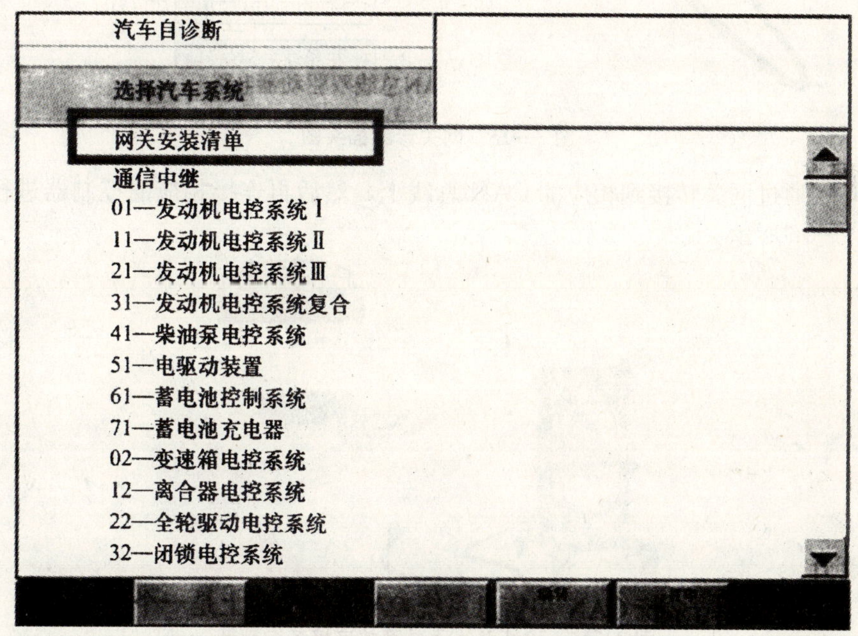

图 3—14　网关安装清单显示图

4）睡眠和唤醒模式的监控。

当舒适和信息娱乐总线处于空闲状态时，控制单元发送出睡眠命令，当网关监控到所有总线都有睡眠的要求时，进入睡眠模式。

此时总线电压低位线为 12V，高位线为 0V。

如果动力总线仍处于信息传递过程中，舒适和娱乐信息总线是不允许进入睡眠状态，当舒适总线处于信息传递的过程中，娱乐和信息总线也不肯进入睡眠模式。当某一个信息激活相应的总线后，控制单元会激活其他的总线系统。

5. 诊断总线

诊断总线用于诊断仪器和相应控制单元之间的信息交换，它被用来代替原来的 K 线或者 L 线的功能（废气处理控制器除外）。当车辆使用诊断系统 CAN 总线结构后，VAS5051 等诊断仪器必须使用相对应的新型诊断线（VAS5051/5A 或 VAS5051/6A ），否则无法读出相应的诊断信息。诊断总线目前只能在 VAS5051 和 VAS5052 下工作，而不能适用于原来的诊断工具（如 1552 等），如图 3—15 所示。

注意： VAS5051 仪器的版本号必须大于 3.0 以上才能使用诊断系统 CAN 总线。

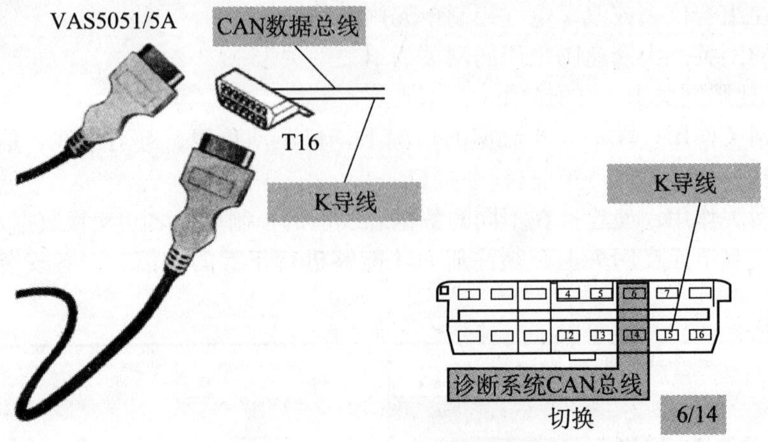

图 3—15　网关诊断插头图

诊断总线通过网关转接到相应的 CAN 总线上，然后再连接相应的控制器进行数据交换，如图 3—16 所示。

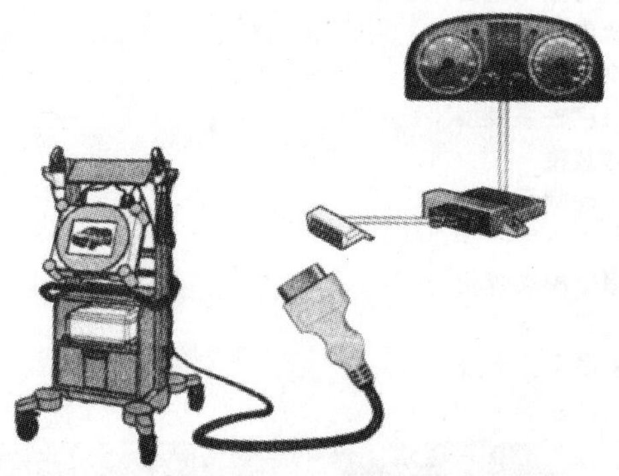

图 3—16　诊断总线通过网关连接各控制器

随着诊断总线的使用，大众集团将逐步淘汰控制器上的 K 线存储器，而采用 CAN 总线作为诊断仪器和控制器之间的信息连接线，我们称之为虚拟 K 线，如图 3—17 所示。车上的诊断接口也作出了相应的改动，如图 3—18 所示。诊断接口排列的具体信息见表 3—3，新型诊断总线能够适用于旧型诊断接口。

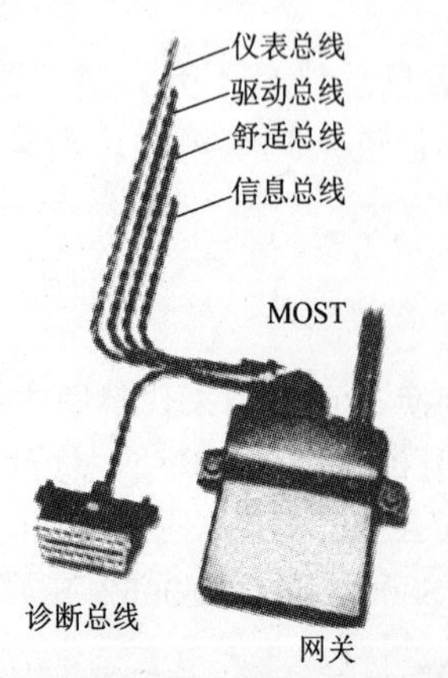

图 3—17　诊断总线（虚拟 K 线）示意图

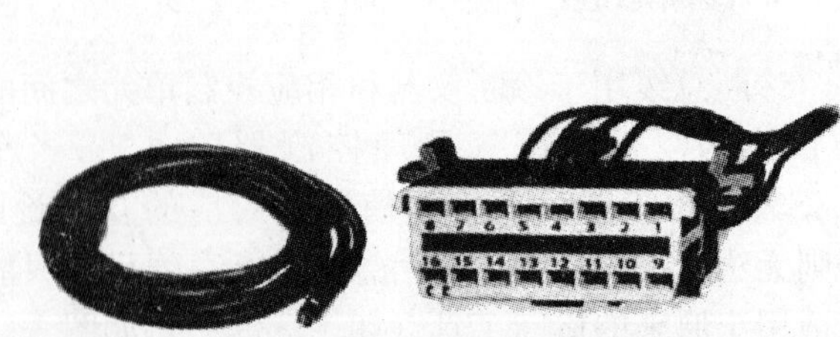

图 3—18　诊断接口布置图

表 3—3　　诊断接口端子含义

针脚号	对应的线束	针脚号	对应的线束
1	15 号线	7	K 线
4	接地	14	CAN 低线
5	接地	15	L 线
6	CAN 高线	16	30 号线
注：未标明的针脚号暂未使用			

6. 局域互联网

LIN 即 LOCAL INTERCONNECT NETWORK，其含义是局域互联网络，如图 3—19 所示。

图 3—19　LIN 含义图

所谓汽车中的局域互联网络是指所有的控制单元都在一个系统总成内，如发动机系统、自动变速器系统、空调系统。图 3—20 所示为空调 LIN 系统图。

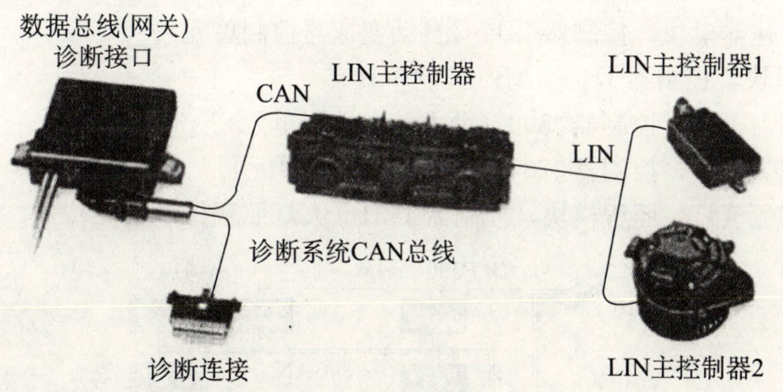

图 3—20　空调 LIN 系统图

LIN 系统有主控制器和子控制器之分，整个总成内的主控制器和子控制器、子控制器和子控制器间的信息都由 LIN-BUS 相连，然后由主控制器通过 CAN-BUS 与外界相连，如图 3—21 所示。

LIN-BUS 是 CAN-BUS 的子网，它只有一根数据线，线截面积为 0.35mm^2，并且没有屏蔽措施。LIN-BUS 系统规定一个主控制单元最多可以连接 16 个子控制单元。连接在 CAN 总线上的控制单元执行 LIN 的主功能。所连接的 LIN 副控制单元的诊断通过 LIN 主控制单元进行。

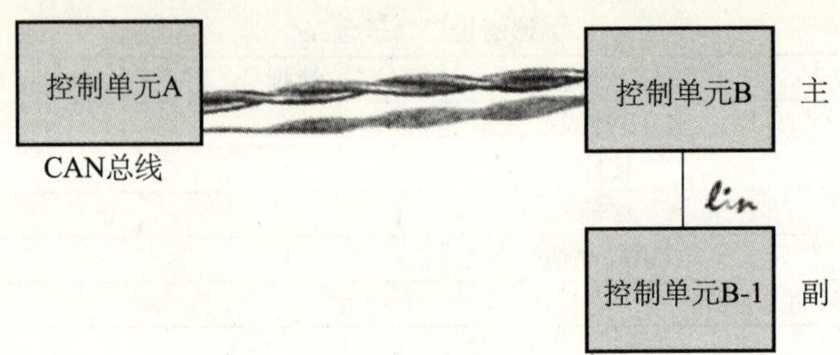

图 3—21 LIN 中主、副控制单元的关系图

学习任务二 驱动系统 CAN 总线系统及总线设备

学习目标： 1. 掌握驱动 CAN 总线各总线模块的组成。

2. 掌握驱动 CAN 总线各总线模块的工作原理。

学习方法： 启发式教学，多媒体教学和实验演示相结合。

1. 大众速腾驱动 CAN 组成

(1) 大众速腾驱动 CAN 节点。

大众速腾驱动 CAN 总线的速率是所有 CAN 总线中最高的，达到 500 kb/s。大众速腾驱动 CAN 总线组成如图 3—22 所示，驱动 CAN 共有 7 个总线模块（节点），包括：

1) 转向柱开关模块，控制器 J527（转向柱开关控制单元）。

2) 发动机模块，控制器 J220（发动机控制单元）。

3) 自动变速器模块，控制器 J217（自动变速器控制单元）。

4) ABS 模块，控制器 J104（ABS 控制单元）。

5) 转向助力模块，控制器 J500（助力转向控制单元）。

6) 安全气囊模块，控制器 J234（安全气囊控制单元）。

7) 大灯（氙气灯）照程模块，控制器 J431（大灯照程控制单元）。

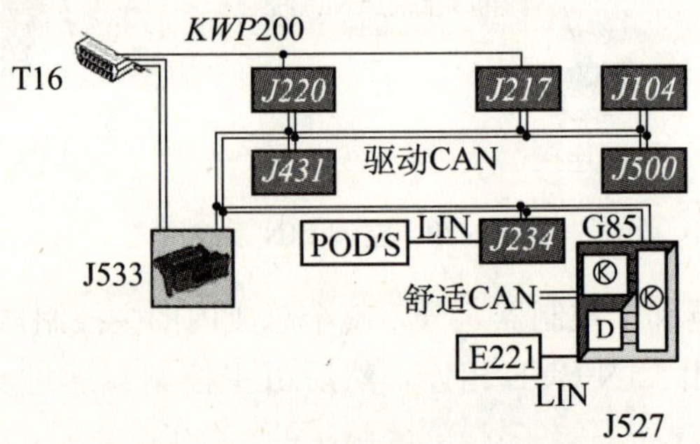

图 3—22 大众速腾驱动 CAN 总线

(2) 大众速腾驱动 CAN 总线与其他网络的连接关系为网络连接。

1) 驱动 CAN 网络通过网关 J533 与舒适 CAN、仪表 CAN、信息娱乐 CAN 和诊断 CAN 网络相连进行信息交换。

2) 控制器 J220 和 J217 直接与 K 线连接，作辅助故障诊断。

3）J234 和 J527 分别与自己的子网 LIN 总线网连接。

4）J527 同时与驱动 CAN 和舒适 CAN 连接，同时向两个总线发送和接收信息，提高了传感器的传送速度，减少了网关 J533 的信息交换量。

2. 转向柱开关模块

（1）转向柱开关模块的组成。

如图 3—23 所示，大众速腾轿车转向柱开关模块包括：

1）控制器 J527（转向柱开关控制单元）。

2）6 个开关和传感器，分别为：

①D 点火开关（多功能开关）；

②G85 方向盘转角传感器（多功能开关）；

③E22、E44、E38 雨刷开关（多功能开关）；

④E2、E4 转向变光开关（多功能开关）；

⑤E45、E227 、E86、E92 巡航转向开关（多功能开关）；

⑥E221 喇叭开关。

3）2 个执行器分别为 N376 钥匙电磁锁和 N95 安全气囊引爆器。

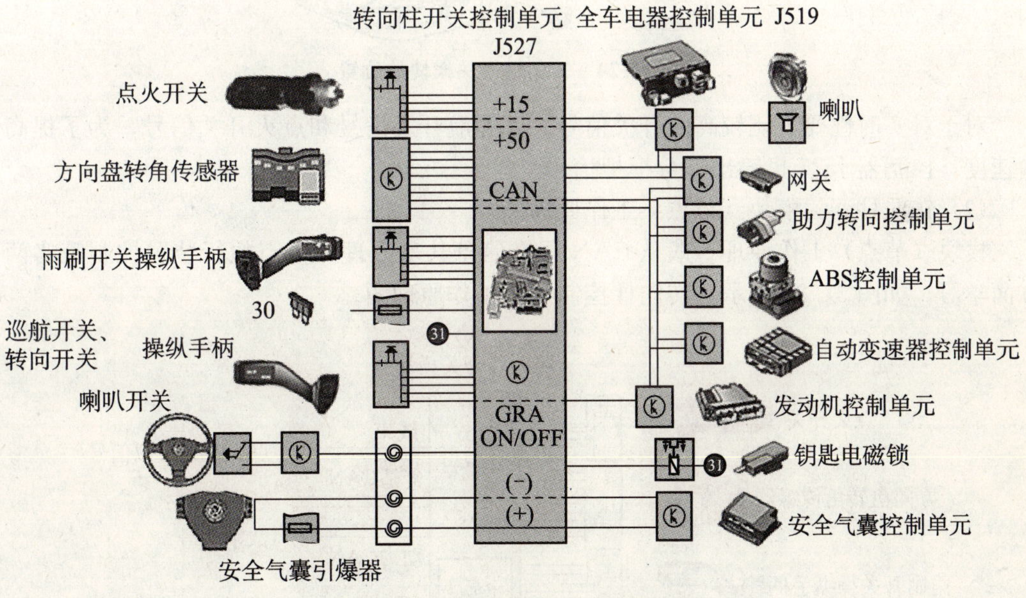

图 3—23　大众速腾转向柱开关模块

（2）转向柱开关模块组成特点。

如图 3—24 所示，为了便于驾驶员的操作，汽车行驶过程中的绝大多数电器开关均集中在转向柱区域，共有 6 个开关和传感器且其中大多数为组合开关，实际开关数达到十几个，这些开关给全车十几个控制器提供操作信号，如果采用导线连接，线束数量十分庞大。

在大众速腾转向柱开关节点上，众多开关和传感器与控制器 J527 就近相连，J527 收到信号后转换为数字信息，发送到动力 CAN 和舒适 CAN 网络上，并通过网关与其他网络相连，所有信号均可供全车控制单元共享，最大限度地节省了线束。

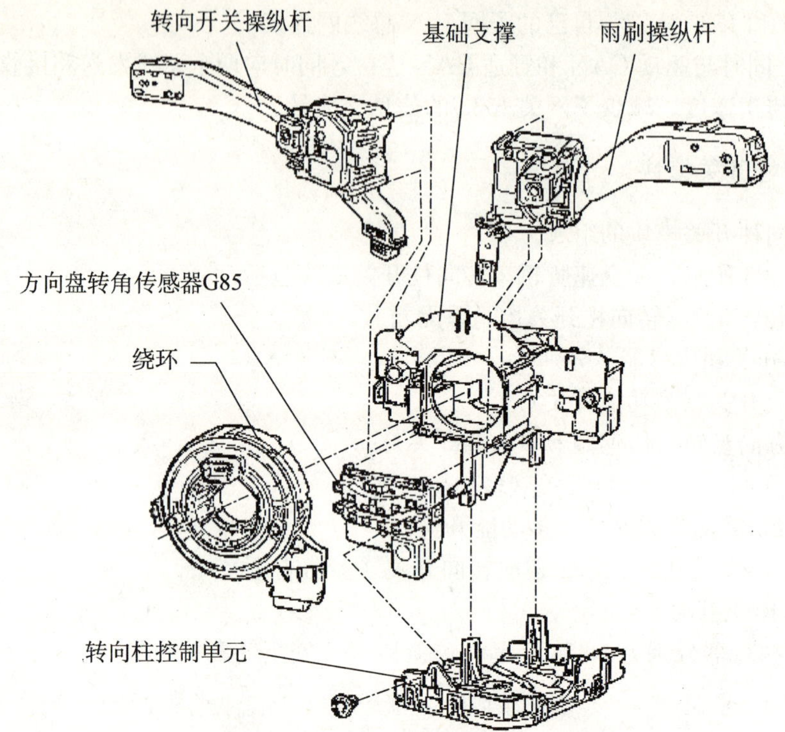

图 3—24　转向柱开关模块的位置

对于对实时性要求比较高的开关信号，如巡航开关信号和点火开关信号，为了提高传输速度，控制器 J527 也输出部分模拟信号。

（3）转向柱开关模块（节点）工作原理。

模块（节点）工作原理一般从 CAN 网络信息共享原理和节点执行装置控制策略两个方面学习。如图 3—25 所示为转向柱控制模块工作原理图。

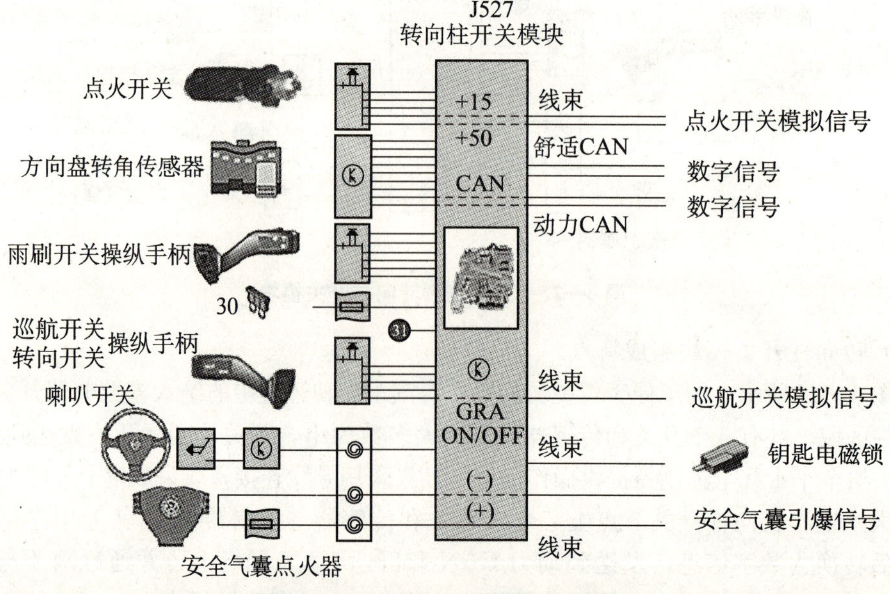

图 3—25　转向柱开关模块工作原理

1）CAN 网络信息共享原理。

点火开关信号与信息。点火开关信号“15”和“50”经 J527 输出模拟信号给中央电器控制单元 J519，经 J519 向全车输出 15 正电供给和 50 正电供给。同时点火开关信号经 J527 转化为 CAN 信息发送到 CAN 总线上，供全车各控制单元共享，如图 3—26 所示。

注意：导线传送的称为信号；总线传送的称为信息。

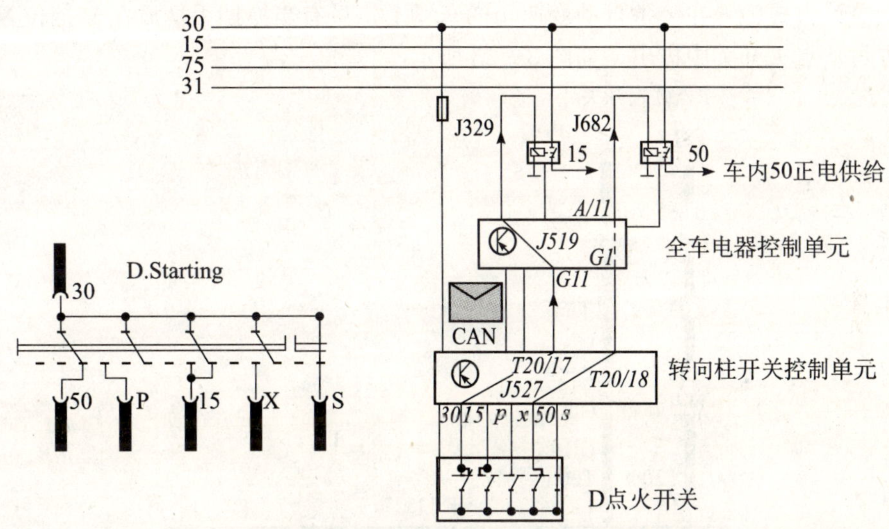

图 3—26　大众速腾全车 15 和 50 正电的形成

转向巡航开关信号与信息。转向巡航开关是组合开关，其中巡航 ON/OFF 信号直接发送到发动机控制单元，满足发动机控制的高实时性。同时巡航开关的所有信号经 J527 转化为 CAN 信息发送到 CAN 总线上，供全车各控制单元共享。如图 3—27 所示。

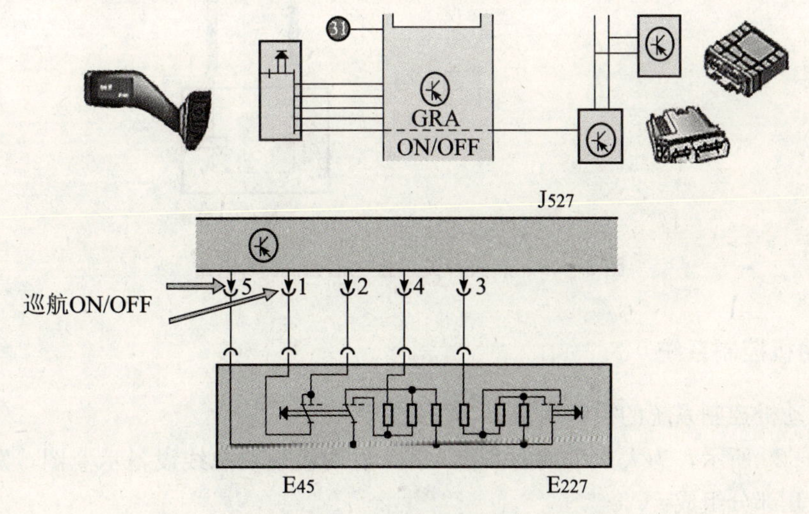

图 3—27　大众速腾巡航开关信号

转向柱模块其他传感器信息。转向柱模块的 G85 方向盘转角传感器、E22、E44、E38 雨刷开关、E2、E4 转向变光开关和 E221 喇叭开关信号经 J527 转化为 CAN 信息发送到 CAN 总线上，供全车各控制单元共享。

2）执行装置控制策略。

转向柱开关模块共有 2 个执行装置，N95 安全气囊点火器和 N376 钥匙电磁锁。

安全气囊点火器实际上是由安全气囊控制器 J234 控制，转向柱开关控制器 J527 只是一个通道，具体控制策略见安全气囊控制模块。

J527 控制单元根据 P 挡位置开关 F319 信号，控制点火开关锁止电磁铁 N376 的锁止和解锁。决策方式为，在装备自动变速箱的车辆上，只有当换挡手柄放在 P 挡位置时，点火钥匙方可从点火开关中拔出。如图 3—28 所示。

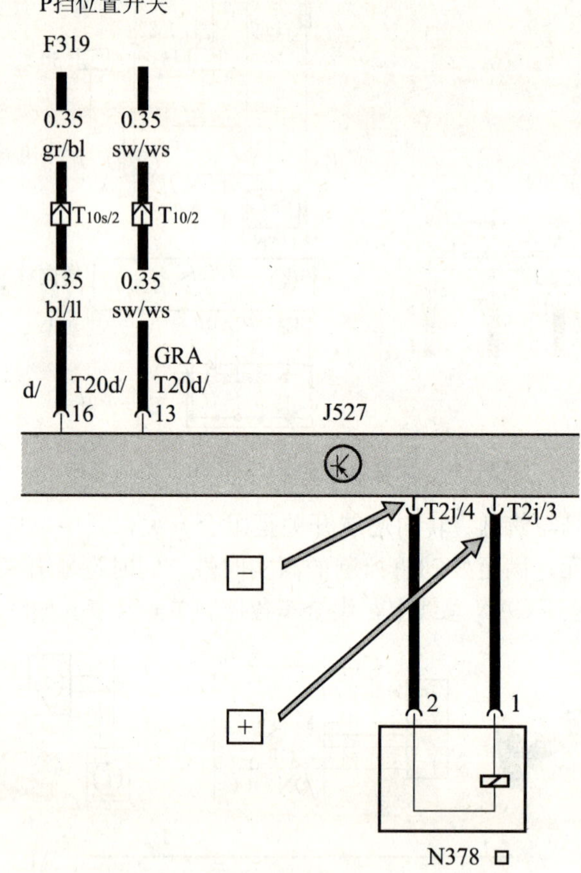

图 3—28　点火开关锁止电磁铁 N376 电路

3. 发动机控制系统

（1）发动机控制系统的模块组成。

如图 3—29 所示，为大众采用的 Simos 3. 3 发动机模块总线设备示意图，发动机控制系统由以下几部分组成：

1）控制器 J220（发动机控制单元）。

2）21 个传感器，分别是：

①主氧传感器 G39；

②副氧传感器 G130；

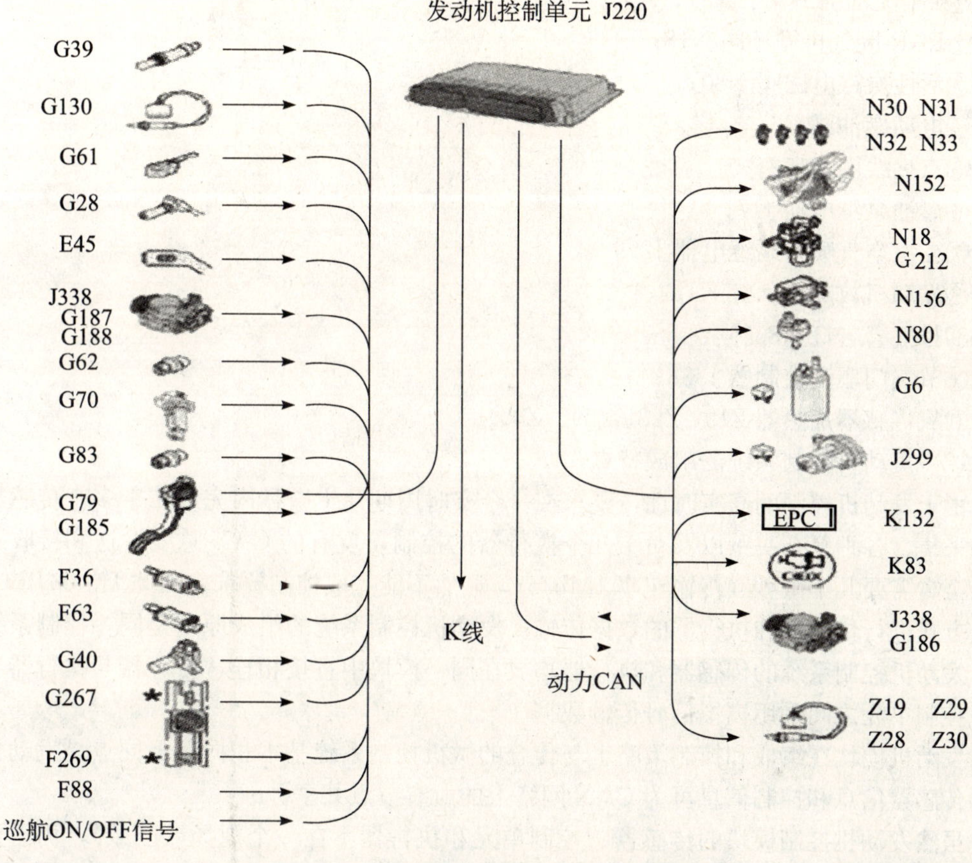

图 3—29 Simos 3.3 发动机控制系统总线设备

③爆震传感器 G61、G66；

④发动机转速传感器 G28；

⑤速度调节装置开关 E45；

⑥节气门位置传感器 G187、G188 、G186（经节流阀体控制单元 J338 输出信号）；

⑦冷却液温度传感器 G62；

⑧空气流量计 G70；

⑨散热器出口温度传感器 G83；

⑩油门踏板位置传感器 G79、G185；

⑪离合器踏板开关 F36；

⑫离合器开关 F63；

⑬霍尔传感器 G40；

⑭温度选择开关 G267（空调面板上）；

⑮电控节温器位置传感器 F269；

⑯助力转向压力开关 F88；

⑰EGR 位置传感器 G212（与 EGR 废气再循环阀一体）。

3）17 个执行装置，分别是：

①4 个喷油嘴 N30、N31、N32、N33；

②EGR 废气再循环阀 N18；

③活性炭罐电磁阀 N80；

④电动燃油泵 G6；

⑤点火线圈 N152；

⑥燃油泵继电器 J17；

⑦二次空气喷射泵继电器 J299 ；

⑧发动机故障指示灯 K132；

⑨排气警告灯 K83；

⑩节气门驱动控制器 J338；

⑪氧传感器加热器 Z19、Z28、Z29、Z30。

（2）发动机控制系统的组成特点。

由于发动机控制的高实时性，要求在一个实时周期几十微秒内完成二十多个传感器信号的采集、各种复杂决策以及对十几个执行器的控制，现有的 CAN 总线发送和接收一条信息至少需要几十微秒（传输速率 1Mb/s），显然不能完成控制要求，因此无法采用 CAN 总线方式进行传感器和执行器的数据传输。发动机控制系统的组成原则是同一控制系统原则，发动机控制系统的传感器和执行器均放在同一模块中直接相连，传感器与执行器与发动机控制单元之间采用模拟信号传输数据。

发动机模块在组成和控制策略上与传统的微机控制系统基本相同，不同点是发动机模块的传感器信息和控制信息可为 CAN 网络上的所有节点共享。

虽然发动机控制模块的传感器、控制单元和执行器不在一个现场（区域），仍需要大量的线束相连，但是由于发动机模块传感器可以为 CAN 总线上所有控制单元共享，因此也可以节省一定的线束。

（3）发动机模块工作原理。

1）CAN 网络信息共享。

J220 控制单元接收所有发动机模块的 22 个传感器信号，并将信号转化为 CAN 信息发送到 CAN 总线上，供所有 CAN 总线上的节点共享。

2）发动机控制原理。

Simos 3.3 发动机主要控制功能是发动机的扭矩控制，如图 3—30 所示，通过对发动机控制系统的喷油嘴、点火线圈、电控节气门和涡轮增压装置（涡轮增压发动机）等执行器装置的综合控制，实现对发动机扭矩的智能控制。发动机扭矩的期望值（指定扭矩）要考虑多种因素：

主要因素：驾驶员意愿、排放控制、燃油消耗、安全。

内部因素：启动程序、怠速调节、Lambda 控制、发动机最高限速。

外部因素：驾驶员意愿、巡航控制、AG4 需求、ABS / ESP 需要、安全/舒适需要、自动空调。

Simos 3.3 发动机其他控制功能有：爆震控制及自适应、怠速转速调节及自适应、怠速稳定、Lambda 调节及自适应、排放控制（二次空气供给/废气再循环/催化器）、油箱通风控制、可变进气行程控制、可变配气相位、发动机失火识别。

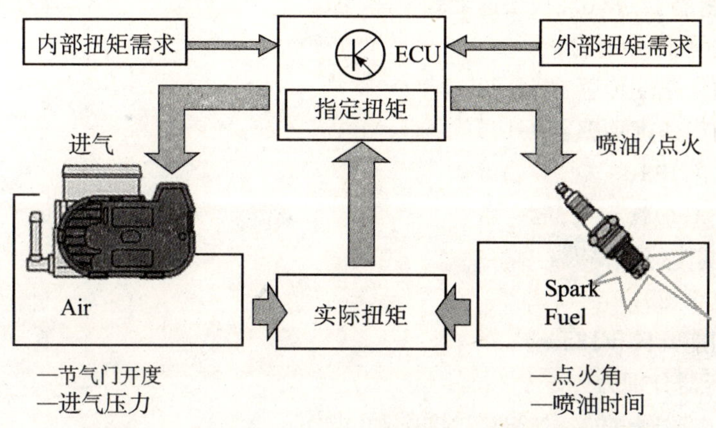

图 3—30　Bosch Motronic / Simos 3.3 发动机扭矩控制

（4）K 线故障诊断原理。

由于发动机模块的重要性，需要发动机模块直接与 K 线相连，当 CAN 总线故障，不能利用诊断 CAN 总线进行故障诊断时，可利用 K 线对发动机模块进行故障诊断。

对于没有 CAN 诊断设备的修理厂，可以利用 1551 传统故障诊断仪对发动机进行故障诊断。

4. 自动变速器模块

（1）自动变速器模块的组成。

如图 3—31 所示为大众速腾轿车自动变速器模块，由以下几部分组成：

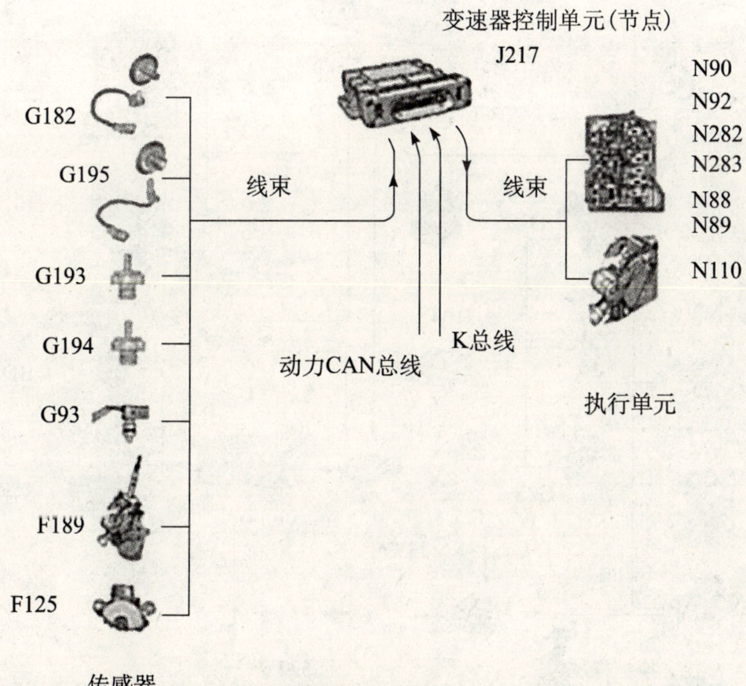

图 3—31　自动变速器模块总线设备

1）节点控制器 J217（自动变速器控制单元）。

2）7 个传感器，分别为：

①变速器输入速度传感器 G182；

②变速器输出速度传感器 G195；

③油压开关 G193；

④油压开关 G194；

⑤ATF 温度传感器 G93；

⑥手动开关 F189；

⑦电控多功能开关 F125。

3）7 个执行器分别为：

①4 个换挡电磁阀 N90、N283、N282 和 N92；

②品质电磁阀 N88；

③锁止电磁阀 N89；

④变速杆锁止电磁铁 N110。

（2）模块组成特点。

自动变速器上的传感器与执行器及自动变速器控制单元 J217 就近相连，构成自动变速器总线模块。

自动变速器控制系统的大部分传感器和执行器均在同一模块（自动变速器模块）中，部分传感器和开关信息通过 CAN 网络发送给 J217，如图 3—32 所示。

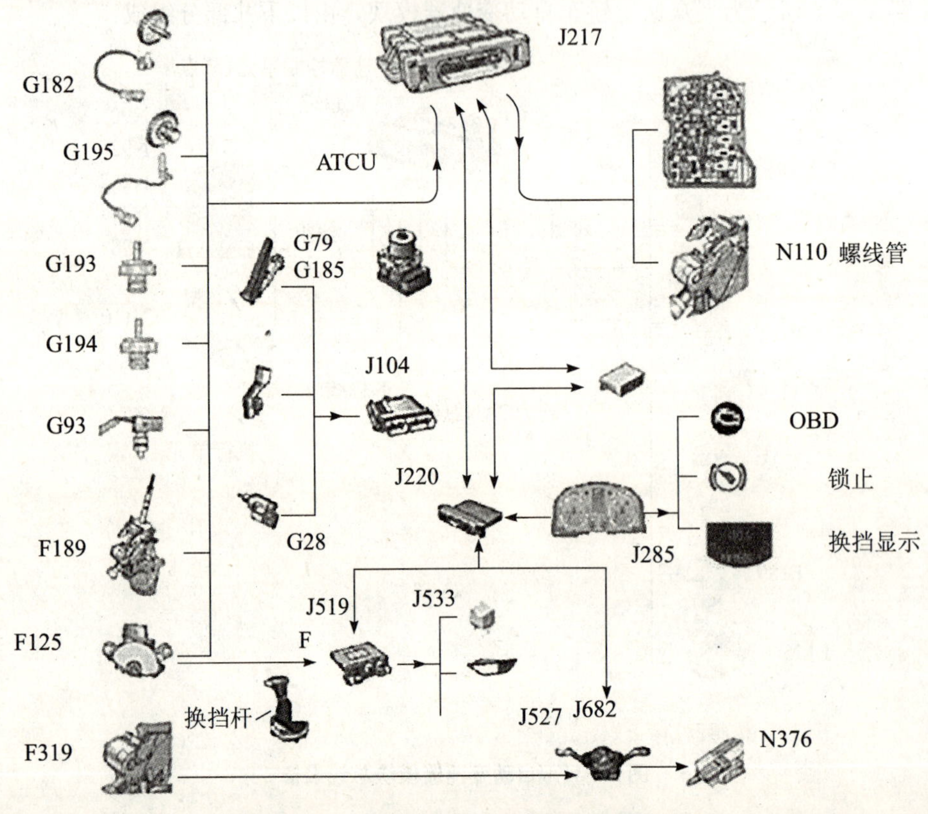

图 3—32 大众速腾自动变速器控制系统

（3）模块工作原理。

1）CAN 网络信息共享。

J217 控制单元接收自动变速器模块的 7 个传感器信号，将信号转化为 CAN 信息发送到 CAN 总线上，供 CAN 总线所有节点共享。

F125 自动变速器电控多功能开关信号直接被发送到中央电器控制单元 J519，提高传送时间。

自动变速器控制单元 J217 在 CAN 总线上获得刹车灯信息（经 J519 发送）、巡航开关信息（经 J527 发送）、P 挡位置开关 F319 信息（组合开关 F125 中的一个开关经 J527 发送）、节气门位置等发动机模块的传感器信息（经发动机控制单元 J220 发送）。CAN 网络中，所有自动变速器控制所需的传感器信息和控制信息，均可经 CAN 总线，供自动变速器控制单元 J217 共享。

2）自动变速器控制原理。

自动变速器控制单元 J217 接收变速器模块内 7 个传感器信号并从 CAN 总线上获得其他传感器信息，根据这些信号和信息完成换挡时间、锁定变矩器以及压力控制等动作，自动变速器主要控制功能如下：

J217 控制 4 个换挡电磁阀 N90、N283、N282、N92 实现 1 到 6 挡的变换；

J217 控制 N93 在挡位变换过程中，对离合器和制动器进行压力控制；

J217 控制 N88 打开可选高挡 4－6，改善 5 挡升 6 挡质量；

J217 控制 N89 调节锁止离合器压力；

J217 控制 N88/N89 同时打开 B2 供油及锁止离合器。

详细的自动变速器控制策略可以参考相关书籍和资料。

3）K 线故障诊断原理。

由于自动变速器模块的重要性，需要自动变速器模块直接与 K 线相连，当 CAN 总线出现故障，不能利用诊断 CAN 总线进行故障诊断时，利用 K 线对自动变速器模块进行故障诊断。

另外对于没有 CAN 诊断设备的修理厂，可以利用 1551 传统故障诊断仪对自动变速器进行故障诊断。

5. ABS 模块

（1）ABS 控制模块的组成。

如图 3—33 所示，为大众速腾轿车 ABS 模块总线设备，包括以下内容：

1）节点控制器 J104（ABS 控制单元）。

2）7 个传感器和开关，分别为：

①ESP 按钮；

②轮速传感器 G44；

③制动压力传感器 G201；

④传感器组合 G200、G202、G251；

⑤制动油压传感器。

3）2 个执行器，分别为：

①ABS 液压单元 N55；

②ABS 回油泵 V64。

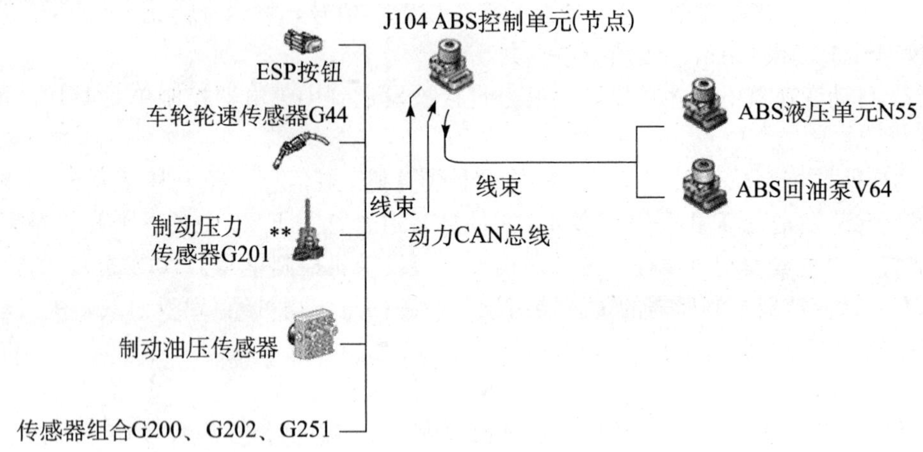

图 3—33 大众速腾 ABS 模块总线设备

(2) ABS 控制模块组成特点。

ABS 总成的传感器、控制单元（节点）、执行器构成 ABS 总线模块，ABS 控制系统的其他传感器和开关等信息均通过 CAN 总线获得。

(3) ABS 控制模块工作原理。

1）传感器信息共享。

J104 控制单元接收本模块 7 个传感器的信号，将信号转化为 CAN 信息发送到 CAN 总线上，供 CAN 总线上所有节点共享。如图 3—34 所示。

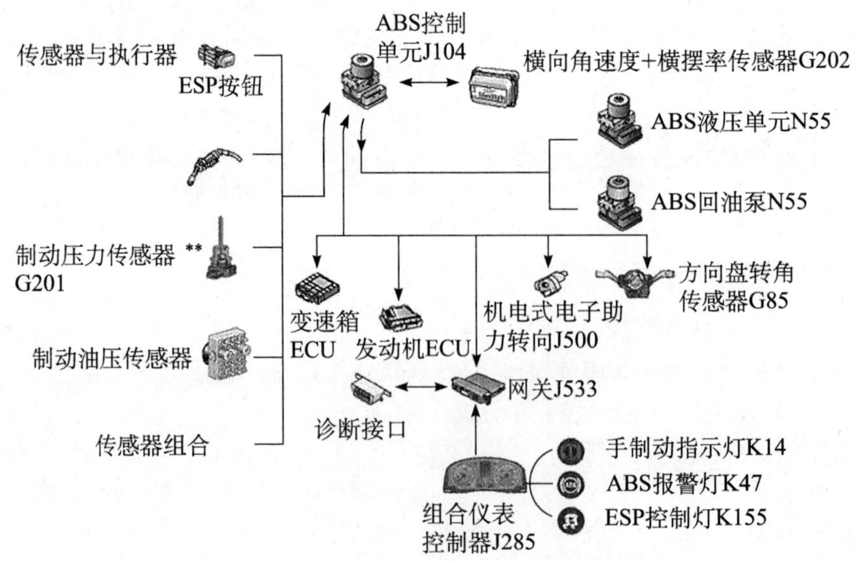

图 3—34 大众速腾 ABS 控制系统

ABS 控制单元 J104 在 CAN 总线上获得车速传感器信息（经自动变速器控制单元 J217 发送）以及其他 ABS 所需的传感器信息和控制信息。

2）ABS 控制原理。

ABS 控制单元 J104 接收变速器模块内各个传感器信号并从 CAN 总线上获得其他信息，根据这些信号和信息进行制动压力控制和回油泵控制，ABS 主要控制策略如下：

利用车轮转速传感器，ABS 控制单元可以对 0km/h 以上车速进行探测，采用模糊控制法进行最佳滑移率控制（控制 ABS 液压单元 N55），实现制动时的方向性和方向稳定性以及尽量缩短制动距离。

ABS 控制单元利用传感器组合（横向加速度传感器 G200、横摆率传感器 G202），如果有四轮驱动的话，还根据纵向加速度传感器 G251 信息，确定路面情况，调整控制策略。

ABS 控制单元利用方向盘转角传感器获得所有方向的角度运算及输出（在转向柱开关模块 J527 中进行），确定制动时的方向性和方向稳定性，从而修正制动策略。方向盘转角传感器不仅计算转角值，而且还计算转向速度，用以给电子助力转向系统提供信息。

ABS 控制单元通过制动油压传感器提供的信号控制 ABS 回油泵工作。

6. 助力转向控制模块

（1）助力转向控制模块的组成。

如图 3—35 所示为大众速腾轿车助力转向模块，由以下几部分组成：

1）节点控制器 J500（助力转向控制单元）。

2）1 个传感器，G269 转向力矩传感器。

3）1 个执行器，V187 电子助力转向电机。

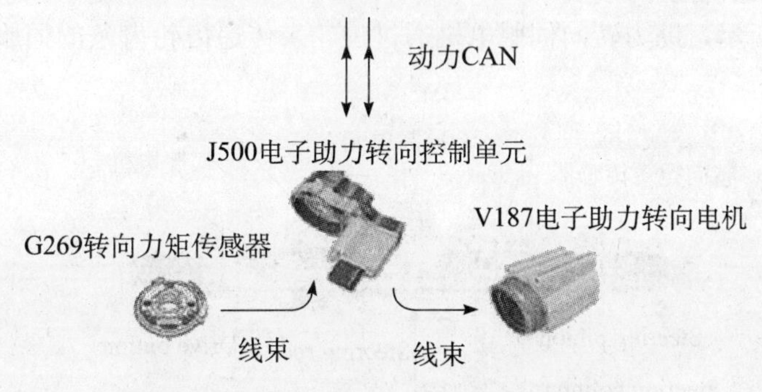

图 3—35　大众速腾助力转向模块总线设备

（2）助力转向控制模块组成特点。

助力转向控制模块的传感器、节点（J500）和执行器均在同一现场（电控助力转向总成）。助力转向控制系统的其他传感器和开关等信息均通过 CAN 总线发送给 J500。

（3）助力转向控制模块工作原理。

1）传感器信息共享。

J500 控制单元接收本模块 G269 转向力矩传感器的信号，将信号转化为 CAN 信息发送到 CAN 总线上，供整个网络所有节点共享，如图 3—36 所示。

助力转向控制单元 J500 从 CAN 总线上获取发动机转速传感器 G28 信息（经发动机控制单元 J220 发送）、转速传感器 G44 信息（经 ABS 控制单元 J104 发送）、方向盘转角传感器 G85 信息（经转向柱开关控制单元 J527 发送）。

J500 通过 CAN 总线发送信息给组合仪表节点 J285，控制 K161 故障指示灯亮。

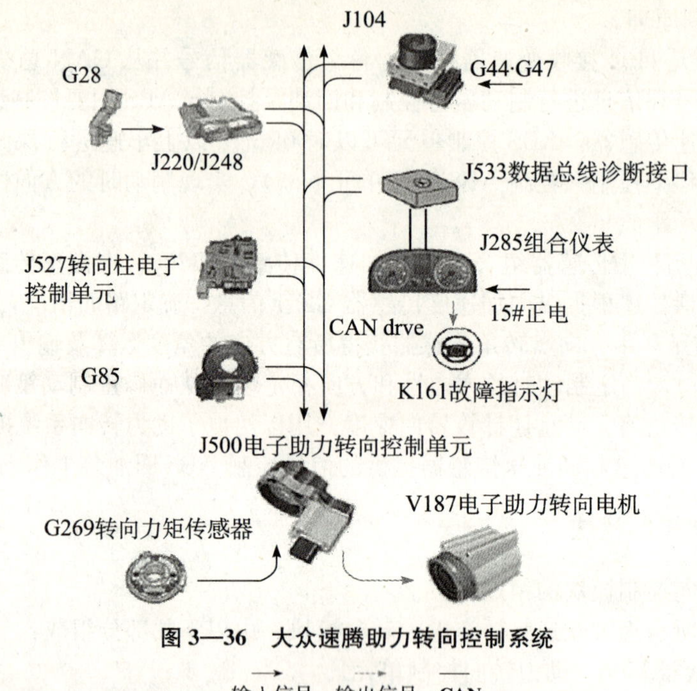

图 3—36　大众速腾助力转向控制系统

输入信号　输出信号　CAN

2）助力转向电机控制过程。

如图 3—37 所示，助力转向伺服电机通过齿轮来传递齿轮齿条的伺服转向力，基本控制过程如下：

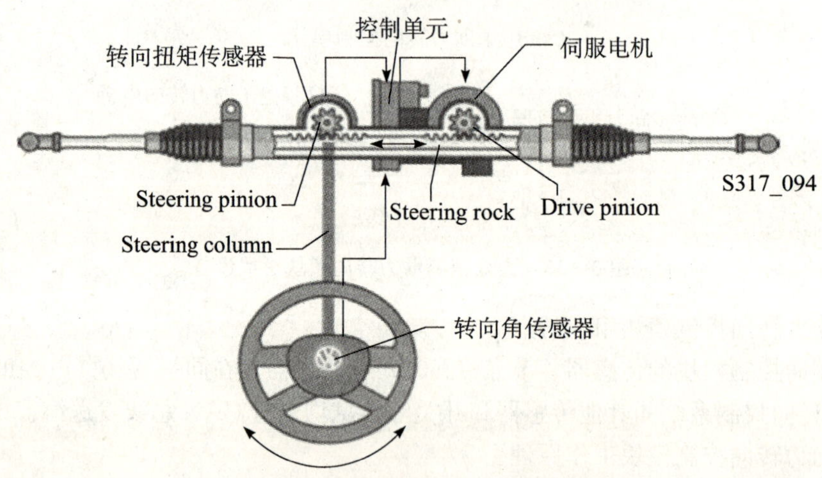

图 3—37　大众速腾电控助力转向控制系统

当司机用力旋转方向盘时助力转向系统开始工作，作用在方向盘上的力引起了转向小齿轮的旋转，G269 察觉到旋转并将计算出的转向力，传给控制单元 J500。

方向盘转角传感器 G85 将方向盘转动的角度、转动速度传给控制单元 J500。

控制单元 J500，根据转向力、发动机转速、车速、方向盘转角、方向盘转速以及存储在控制单元中的特性曲线图，计算出必要的助力力矩并控制电机开始工作。

由电机驱动的第二个小齿轮（驱动小齿轮）提供能量产生转向助力，电机是通过一个蠕动齿轮驱动小齿轮，从而驱动转向齿条产生助力。助力转向力矩和施加在方向盘上的力矩的总和是最终驱动转向齿条上的有效力矩。

7. 安全气囊控制模块

（1）安全气囊模块的组成。

如图 3—38 所示为大众速腾汽车安全气囊模块总线设备，由以下几部分组成。

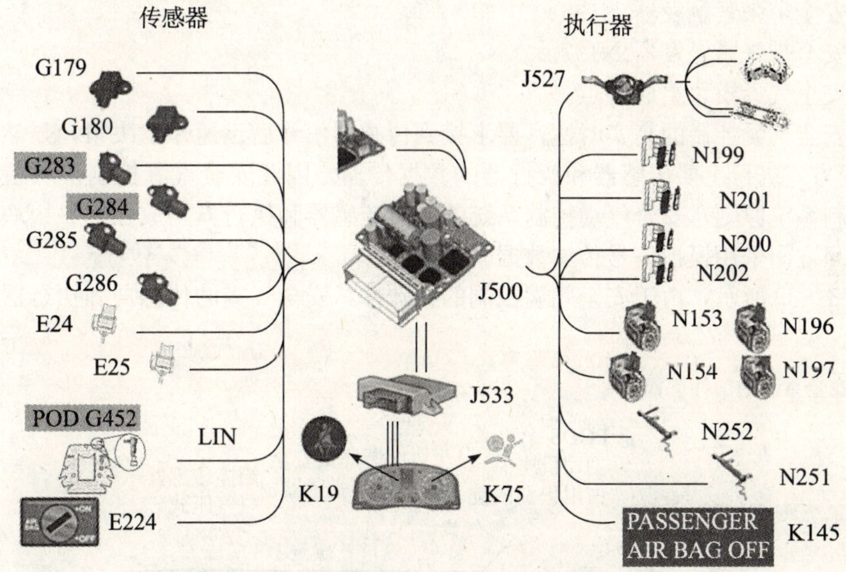

图 3—38　大众速腾汽车安全气囊模块总线设备

1）控制器 J234（安全气囊控制单元）。

2）12 个开关、传感器和子网等信号输入装置，分别为：

①左前撞传感器 G179；

②右前撞传感器 G180；

③左前侧撞传感器 G283；

④右前侧撞度传感器 G284；

⑤左后侧撞度传感器 G285；

⑥右后侧撞度传感器 G286；

⑦X 和 X－Y 减速度传感器（J234 控制单元内）；

⑧司机安全带开关 E24；

⑨副司机安全带开关 E25；

⑩安全气囊开关 E224；

⑪POD G452 副司机座椅占用识别系统（经子网 LIN 总线将信息送 J500）。

3）13 个执行器，分别为：

①司机安全气囊点火器 N95；

②副司机安全气囊点火器 N96；

③前排左侧气囊点火器 N199；

④前排右侧气囊点火器 N200；

⑤后排左侧气囊点火器 N201；

⑥后排右侧气囊点火器 N202；

⑦左爆炸式张紧安全带 N153；

⑧右爆炸式张紧安全带 N154；

⑨左安全气囊点火器 N251；

⑩右安全气囊点火器 N252；

⑪安全气囊关闭报警灯 K145；

⑫左安全带张紧触发器 N196；

⑬右安全带张紧触发器 N197。

（2）安全气囊模块组成特点。

由于安全气囊控制的高实时性，要求接到传感器信号后迅速作出决策，显然不能采用CAN 总线方式进行主要传感器和执行器的数据传输，因此安全气囊控制模块组成的原则是同一控制系统原则，安全气囊控制系统的主要传感器和执行器均放在同一模块中，直接相连，相互之间采用模拟信号传输数据。

如图 3—39 所示，由于安全气囊控制的特殊性，安全气囊的传感器和执行器都必须由导线连接。

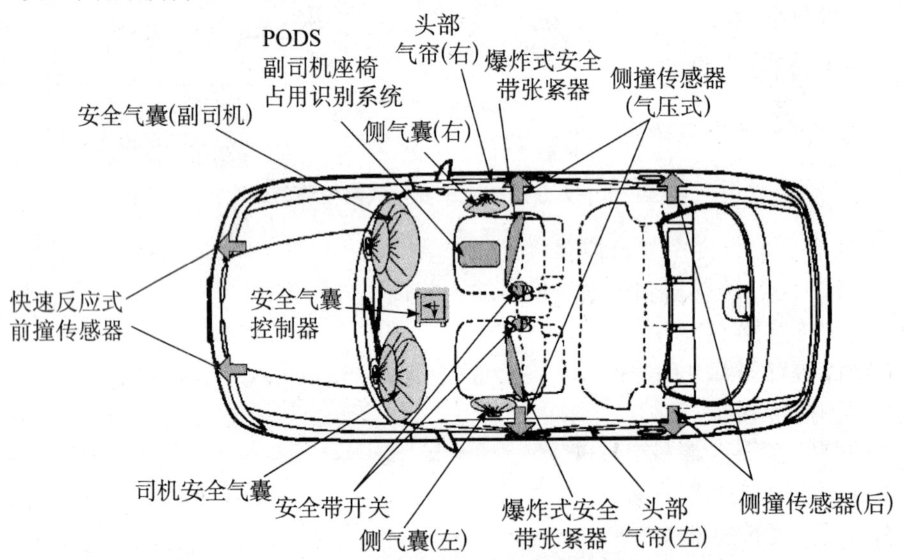

图 3—39　大众速腾安全气囊控制模块总线设备位置

（3）安全气囊模块工作原理。

1）CAN 网络信息共享。

J104 控制单元接收本模块 12 个传感器的信号，转化为 CAN 信息发送到 CAN 总线上，供 CAN 总线所有节点共享。

J104 控制单元接收组合仪表控制单元 J285 总线信息，可控制安全带警告灯及安全气囊故障指示灯的点亮或熄灭。

车辆发生碰撞时，安全气囊控制单元 J500 通过 CAN 总线发送碰撞信息，撞车时车门锁自动开启。

安全气囊控制单元 J500 也可以在 CAN 总线上获得车速传感器信息（经自动变速器控

制单元 J217 发送）及其他对安全气囊控制有用的传感器信息。

2）安全气囊控制原理。

安全气囊控制单元 J500 接收本模块 12 个传感器的信号及子网 LIN 总线信息，并通过驱动 CAN 总线获得车速传感器等对安全气囊控制有用的传感器信息和控制信息，进行决策，并对本模块 13 个执行器进行控制。

控制内容主要包括：

①前部安全气囊，包括司机与副司机安全气囊（副司机气囊可单独关闭）。

安全气囊控制器 J500 确认碰撞发生时，两级的气体发生器放射式展开。两级展开的时间有一定的间隔，间隔时间范围：5 ms～40 ms。气囊起爆根据碰撞的种类以及碰撞的强度的不同，间隔时间不同，但两级起爆在一次碰撞中都要执行。

②其他安全气囊，包括前排侧安全气囊和后排侧安全气囊以及头部气帘。在碰撞发生时这些装置一起爆燃（乘客气囊可单独关闭）。

③燃爆预紧式安全带，这是当今世界上技术最先进的安全带。当汽车受到碰撞时，预紧装置受到激发后，使卷缩器的芯轴反向转动，将安全带迅速回卷一定位置，起到预紧的作用，防止乘客身体前倾与方向盘、仪表板和玻璃窗发生碰撞。

④司机与副驾驶忘系安全带，或未将安全带锁舌插入锁扣到位，启动发动机时，安装在仪表板上的报警灯将会持续闪烁，还会发出蜂鸣声，提醒驾驶员系好安全带。

8. 大灯照程调节模块

(1) 大灯照程调节模块的组成。

如图 3—40 所示，为大众速腾轿车大灯照程调节模块总线设备，该设备由以下几部分组成：

1）控制器 J431（大灯照程控制单元）。

2）2 个传感器，分别为：

①后轴水平传感器 G76；

②前轴水平传感器 G78。

3）2 个执行器，分别为：

①左侧大灯照程伺服电机；

②右侧大灯照程伺服电机。

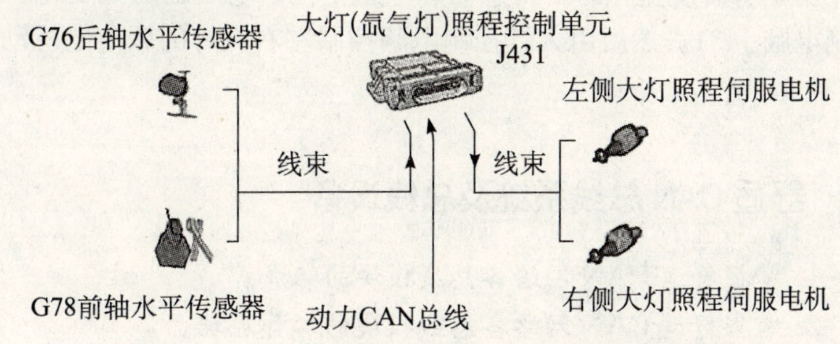

图 3—40　大众速腾大灯照程调节模块总线设备

(2) 大灯照程调节模块组成特点。

大灯照程调节模块所有总线设备均集中在一个现场。大灯照程调节时，大灯控制的其他信息均通过 CAN 网络传到 J431。

(3) 大灯照程调节模块工作原理。

1) CAN 网络信息共享。

如图 3—41 所示，J431 控制单元接收本模块 G76 后轴水平传感器和 G78 前轴水平传感器的信号，转化为 CAN 信息发送到 CAN 总线上，供 CAN 总线所有节点共享。

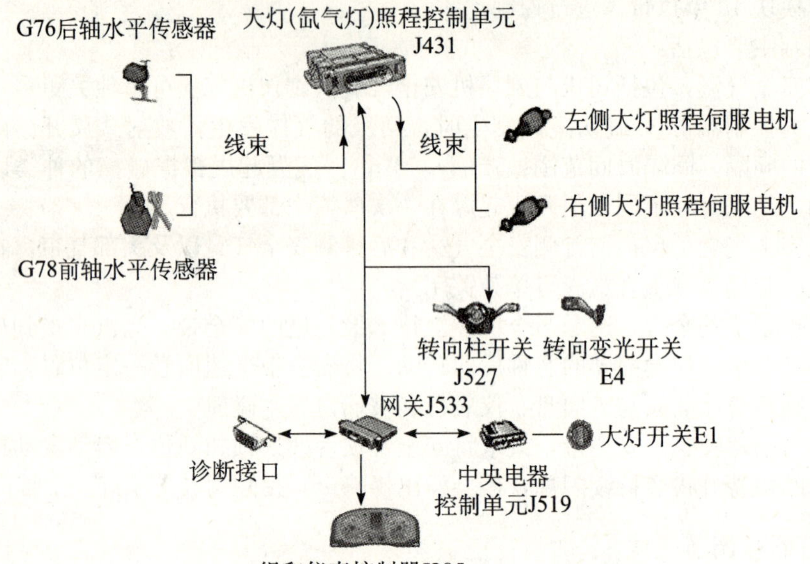

图 3—41 大众速腾大灯（氙气灯）照程控制系统

大灯照程控制单元 J431 在 CAN 总线上获得 E1 大灯开关信息（经 J519 发送）和 E4 变光开关信息（经 J527 发送），根据信息处理灯光变化。

CAN 总线中，其他对照程调节控制有用的传感器信息和控制信息，均可经动力 CAN 总线供照程调节控制单元 J431 共享。

J431 通过 CAN 总线发送信息给 J285 组合仪表控制单元，通过组合仪表控制单元 J285 控制照程调节指示灯。

2) 大灯照程控制原理。

车身水平传感器有两个，一个位于车身底盘的左前方，另一个位于底盘的左后方，均为线性电阻式。当车身高度变化时，传感器即电阻变化，电压也随之变化。此信号送给氙气大灯行程控制电脑 J431，然后由大灯控制电脑控制左右大灯的调节电机动作，完成大灯的自动调整。

学习任务三 舒适 CAN 总线系统及总线设备

学习目标： 1. 掌握舒适 CAN 网络各总线模块的组成。

2. 掌握舒适 CAN 网络各总线模块的工作原理。

学习方法： 启发式教学，多媒体教学和实验演示相结合。

1. 大众速腾舒适 CAN 组成

(1) 大众速腾舒适 CAN 的节点（控制模块）。

大众舒适 CAN 总线的速率比驱动 CAN 总线速率低，为 100 Kb/s，主要控制对象是全车电器系统、空调、车门和座椅等。

图 3—42 为大众速腾舒适 CAN 总线，总线内的各个总线模块包括以下部分：

1）中央电器系统模块，控制单元 J519。

2）座椅位置模块，控制单元 J136。

3）空调模块，控制单元 J225。

4）4 个车门模块，控制单元 J386、J387、J388、J389。

5）舒适系统模块，控制单元 J393。

6）雨刷电机模块，控制单元 J400。

7）倒车警报模块，控制单元 J446。

8）转向柱开关模块，控制单元 J527，既是舒适 CAN 模块也是动力 CAN 模块。

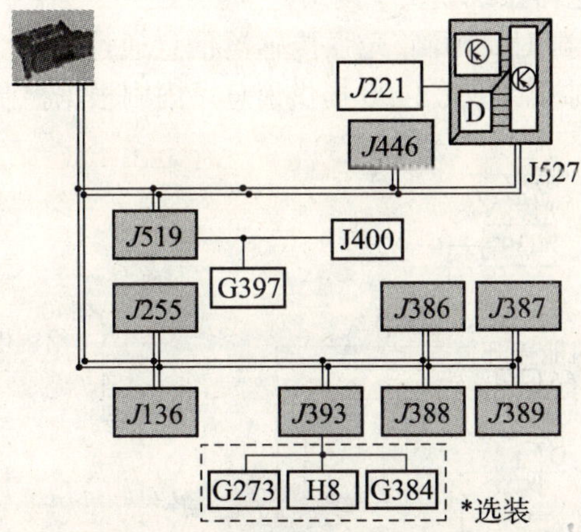

图 3—42　大众速腾舒适 CAN 总线

（2）大众速腾舒适 CAN 总线与其他网络的连接关系。

1）舒适 CAN 网络通过网关 J533 与动力 CAN、仪表 CAN、信息娱乐 CAN 和诊断 CAN 网络相连进行信息交换。

2）J519 和 J393 分别与自己的子网 LIN 总线网连接。

3）J527 同时与驱动 CAN 和舒适 CAN 连接。

2. 中央电器系统模块

按照汽车线束的配线原则，全车电器的控制中心设置在配电中心（中央配线盒）。中央电器系统模块实现了对配电中心的智能化控制。大众速腾轿车用中央电器系统模块取代了中央配线盒，中央电器系统控制单元为 J519。

中央电器系统模块具有电能管理、灯光控制、燃油泵预工作、雨刷控制等多个控制系统，充分体现了总线模块的综合性和智能化。这些控制系统的众多传感器和开关信息均通过 2 根 CAN 总线传送到中央电器系统控制单元 J519，充分体现了网络信息共享的优势。

中央电器系统模块与传统的中央配线盒的对比具有以下优势：可对用电器进行更强的控制；节省电量消耗；可实现用电器之间的电子通信；可进行电能管理；可进行程序化设置；返修便利；带有自诊断功能。本节将重点介绍中央电器系统模块。

(1) 中央电器系统模块组成。

中央电器系统模块是全车电器系统的中心，众多的电器设备都属于中央电器系统模块，主要包括以下几个部分：

1）控制器 J519（中央电器控制单元）。

2）电源提供：30 正电由发电机和蓄电池直接提供，15 正电和 50 正电由 J527 提供。

3）传感器：大灯开关 E1；倒挡开关；制动灯开关；机仓盖开关。其他传感器和开关等信息均通过 CAN 总线提供。

4）执行单元（大多数通过继电器控制）：座椅加热元件；后窗加热元件；后视镜加热元件；方向盘加热元件；脚坑照明灯；门内把手照明灯；全自动空调耗能降低或空调关闭控制元件；信息娱乐系统关闭及关闭警示；左、右大灯；左、右尾灯；高位制动灯；室内灯；雾灯、后雾灯；转向灯；牌照灯；燃油泵（通过燃油泵继电器控制）。

5）LIN 总线－中央电器系统模块子网络。

如图 3—43 所示，下雨时，雨滴/光强传感器信息通过 LIN 总线将信息传递到 J519，J519 通过 LIN 总线给雨刷控制单元 J400 提供信息，雨刷根据控制信息工作。

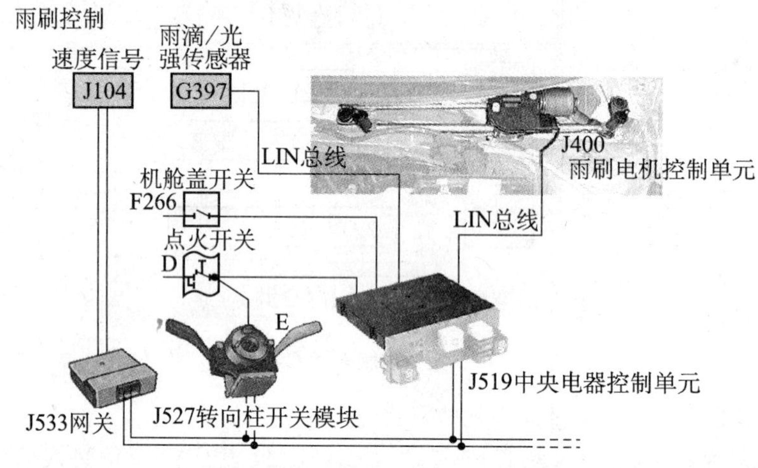

图 3—43　大众速腾 雨刷控制系统

(2) 中央电器系统模块工作原理。

1）中央电器系统模块的功能。中央电器系统模块的总线设备和控制功能非常多，中央电器系统模块管理功能包括：用电负荷管理；外部灯光的控制及灯光缺陷的检测；内部灯光的控制；后风窗加热控制（无电路）；舒适灯光控制（离家、回家功能）；转向信号控制；供电端子控制（75　15　30）；燃油泵预工作控制；照明灯的控制；发电机准备功能（励磁）；雨刷电机控制。

2）模块电能管理系统工作原理。如图 3—44 所示，大众速腾“中央电器系统模块”电能管理系统没有传感器，J519 通过舒适 CAN 总线获得各种有用信息，模块工作原理为电能管理系统管理策略。

为了确保蓄电池有足够的电能使发动机顺利启动和正常运转，控制单元 J519 根据以下的相关数据进行评估：发动机转速，电瓶电压，发电机的 DF 信号（01－53）。根据反馈数据，在保证技术安全的前提下，控制单元适当地关闭舒适功能的用电设备。用电负载（电能）管理策略见表 3—4。

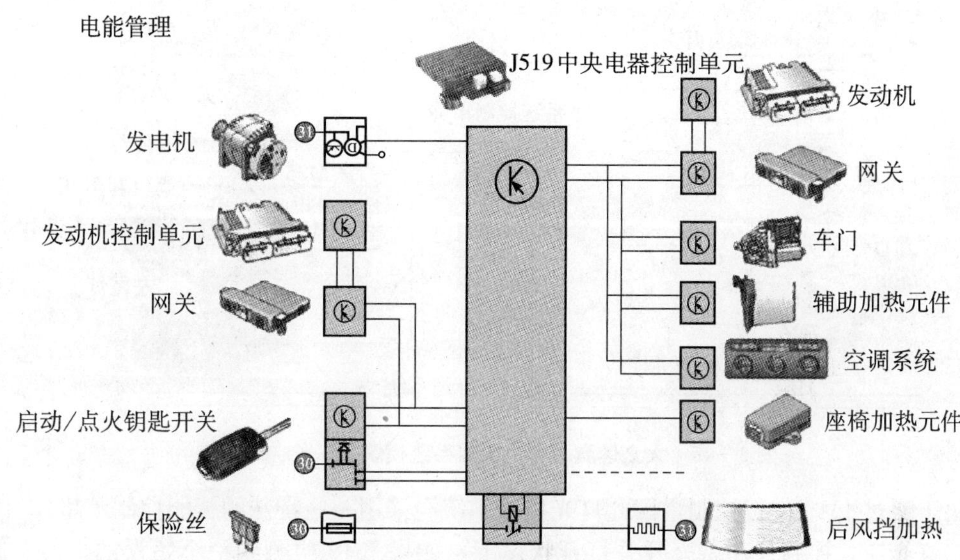

图 3—44　大众速腾“中央电器系统模块”电能管理系统

表 3—4　　大众速腾电能管理系统管理策略

<table>
<tr><th>管理模式 1</th><th>管理模式 2</th><th>管理模式 3</th></tr>
<tr><td>15 号线接通并且发
电机处于工作状态</td><td>15 号线接通并且发
电机处于停机状态</td><td>15 号线断开并且发
电机处于停机状态</td></tr>
<tr><td rowspan="2">如果蓄电池电压低于 12.7V，则控制单元要求发动机的怠速提升。
如果蓄电池的电压低于 12.2V，以下的用电器将被关闭：
座椅加热
后风窗加热
后视镜加热
方向盘加热
脚坑照明
门内把手照明
全自动空调耗能降低或空调关闭
信息娱乐系统关闭并有关闭警示</td><td>如果蓄电池的电压低于 12.2V，以下的用电器将被关闭：
空调耗能降低或空调关闭
脚坑照明
门内把手照明
上/下车灯
离家功能
信息娱乐系统关闭并有关闭警示</td><td>如果蓄电池的电压低于 11.8V，以下的用电器将被关闭：
车内灯
脚坑照明
门内把手照明
上/下车灯
离家功能
信息娱乐系统关闭</td></tr>
<tr><td colspan="2">备注：
(1) 这三种管理模式的不同之处在于，用电器被关闭的次序不同。
(2) 在第三种模式中，一些用电器将会被立即关闭。
(3) 如果关闭的条件取消，用电器将会被重新激活。
(4) 如果用电器因为电能管理的原因被关闭，则 J519 中有故障存储。</td></tr>
</table>

3)“中央电器系统模块”灯光控制系统工作原理。

如图 3—45 所示，灯光控制过程中，中央电器控制单元 J521 接收本模块制动灯开关、倒挡开关、大灯开关信号，转化为 CAN 信息发送到 CAN 总线上，供 CAN 总线所有节点共享。其他对灯光控制有用的传感器信息和控制信息，也可经 CAN 总线供中央电器控制单元 J521 共享。

车辆转向时，转向开关动作信息发出后，中央电器控制单元 J521 可以在 CAN 总线上获得转向灯开关信息（经 J527 转向柱开关模块发送）。

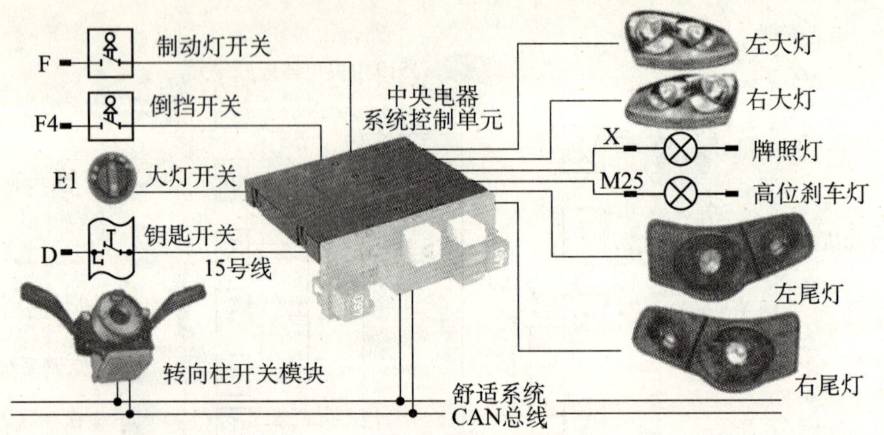

图 3—45 大众速腾“中央电器系统模块”灯光控制系统

由于通过 J519 进行控制，因此灯光控制系统会采用一些特殊的智能控制策略：

①灯光应急控制：在点火开关打开状态下，如果 J519 检测到一个错误的信号，则灯光控制进入应急状态，此时驻车灯和近光灯自动点亮。

②后尾灯光强控制：如图 3—46 所示，后尾灯强弱光控制采用占空比控制法提高制动灯亮度，与传统的双灯丝法不同。

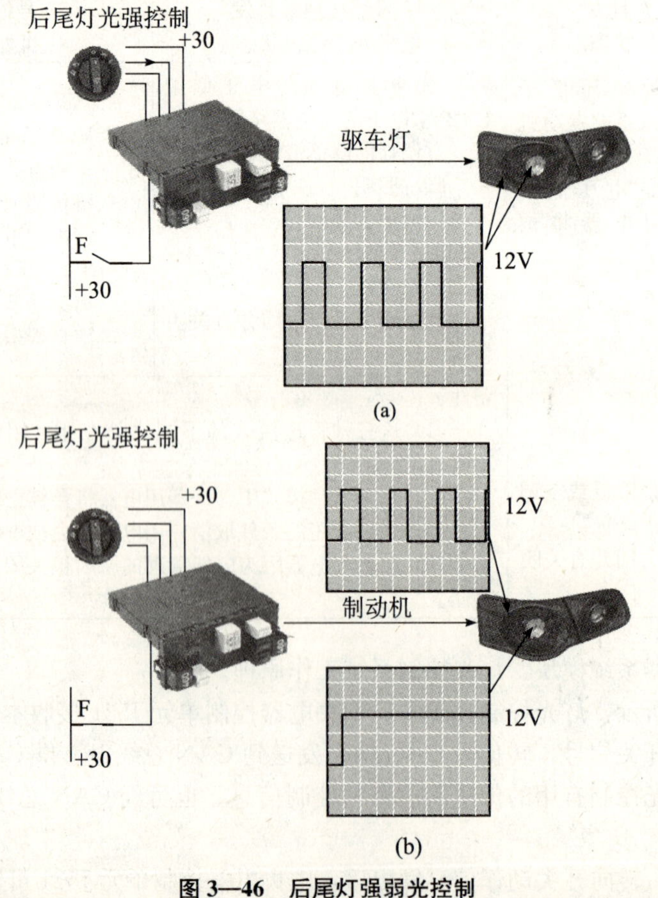

图 3—46 后尾灯强弱光控制

(a) 弱光；(b) 强光

③车灯故障监控：

冷监控，在 15 线接通后（车灯开关没有打开），灯火控制系统每 500 毫秒进行 4 次检测。

热监控，车灯开关打开后，灯火控制系统将一直对使用中的灯泡进行监控，检测是否有过载、短路或断路现象发生。

在以上两种检测模式下，一旦检测到故障，控制单元会存储故障记忆，同时组合仪表上会出现故障警报灯，并且会有相应的故障提示信息。

4）“中央电器系统模块”燃油泵预工作控制系统工作原理。

中央电器控制单元 J521 在 CAN 总线上获得车门开关信息（经车门控制单元 J386、J387、J388、J389 发送）。如图 3—47 所示。如图 3—48 所示，燃油泵预工作继电器 J49 和燃油继电器 J17 并联来控制燃油泵工作（只要一个继电器工作，燃油泵就工作），J17 由发动机控制单元 J220（经 J519）控制，而 J49 由中央电器控制单元 J519 控制。

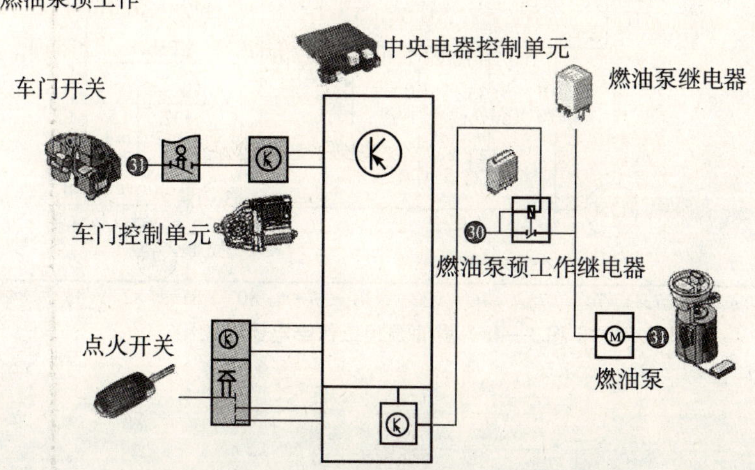

图 3—47　大众速腾燃油泵预工作控制系统

当驾驶员打开驾驶员侧车门，车门开关工作经车门控制单元将信号转化为 CAN 信息发送到舒适 CAN 总线，中央电器控制单元 J519 收到后，控制燃油泵预工作继电器 J49，并使燃油泵工作大约 2s，如果驾驶员车门持续开启超过 30min，J519 再次控制燃油泵工作大约 2s。燃油泵预工作的目的是使油管中保持足够的压力，以便发动机顺利启动。

5）“中央电器系统模块”雨刷控制系统工作原理。

雨刷控制系统为了节省导线采用 LIN 总线作为中央电器系统模块的子网络，控制雨刷工作。雨滴光强传感器信息通过 LIN 总线将信息传递到 J519，J519 通过 LIN 总线给雨刷控制单元 J400 提供信息，控制雨刷工作。

如图 3—49 所示为大众速腾 CAN 总线与局域子网络 LIN 总线。该 LIN 总线系统是单线式总线，底色是紫色，有标志色（白色）。该线的横截面面积为 0.35mm^2，无须屏蔽。

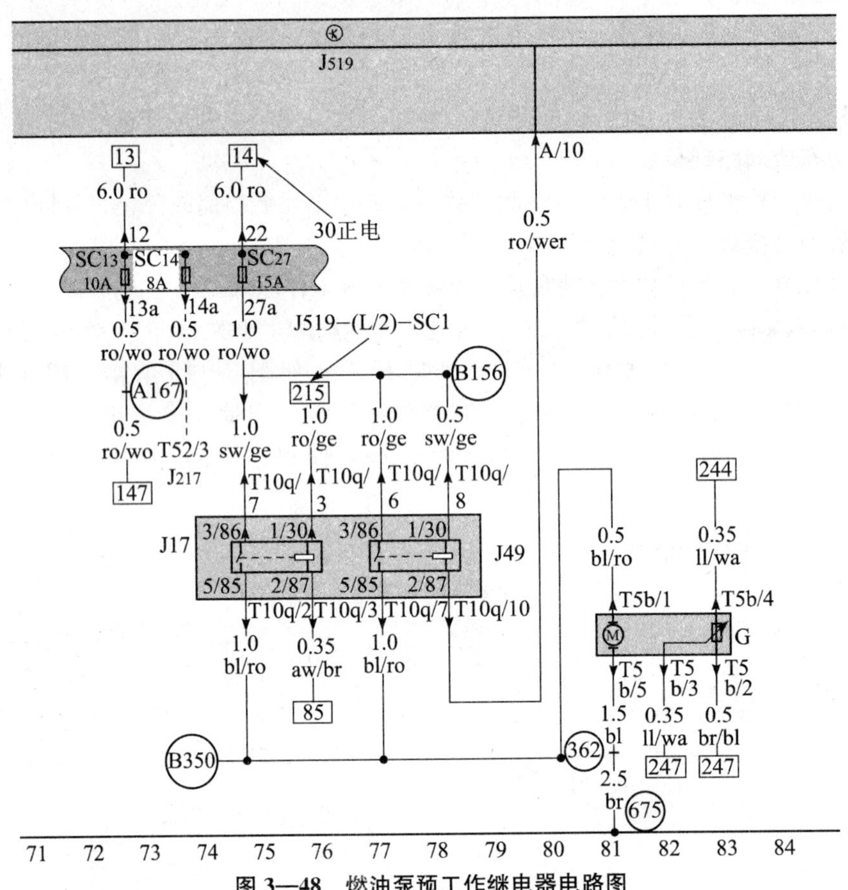

图 3—48 燃油泵预工作继电器电路图

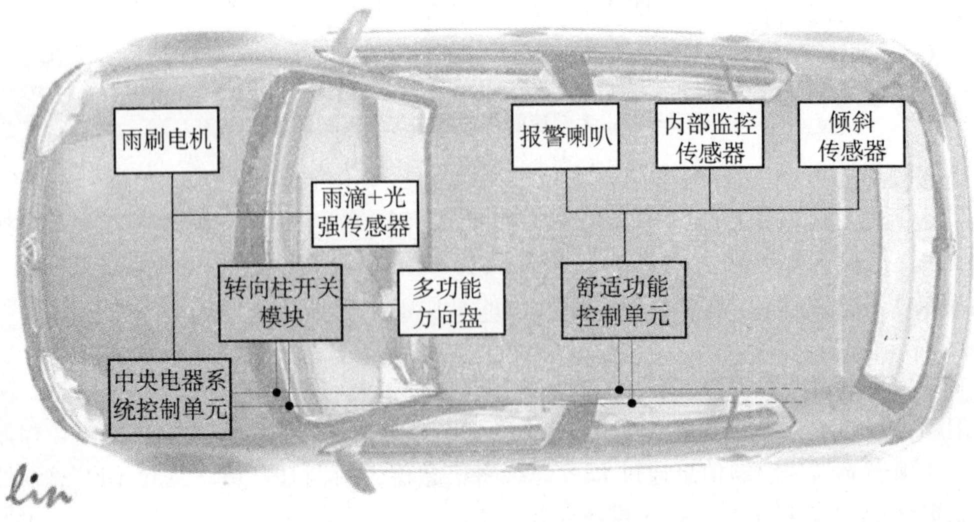

图 3—49 大众速腾 CAN 总线与局域子网络 LIN 总线

该系统可让一个 LIN 主控制单元最多与 16 个 LIN 从控制单元进行数据交换。

雨刷电机 LIN 总线的主控制单元是中央电器系统控制单元 J519，J519 连接在 CAN 数据总线上，它执行 LIN 的主功能。主要有以下作用：

①监控数据传递和数据传递的速率。该控制单元的软件内已经设定了一个周期，这个周期用于决定何时将哪些信息发送到 LIN 数据总线上多少次。

②J519 在 LIN 数据总线与 CAN 总线之间起“翻译”作用，它是 LIN 总线系统中唯一与 CAN 数据总线相连的控制单元。

③通过 LIN 主控制单元进行与之相连的 LIN 从控制单元的自诊断。

雨刷控制系统主要控制内容包括：随速的雨刷频率调节；刮水速度（通过雨滴光强传感器进行）调节；150°角的方向换向；服务冬季位置控制；雨刷 APS 交替停留位置控制；发动机仓盖控制；预清洗控制。

服务冬季位置控制是指，关闭点火开关 20 秒钟之内，将雨刷开关打到点动挡位置（Tip），这时雨刷将运动到最顶端位置并保持停止不动。在此位置时，可以更换雨刷片，称为服务冬季位置，同时在冬季还可以将雨刷臂抬起，防止结冰。重新打开点火开关后，如果再次拨动雨刷开关或车速大于 2km/h 时，雨刷将自动回位。

发动机仓盖控制是指，在车辆停止时，当打开发动机仓盖后，雨刷的功能将被禁止工作。当仓盖被打开，车速在 2—16km/h 时，雨刷功能同样被禁止，但当再次拨动雨刷开关后，功能将被激活。当车速大于 16km/h 时，尽管仓盖被打开，雨刷功能会保持工作状态，不受影响。直至车速低于 2km/h 后，重新被禁止工作。

3. 舒适 CAN 网络其他系统模块的控制功能

如图 3—50 所示，车门控制单元（J386、J387、J388、J389）通过舒适 CAN 与舒适系统中央控制单元 J393 相连。

防盗警报喇叭 H8、内部监控传感器 G273 和车身倾斜传感器 G384 则通过 LIN 总线与舒适系统中央控制单元 J393 相连。

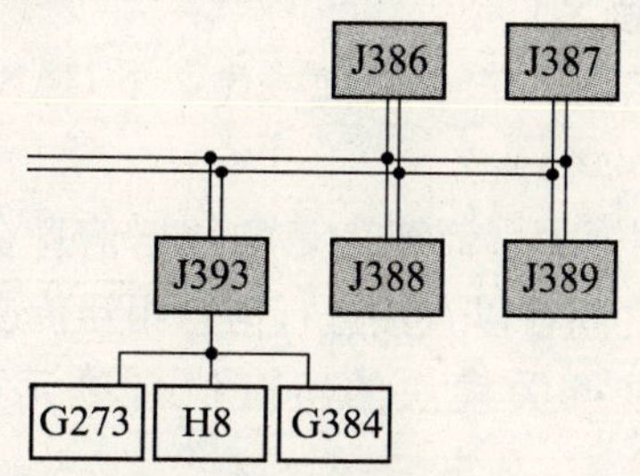

图 3—50　舒适系统中央控制单元 J393 工作原理

大众速腾四个车门有单独的地址码，功能更加强大，可以控制本区域内的所有功能，这样也减少了线束。

（1）舒适系统中央控制单元 J393 主要功能包括：开启后备箱；控制油箱盖开启；控制左右后车门锁；控制电动天窗；无线遥控功能；便捷功能时传递四个车门玻璃升降器信号；用钥匙锁车时传递锁车信号；控制插头（T18、T18a、T8a 、T6、T6r）开启或关闭；内部监控和车身倾斜传感器功能；通过 LIN 线控制防盗警报系统。

(2) 司机侧车门控制单元J386主要功能包括：司机侧控制四门玻璃升降器及儿童安全锁；玻璃升降器防夹功能；车内中控锁；传递油箱盖自动开启信号；外后视镜调节及加热；外后视镜收折；司机侧本身门锁控制；接收防眩目内后视镜信号Y7开启外后视镜防眩目设置；传递开锁和关锁信号；便捷功能时传递开启和关闭玻璃升降器及天窗关闭信号。其中，车门外后视镜加热，通过CAN接收到15线接通信号后，如果后视镜加热打开，开始的2分钟进行100%的能量输出，然后通过脉宽调制信号进行控制，始终处于能量的均匀输出，没有跃变。

(3) 室内灯控制功能。J519通过舒适CAN网络获得信息并控制车内灯。室内灯开关位于常开位置，车门全关时车内灯亮，一旦有锁车信号后车内灯灭。如开锁后不开车门，室内灯亮25s后熄灭，门锁30s后自动锁车。

学习测试

一、填空题

1. 大众全车CAN总线按照传输速率不同一般分为________、________、________、________和________5个不同的子网络。

2. 由于车控网络功能日益强大，需要大量的数据信息在不同的数据总线之间进行有效的传递，网关可以________，同时使________成为可能。

3. 大众SAGITAR采用的网关为________网关，控制单元为________。

4. 大众驱动CAN总线共有7个节点，包括：________、________、________、________、________、________和________。

5. 大众舒适CAN总线共有10个节点，包括：________、________、________、________、________、________和4个车门节点。

6. 中央电器系统模块具有________、________、________和________等多个控制系统。

二、判断题（对的画√，错的画×）

1. 新一代大众CAN总线系统，已经从前一代2个CAN总线增加到5个不同的CAN总线（加上3个LIN总线）。(   )

2. 由于车控网络功能日益强大，需要大量的数据信息在不同的数据总线之间进行有效的传递；不同的CAN总线之间可以直接进行信息相互传递。(   )

3. 大众SAGITAR转向柱开关模块的所有执行单元和传感器均集中在转向柱区域。(   )

4. 大众SAGITAR发动机模块的所有执行单元和传感器均集中在一个区域。(   )

5. CAN总线上的所有传感器，均可供全车各总线所有节点（控制单元）共享。(   )

三、选择题

1. 大众速腾全车15和50正电是由(   )形成的。

A. 点火开关　　B. J527和J519控制单元

C. 点火开关J527和J519控制单元

2. 大众速腾发动机模块与 K 总线(　　)相连。

A. 直接　　B. 通过 CAN 总线和网关 J533　　C. 不

3. 大众速腾安全气囊点火器 N95 是由(　　)控制的。

A. J527　　B. J234 通过 CAN 总线给 J527 信息

C. J234 控制，J234 只是一个通道

4. 大众速腾刮水器电动机 LIN 总线的主控制单元是(　　)，它连接在 CAN 数据总线和 LIN 总线上，执行 LIN 的主功能。

A. 刮水器电动机控制单元　　B. 中央电器控制单元　　C. 网关 J533

四、简答题

1. 为什么发动机模块的传感器和执行器不在同一个区域?

2. 中央电器系统模块与中央配线盒相比具有什么优势?

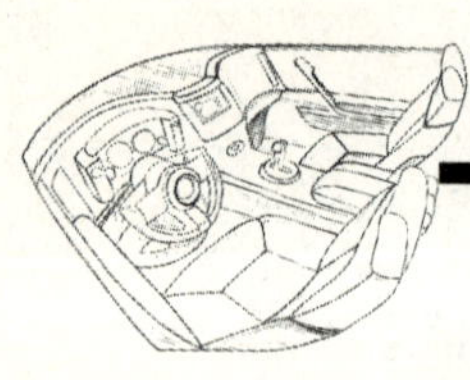

第4章

CAN总线控制系统的维修

引　言

对于汽车CAN总线控制系统故障的维修，应根据CAN总线控制系统的结构和控制回路具体分析。一般说来，引起汽车CAN总线控制系统故障的原因有3种：一是汽车电源系统引起的故障；二是汽车CAN总线控制系统的链路故障；三是汽车网络信息传输系统的节点故障。利用VAS5051故障诊断仪等检测设备，可以解决绝大部分总线故障，并可进行模块的匹配和调试。

学习任务一　CAN总线故障诊断

学习目标：了解CAN网络故障诊断的分析方法，掌握VAS5051故障诊断仪等检测设备的应用。

学习方法：启发式教学，多媒体教学和现场教学相结合。

1. CAN总线控制系统故障分析

(1) 用万用表进行CAN总线故障查寻流程图。驱动CAN数据总线上最常见的故障可以用VAS5051上的万用表/电阻表来诊断，有些故障需使用VAS5051上的数字存储式示波器（DSO）来判断。如图4—1所示的诊断流程图表述的是使用VAS5051和万用表/电阻表的故障查寻方法。

(2) 利用VAS5051故障诊断仪进行CAN总线诊断流程图。如图4—2所示是用VAS5051对驱动CAN数据总线进行故障查寻的方法。

(3) CAN总线常见故障和示波器波形。CAN数据总线常见的故障现象，如图4—3所示。

使用示波器检测CAN网络的常见波形见图4—4、图4—5和图4—6。

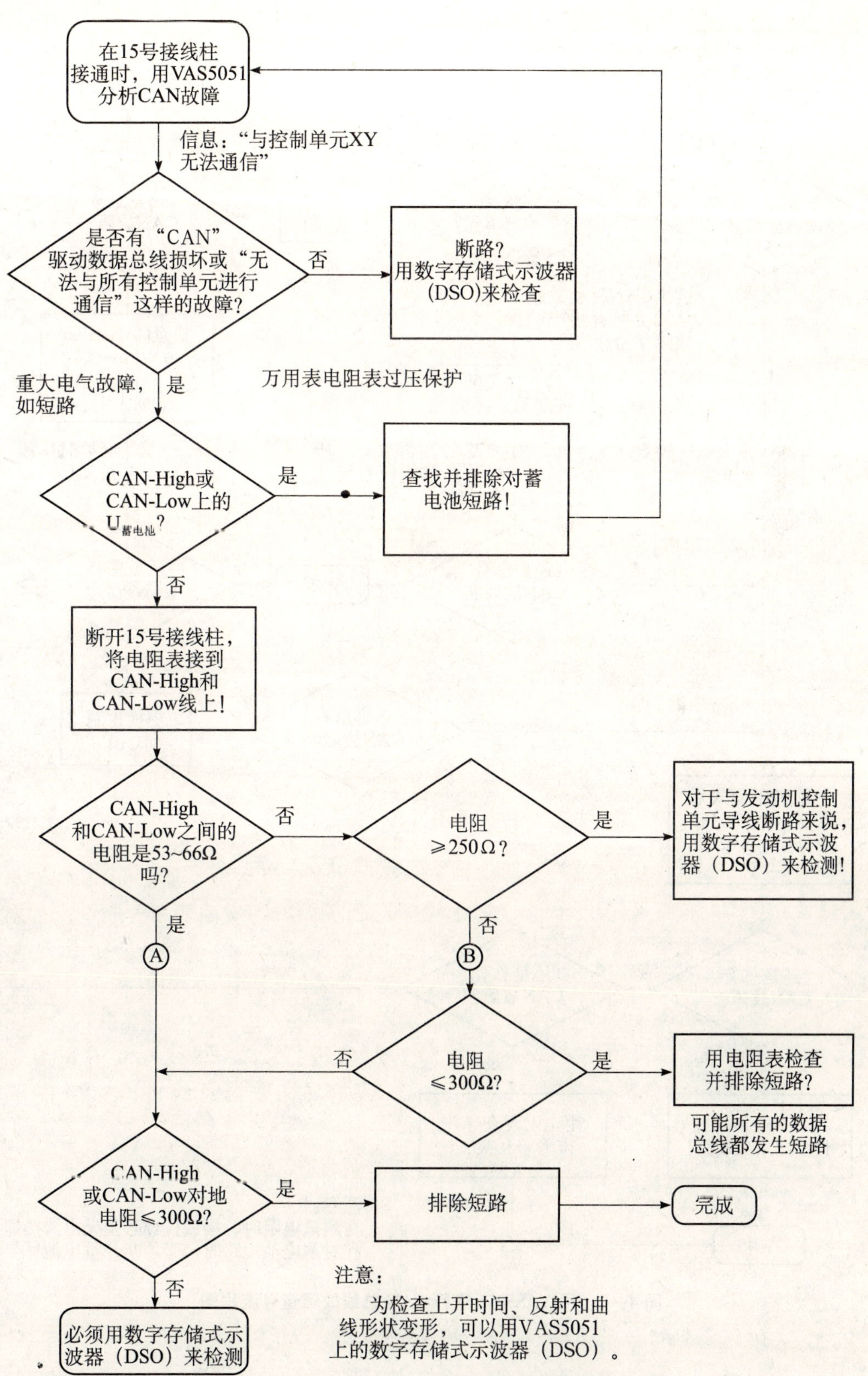

图 4—1　用万用表进行 CAN 总线故障查寻流程图

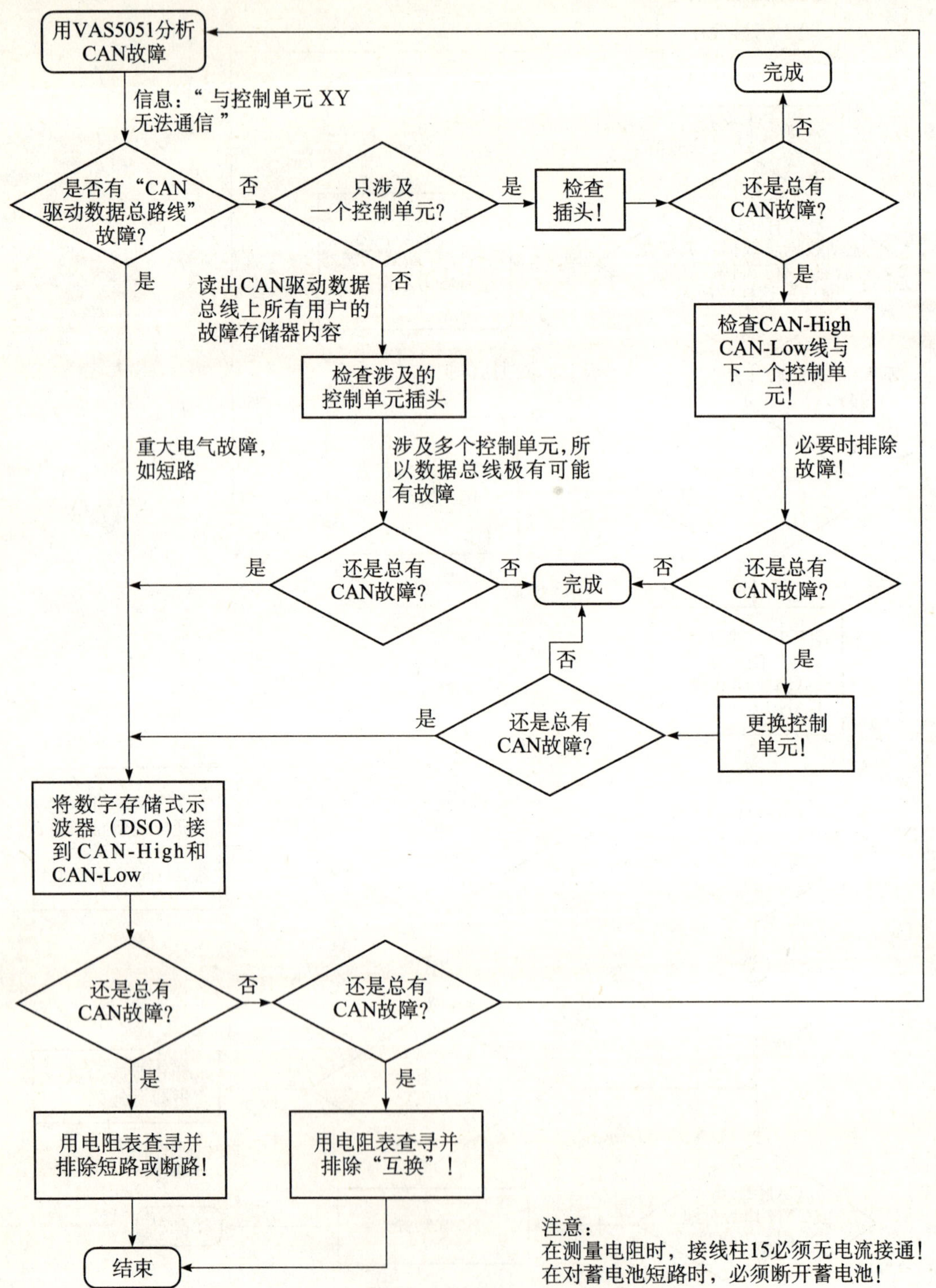

图 4—2　用 VAS5051 进行 CAN 总线故障查寻流程图

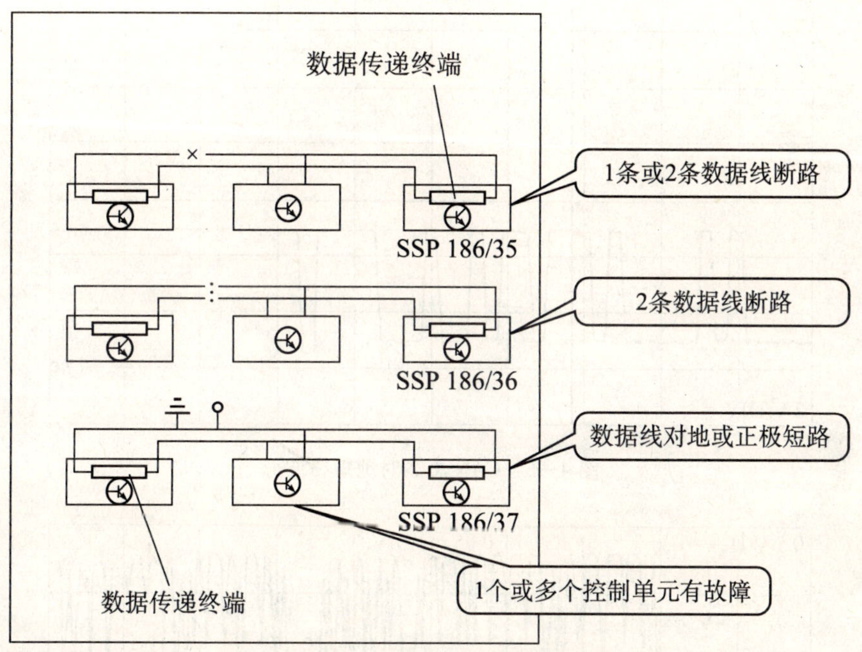

图 4—3　CAN 数据总线的常见故障现象

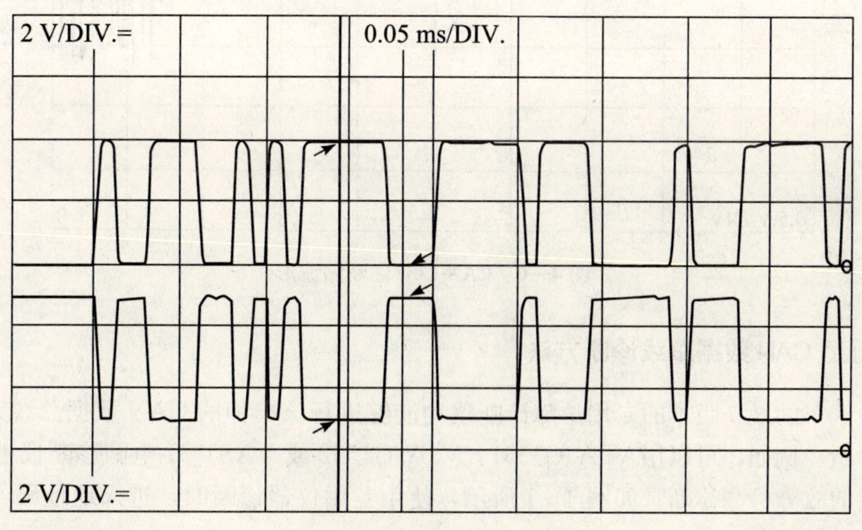

图 4—4　CAN 总线正常波形

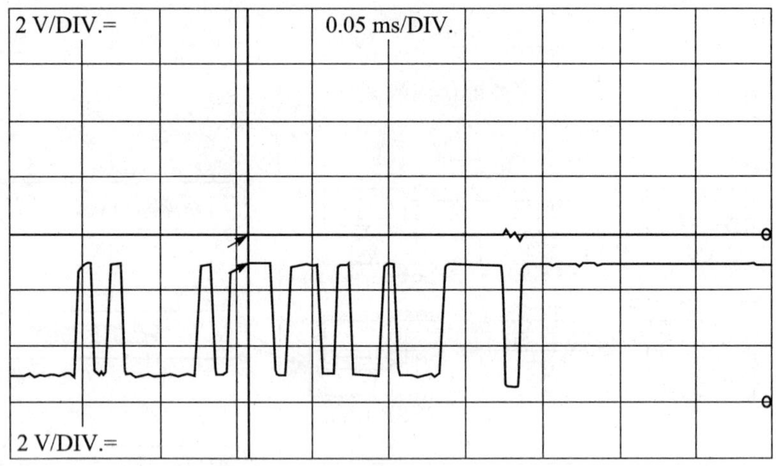

图 4—5　CAN 总线对地短路波形

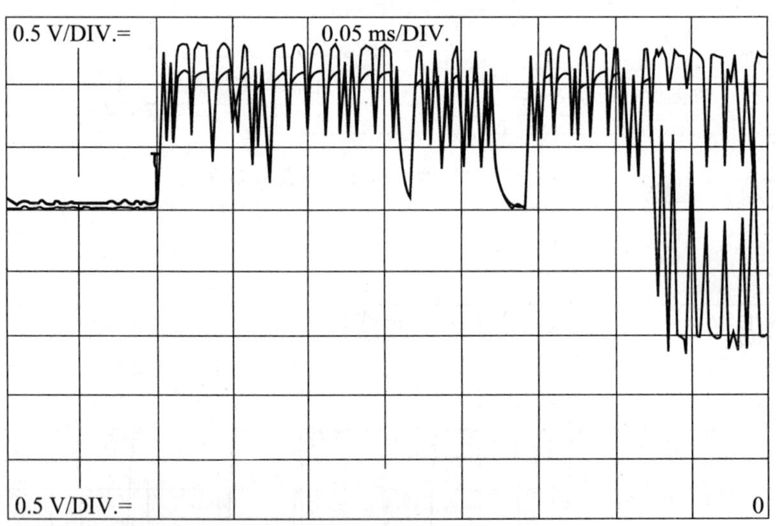

图 4—6　CAN-Low 线断路波形

2. 舒适 CAN 数据总线诊断方法

各种汽车的最新版本的专用故障诊断仪均能够进行该车种的 CAN 数据总线系统的故障检测诊断。例如，可以用 V. A. G1551、V. A. G1552 或 VAS5051 电脑诊断仪进行 CAN 数据总线的故障检测诊断。如图 4—7 所示，使用专用仪器诊断时，进入地址码 46，选择不同功能进行诊断。

（1）故障查询。进入功能码 02，查询舒适系统中央控制单元是否储存故障码。

在故障诊断和故障检测过程中，通过 CAN 数据总线传递信息的所有控制单元（节点）均被认为是一个完整系统。宝来舒适系统中央控制单元（J393）CAN 数据传输故障码见表 4—1。

自诊断

19-07------long code

19-08------读取测量数据

功能引导

故障导航

图 4—7　VAS5051 电脑诊断仪

表 4—1　　舒适系统数据总线故障码表

故障码（VAG）	含　义	可能原因
01328	舒适系统数据总线或控制单元存在故障	控制单元 J393 故障，两条数据线断路，插头和插座故障
01329	舒适系统数据总线处于紧急模式	CAN 数据总线系统已经进入应急运转模式，某一数据总线断路，或插头插座连接故障

（2）数据流的数据读取。进入功能码 08，读取舒适系统中央控制单元的 12 组数据流，见图 4—8。

(通道012—中央控制单元)

xxx	xxx	xxx	xxx	← 显示器显示	
1	2	3	4	← 显示区域	显示结果
			附件情况		故障记忆空信息
		后排装备情况			左后车门 左右后车门 右后车门空
	前排装备情况				驾驶员侧车门 前排乘客侧车门空
检测传递数据					传递OK 传递NOT OK

图 4—8　12 组数据流

通道 012：显示与 CAN 数据总线相关的 4 组数据区域。

1）数据区域 1 检测传递数据。该区域显示数据传递正确与否（比如单根数据线故障）。

2）数据区域 2 前排装备情况。该区域显示前排车门控制单元在传递数据过程中是否匹配。

3）数据区域 3 后排装备情况。该区域显示后排车门控制单元在传递数据过程中是否匹配。

4）数据区域 4 其他附件情况。该区域显示座椅与后视镜调整记忆系统是否合适；舒适系统与记忆系统是否交换数据。

（3）匹配和调试。大众车型提供了个性化的功能，可以为每个车主提供不同的个性化服务。例如，为了安全，车主在打开中控系统时，按一次遥控器开锁按钮，只有驾驶侧车门锁打开，连续按两次遥控器开锁按钮，全车所有车门锁打开。

但有些车主会认为这与以往的习惯不同，或认为这样的操作更加烦琐，他们需要按一次遥控器开锁按钮，全车所有车门锁全部打开。此时只要使用专用仪器，对舒适系统进行调试和匹配，就可满足客户提供个性化的要求。

例如，若一部车辆装备两个电动窗，车主要求按一次遥控器，只打开一个车门锁（进厂前，车辆是按一次遥控器，打开全车的所有车门锁），则进行如下步骤，就能达到车主的要求：

1）进入 46 系统——舒适系统；

2）选择功能号 07——电脑编号；

3）查表 4—2，得知对应的电脑代码为 00256，改变原来的电脑编码，输入新的电脑代码 00256。

表 4—2　　舒适 CAN 电脑编码功能

车辆装备		代码
中央门锁 2 个电动窗	1 个车门打开	00256
	所有车门打开	00257
中央门锁 2 个电动窗和记忆功能	1 个车门打开	00258
	所有车门打开	00259
中央门锁 4 个电动窗	1 个车门打开	04096
	所有车门打开	04097
中央门锁 4 个电动窗和记忆功能	1 个车门打开	04098
	所有车门打开	04099

例如，若一部车辆进厂前，车辆在车速超过 15km/h 时，车门锁不会自动上锁，现车主要求，在车速超过 15km/h，车门锁会自动上锁，进行如下操作，就能达到车主的要求。

1）进入 46 系统——舒适系统。

2）选择功能号 10——匹配。

3）查表 4—3，得知对应的通道号为 03，输入通道号 03，仪器显示为“000”。

4）查表 4—3，得知通道号为 01，输入新的通道号 01。

表 4—3　　通道号功能

通道号	含义	测量数据
03	自动锁上/打开：车速达 15km/h 时，车门自动上锁	开＝1 关＝0
04	自动锁上/打开：点火钥匙从点火锁中拔出时，车门锁自动打开	开＝1 关＝0
05	内部监控开关—关：内部监控被启动或停止，通过操作中央门锁关闭 2 次	开＝1 关＝0
06	在开锁时喇叭响：在开锁时确认信号	开＝1 关＝0
07	在开锁时喇叭响：在锁车时确认信号	开＝1 关＝0
08	在开锁时转向信号闪：转向信号闪 2 次，确认车锁打开	开＝1 关＝0
09	锁车时转向信号闪：转向信号闪 1 次，确认锁车	开＝1 关＝0
10	警报喇叭的设置：对触发警报后喇叭鸣响的动作进行编程，使其符合所在国家的法规要求	1＝欧洲以外 2＝德国 3＝英国

（4）CAN 诊断维修条件与步骤：

1）查询出 CAN 数据总线一个故障码。

2）必备工具为万用表，同时要准备相关电路图。

3）诊断步骤。按照电路图使用万用表测量数据总线的故障点。如未查出故障，先清除故障码，再拔下所有车门插头并依次插好，同时读取数据块 012 组的显示区 1，视显示情况更换某一个控制单元。

（5）电路图。电路图是进行总线故障诊断的重要依据，对于诊断仪指出的故障要依据线路图进行排除，对于诊断仪不能诊断的故障也要依据电路图进行故障诊断，如图 4—9 所示为宝来舒适 CAN 数据总线线路。

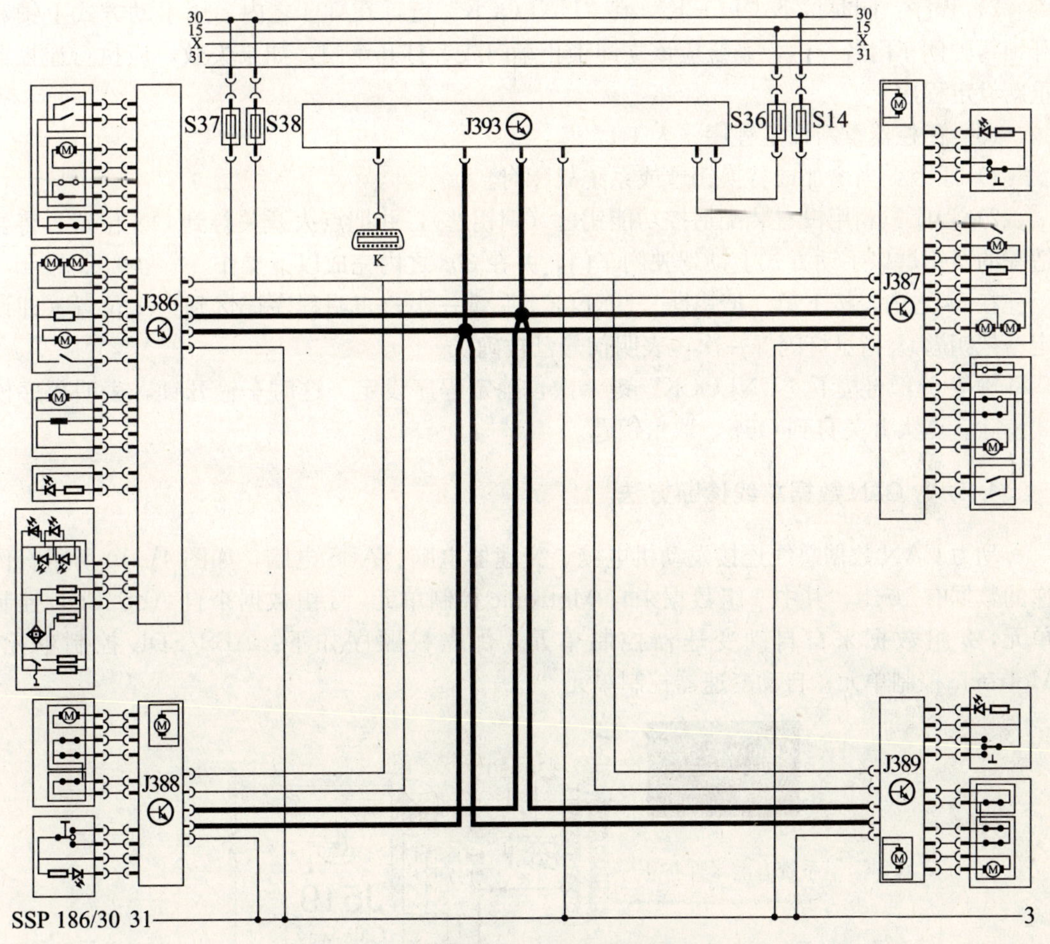

图 4—9　宝来舒适 CAN 数据总线电路图

J386—驾驶员侧车门控制单元；J393—舒适系统中央控制单元；J387—前乘客侧车门控制单元；J388—左后车门控制单元；J389—右后车门控制单元

3. 遥控器匹配

遥控器匹配可以用仪器或人工进行，其中人工遥控器匹配分为同步设定程序和遥控重新设定程序。

（1）遥控钥匙的适配（仪器）。

1）打开点火开关，进入地址 46/35；

2）选择功能 10，选择 00 通道，删除适配记忆；

3）选择功能 10，选择 01 通道，输入适配钥匙数 00001—4（最多四个）；

4）依次按需适配的钥匙上的遥控键 1s 以上，所有钥匙要在 15s 内完成；

5）匹配是否成功，可以用数据流 013 组显示出来，前 2 个数值必须显示 OK，同时最后一个数值必须显示钥匙的位置（第一、第二、第三、第四把钥匙）。

（2）遥控钥匙同步设定程序（人工）。

1）原因：当遥控系统失效和更换遥控钥匙电池时，都必须执行同步设定。

2）程序：同时按下“LOCK”或“UNLOCK”键，在 30s 之内，用手动方式上锁和开锁驾驶侧车门各一次，系统应该立即锁止车门或者打开车门，如果失效，应执行遥控器重新设定程序。

（3）遥控器重新设定程序（人工）。

1）原因：当增加或替换钥匙或系统故障时。

2）程序：利用没有装配遥控功能钥匙（副钥匙），并把点火开关打到 ON 位置。将要适配的新钥匙以手动方式上锁驾驶侧车门，并在 30s 之内完成以下操作。

在 5s 之内，按下第一把钥匙“UNLOCK”键一次，表明程序记忆到达 1 位置（即设定一把钥匙）。指示灯闪烁一次，表明信号已被确认。

等待 5s，再按下“UNLOCK”键一次，确定程序设定。这时车辆开锁，表明程序模式解除。点火开关打到 OFF，取出钥匙。

4. 动力 CAN 数据总线诊断方法

动力 CAN 数据总线连接发动机电脑、变速器电脑、ABS 电脑，如图 4—10 所示。传递的数据有 10 组，其中 5 组数据来自 Motronic 控制单元，3 组数据来自 ABS/EDL 控制单元，2 组数据来自自动变速器控制单元。优先权顺序如下：ABS/EDL 控制单元；Motronic 控制单元；自动变速器控制单元。

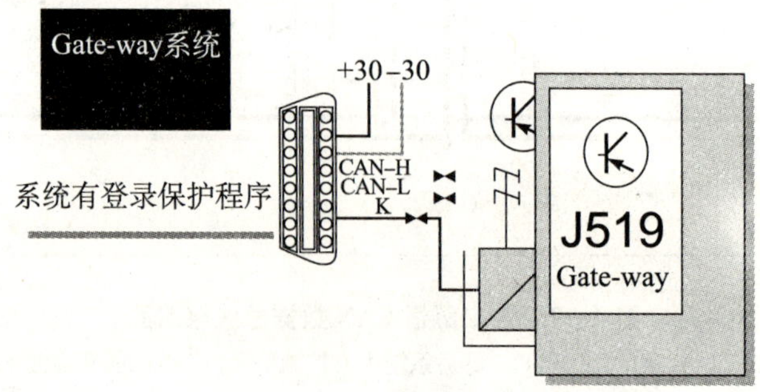

图 4—10　网关诊断 1

（1）故障查询。使用仪器，分别进入 01、02、03 地址，对发动机、ABS/EDL 和自动变速器电控单元进行自诊断，再进入功能码 02 查询 3 块电控单元是否储存 CAN 数据传输故障码。

例如，宝来 1.8T 轿车 AUM 发动机控制单元 CAN 数据传输故障码见表 4—4。

表 4—4　　动力数据总线故障码

SAE 码	VAG 码	含　义
P1626	18034	数据总线缺少来自自动变速器控制单元的信息
P1636	18004	数据总线缺少来自安全气囊控制单元的信息
P1648	18056	数据总线损坏
P1649	18057	数据总线缺少来自 ABS 控制单元的信息
P1650	18058	数据总线缺少来自组合仪表控制单元的信息
P1682	18090	数据总线中来自 ABS/EDL 控制单元的信号不可靠
P1683	18091	数据总线中来自安全气囊控制单元的信号不可靠
P1683	18261	数据总线中来自 ABS/EL 控制单元的信号不可靠

（2）终端电阻。关闭点火开关，拔开发动机控制单元插头，此时不要连接线束插头。使用万用表测量 58 针与 60 针之间的电阻，这是数据传递终端的电阻值，规定值为 60～72Ω，如不符合规定应更换发动机控制单元，如符合规定应按照电路图测量数据总线的故障点。

5. 网关的诊断

故障记录并不能说明数据总线有某种故障，控制单元损坏也会产生与数据总线故障相似的影响。只有读出网关内存储的故障记录才能为故障查询提供必要的帮助。对于 CAN 驱动数据总线来说，可以用电阻表来检查 CAN 数据总线；对于 CAN 舒适/Information 数据总线来说，任何时候均可使用 VAS5051 上的数字存储式示波器（DSO）进行检查。在将 VAS5051 接到网关上后，可以通过 VAS5051 的主菜单使用功能 19（网关）来查看故障记录。在网关菜单中，可通过选择 08 来查看测量数据块。随后必须输入想要查看的测量数据块的号码。

（1）网关电脑诊断。在正常状态下，CAN 数据总线和诊断座 CAN 线是不通的，如图 4—10 所示。使用专用仪器，通过 K 线，进入网关 J519 电脑（内置 J533 网关控制单元），运行登录保护程序，网关电脑就会控制 CAN 数据总线与诊断座 CAN 线相通，如图 4—11 所示，此时仪器就能通过 CAN 数据总线与其他电脑进行通信。

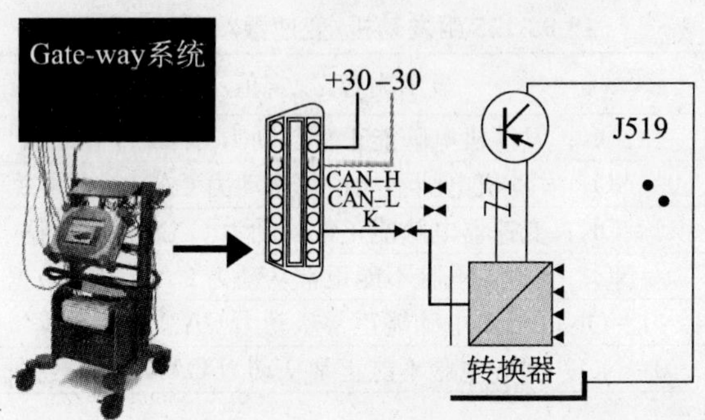

图 4—11　网关诊断 2

（2）网关的编码。在大众车型上，Gateway 系统有单独的地址码——19，系统的编码取决于车上有哪些控制单元是通过 CAN 总线来传输数据的。常见的电脑编码为 06 或 07。

Gateway 电脑编码原则：

自动变速器：00001；

ABS：00002；

安全气囊：00004。

例如，如果有一辆车，装备自动变速器、ABS、安全气囊系统，则网关电脑的编码为 00007。

00007＝00001＋00002＋00004

在更换网关电脑（即仪表）时，使用仪器，按下列步骤对其编码：

19-07-00007-或-00006-。

1）进入 19 系统——网关系统。

2）选择功能号 07——电脑编码。

3）根据旧网关电脑的编码或根据车辆装备情况，输入电脑编码 00006 或 00007

（3）网关的数据流（19-08）。网关电脑关于 CAN 的数据流通道号见表 4—5。

表 4—5　　CAN 数据流通道号

CAN 驱动数据总线				
125	发动机控制单元	变速器控制单元	ABS 控制单元	—
126	转向角度传感器	安全气囊控制单元	电动转向	柴油泵控制单元
127	中央电气	全轮驱动	车距调节电气系统	—
128	蓄电池管理	电子点火锁	自水平调节	减振调节
129	—	—	—	—
CAN 舒适数据总线				
130	单线/双线	中央舒适系统	驾驶员车门控制单元	乘客车门控制制单
131	左后车门电气	右后车门电气	驾驶员座椅记忆电气	中央电气
132	组合仪表	多功能转向盘	全自动空调	轮胎压力监控
133	车顶电气	乘客座椅记忆电气	后座椅记忆电气	驻车距离调节
134	驻车加热	电子点火锁	刮水器电气	—
135	挂车控制单元	前部中央操纵显示单元	后部中央操纵显示单元	—

动力 CAN 总线数据流如表 4—6 所示。

表 4—6　　19-08-125 组发动机/变速器/ABS 数据流

<table>
<tr><th>组</th><th>显示区</th><th>名　称</th><th>显示内容/规定值</th><th>故障排除</th></tr>
<tr><td rowspan="7">125</td><td rowspan="2">1</td><td rowspan="2">发动机</td><td>1＝OK；发动机电脑能正常从动力 CAN 接收数据</td><td rowspan="7">检查动力 CAN 线路图</td></tr>
<tr><td>0＝NO；发动机电脑不能正常从动力 CAN 接收数据</td></tr>
<tr><td rowspan="2">2</td><td rowspan="2">变速器</td><td>1＝OK；变速器电脑能正常从动力 CAN 接收数据</td></tr>
<tr><td>0＝NO；变速器电脑不能正常从动力 CAN 接收数据</td></tr>
<tr><td rowspan="2">3</td><td rowspan="2">ABS</td><td>1＝OK；ABS 电脑能正常从动力 CAN 接收数据</td></tr>
<tr><td>0＝NO；ABS 电脑不能正常从动力 CAN 接收数据</td></tr>
<tr><td>4</td><td>—</td><td></td></tr>
</table>

学习任务二　典型汽车总线系统

学习目标：了解奔驰、丰田雷克萨斯和别克总线系统的结构和特点。

学习方法：启发式教学，多媒体教学和实验演示相结合。

不同汽车制造商所设计的车载网络系统各有不同，下面分别列举大众汽车以外的几种典型的车载总线系统。

1. 奔驰 W220 轿车总线系统

（1）奔驰 W220 CAN-BUS 网络结构。如图 4—12 所示为奔驰 W220 CAN-BUS 网络结构图，控制模块中的数据通信采用 CAN 数据总线，包括 CAN C、CAN B 两个不同传输速度的网络，网络之间的通信通过具有网关作用的控制单元（节点）完成，点火开关单元、转向盘控制单元和仪表控制单元均可以兼做网关。

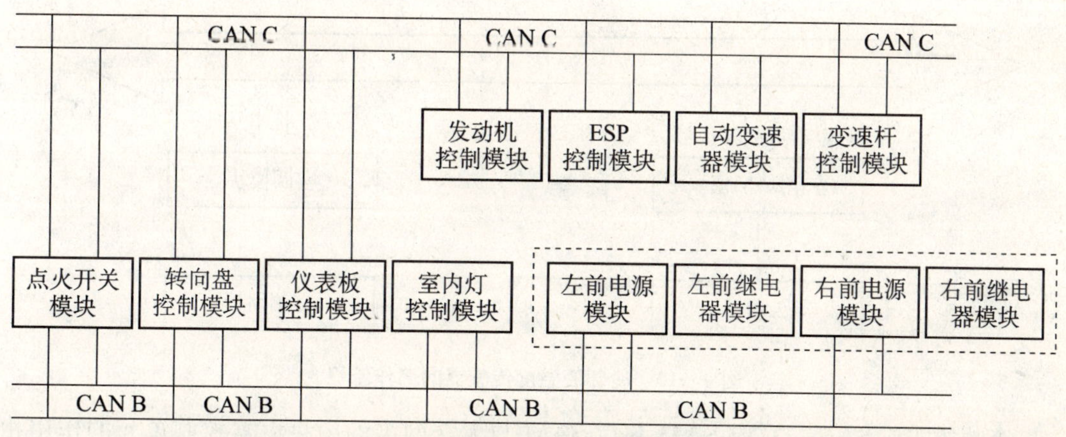

图 4—12　奔驰 CAN 网络结构图

（2）奔驰 W220 轿车 CAN-BUS 工作流程。CAN-BUS 系统安装很多电脑（控制单元），电脑（控制单元）间互相通信都是通过数据传输总线。

下面以冷却液温度信号在各电脑间传输流程为例，介绍 CAN 总线系统的工作流程，如图 4—13 所示。

当发动机冷却液温度传感器送出发动机冷却液温度信号给 ME-SFI 发动机控制单元时，ME-SFI 发动机控制单元同样接收来自曲轴位置传感器的发动机转速信号，ME-SFI 发动机控制单元参考发动机冷却液温度、发动机转速信号及相关信号，去控制电子节气门来调整发动机怠速。

同时，仪表板控制单元会经 CAN 从 ME-SFI 发动机控制单元获取发动机冷却液温度及发动机转速信号，并输出信号给温度表及发动机转速表，来指示现在的发动机温度及发动机转速。

同时，SAM 左前输出控制单元，会从 ME-SFI 发动机控制单元经 CAN 获取发动机冷却液温度，当发动机温度过高时，同时向空调控制单元取得蒸发器传感器温度信号，来控制空调压缩机离合器的作用。

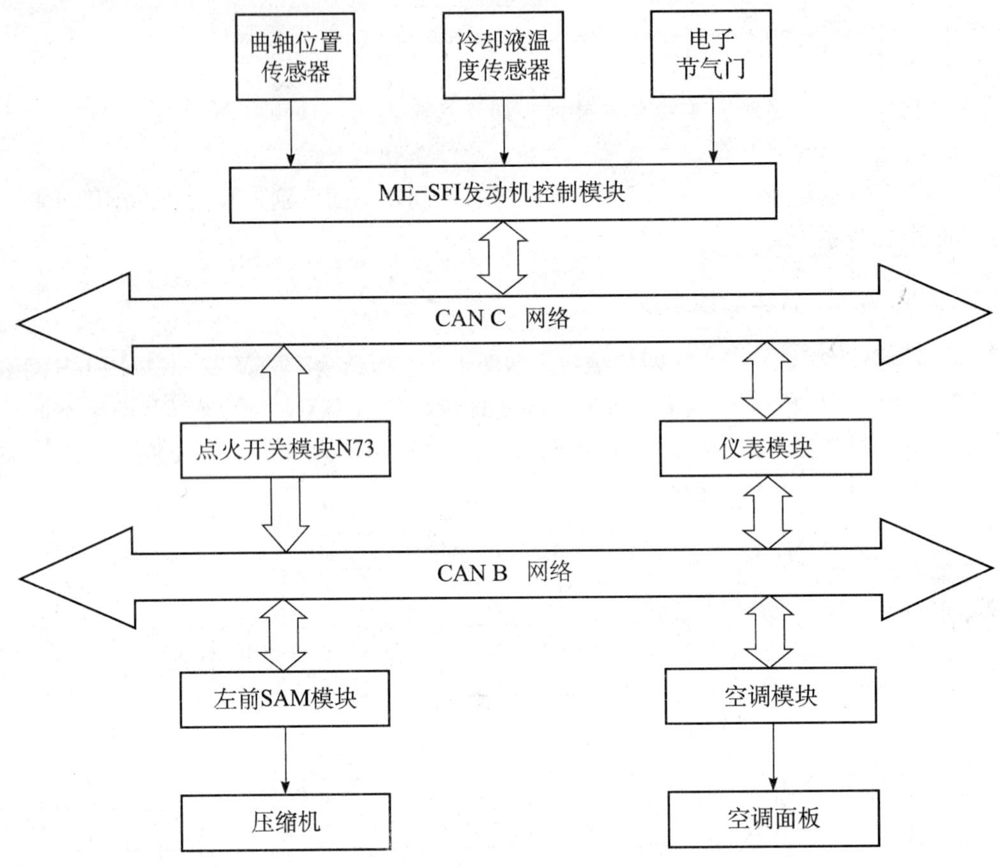

图 4—13 冷却液温度传感器的工作流程

奔驰的左前 SAM、右前 SAM 和后 SAM 与大众网络的中央电器控制单元的作用相同，代替传统控制系统中的中央配线盒。

奔驰 CAN 网络分为 CAN B 与 CAN C 两条相对独立的数据总线。

（3）奔驰各电脑（控制单元）与网络的关系。与动力网络 CAN C 相连的电脑（控制单元）见表 4—7，与车身网络 CAN B 相连的电脑（控制单元）见表 4—8，同时连接动力网络与车身网络的电脑（控制单元）见表 4—9。

表 4—7　　CAN C 动力及底盘系统网络

N3/10	ME-SFI 发动机控制电脑
N47-5	ESP、SPS、BAS 驾驶稳定制动辅助系统
N15/5	变速杆控制模块
N15/3	722.6 自动变速器
N51	ADS 空气悬架系统
N71	氙气前照灯高度调整电脑
N63/1	DTR 行车距离雷达控制电脑

表 4—8 CAN B 车身网络

N22	空调电脑	N69/1	左前车门控制模块
N22/4	后空调电脑	N69/2	右前车门控制模块
N10/7	右前熔丝/输入、输出电脑（右前 SAM 电脑）	N69/3	左后车门控制模块
N10/6	左前熔丝/输入、输出电脑（左前 SAM 电脑）	N69/4	右后车门控制模块
N10/8	后熔丝/输入、输出电脑（后 SAM 电脑）	A37	中央控制锁电脑
N88	TPC 控制电脑	A2	收音机
N70	车顶室内控制模块	A6/1	独立暖气遥控电脑
N32/1	左前座椅记忆控制电脑	N62	PTS 停车距离警告控制电脑
N32/2	右前座椅记忆控制电脑	N69/5	门锁遥控模块
N25/6	后座椅控制电脑	N72/1	中央仪表板，上控制面板模块

表 4—9 CAN C 与 CAN B 双向连接（兼做网关）

A1	仪表板	N80	转向盘多功能电脑	N73	点火控制模块

CAN B 车身网络与 CAN C 动力网络皆为独立系统，N73 点火开关电脑（控制单元）为 CAN B 与 CAN C 之间的双向连接，N73 点火开关电脑（控制单元）通过 CAN B 网线与 16 脚的 OBDⅡ诊断座相连，需与奔驰专用仪器 Star 诊断仪连接诊断。

当更换各网络电脑（控制单元）时必须使用 Star 诊断仪去做程序化工作，其系统才会正常运作。

2. 丰田雷克萨斯轿车总线系统

（1）丰田车系多路传输系统概述。丰田车系多路传输系统（Multiplex Communication，MPX）。丰田车系网关 ECU 内置了 3 种通信电路，即 CAN、BEAN 和 AVC-LAN。这三种电路的通信数据传输速率见表 4—10。

表 4—10 3 种电路的通信数据传输速率表

项　目	CAN	BEAN	AVC-LAN
数据传输速率/(Kbit/s)	500	10	17.8
通信导线	双绞线	单线	双绞线
电气信号种类	差分电压	单线电压	差分电压
数据长度/B	1～8（可变）	1～11（可变）	0～32（可变）

CAN（Controller Area Network，控制器局域网络）是符合国际标准化组织 ISO 标准的串行数据通信网络。

BEAN（Body Electronic Area Network，车身电子局域网络）是丰田汽车专利的双向通信网络。

AVC-LAN（Audio Visual Communication-Local Area Network，音响视听局域网络）主要用于音频和视频设备中的通信网络。

这些电路的通信协议是不同的。内置 CPU 从各总线接收数据，当接收到需要通过不同的总线再发送出去的数据时，再按照各通信协议把该数据变换后发送出去，这是由网关来处理的。网关结构如图 4—14 所示。

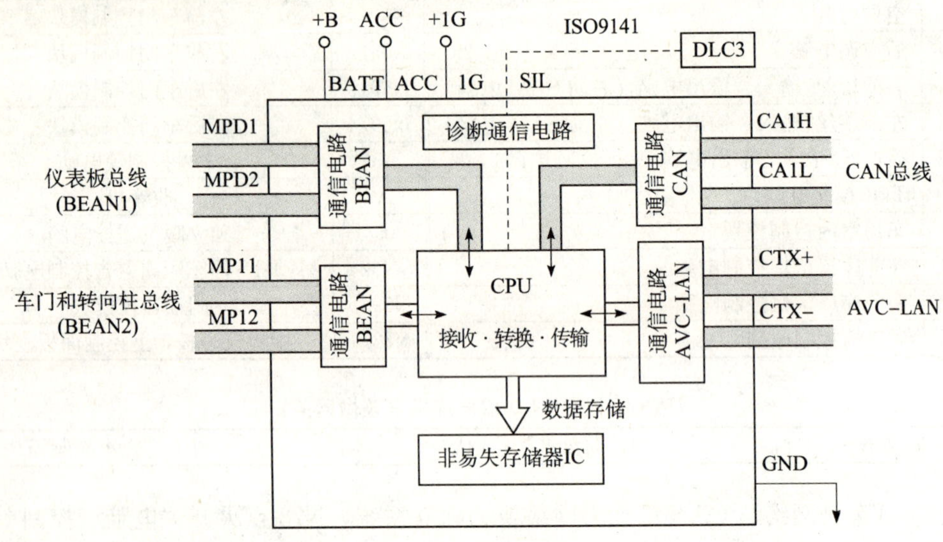

图 4—14 网关结构图

多个 ECU 连接到通信线路上，终端电阻器（120Ω2）安装在总线主线路上，由此，可以由连接到回路的网络来决定差分电压。CAN 通信网络组成如图 4—15 所示。

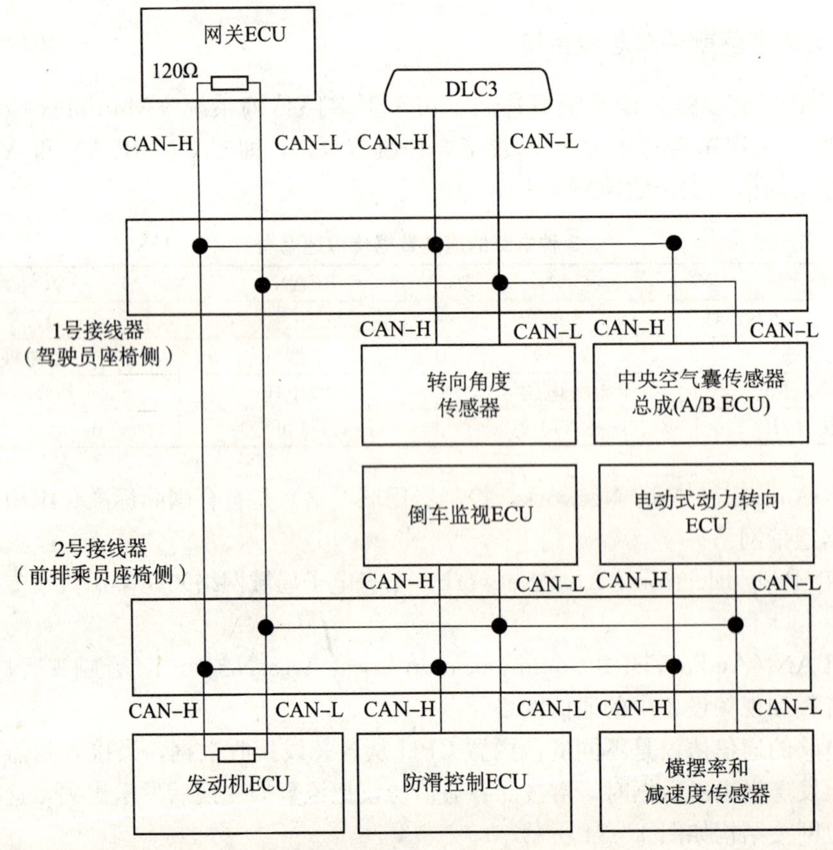

图 4—15 CAN 通信网络组成

车身多路通信 BEAN 通过扩展控制对象，使其更为多功能化，提高了控制数据量。另外，它是一种多总线车身电子区域网，由仪表板 BEAN 系统、转向柱 BEAN 系统和车门 BEAN 系统组成。这不仅减少了线束中的导线数量，也使得电子控制系统简易化。仪表板多路通信 BEAN 如图 4—16 所示。

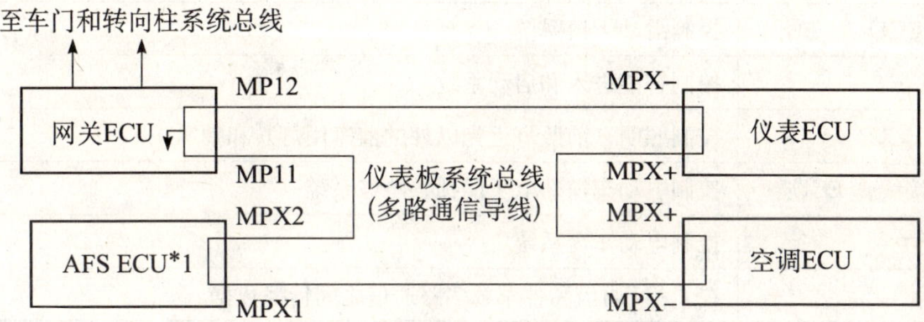

图 4—16　仪表多路通信 BEAN

*1 装配了 AFS 的车辆。

仪表板系统多路通信网络 ECU 功能见表 4—11。

表 4—11　仪表板系统多路通信网络 ECU 功能表

ECU	主要功能	ECU	主要功能
AFS ECU	控制 AFS 系统	空调 ECU	控制加热器和空调系统以及车窗除雾气系统
仪表 ECU	控制仪表和计量系统	网关 ECU	在 CAN 通信和各车载多路通信之间传播数据

网关 ECU 安装位置如图 4—17 所示。

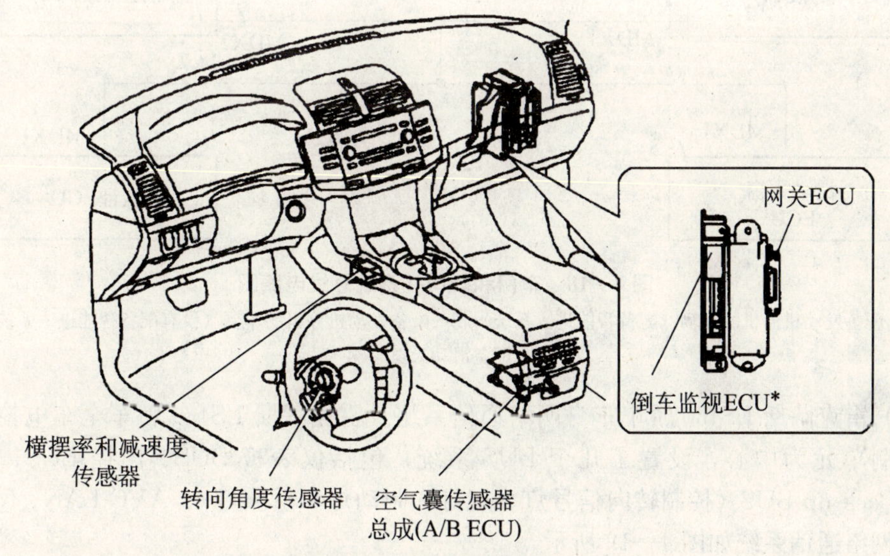

图 4—17　网关 ECU 安装位置

车门和转向柱系统多路通信网络 ECU 功能见表 4—12。

表 4—12　　车门和转向柱系统多路通信网络 ECU 功能表

ECU	主要功能
发动机停机 ECU	控制防盗（停机）系统
电源 ECU	控制按键启动系统
滑动天窗 ECU	控制滑动天窗系统
认证 ECU	控制智能进入和启动系统
前控制器 ECU	控制照明（前照灯近光以外的前车用灯）和喇叭
驾驶员侧接线盒 ECU	控制电动车窗、电子门锁、防盗系统
MPX 总开关	控制电动车窗系统
网关 ECU	在 CAN 通信和各车载多路通信之间传播数据

车门和转向柱系统总线电路如图 4—18 所示。

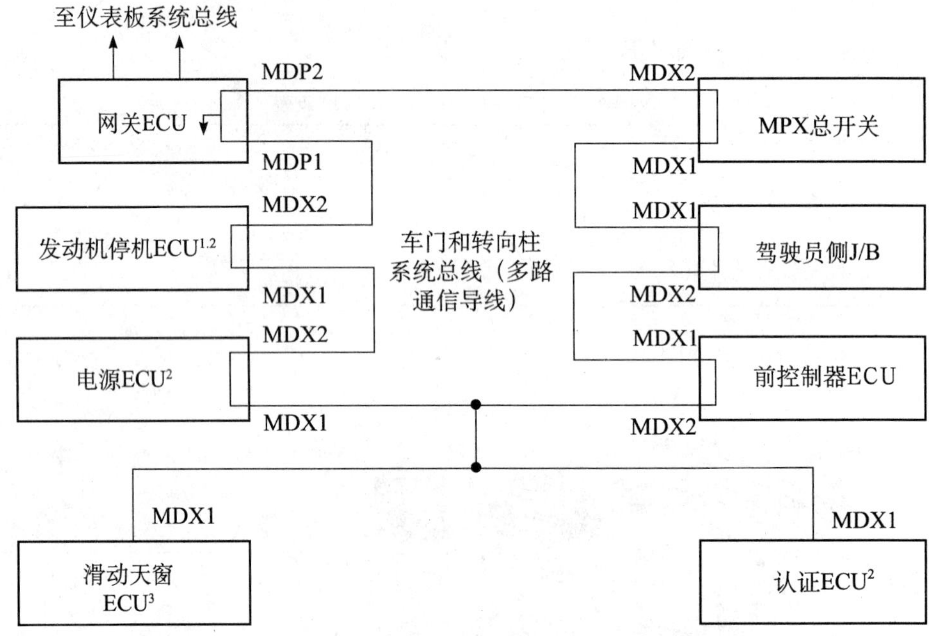

图 4—18　车门和转向柱系统总线电路图

1—配备发动机停机的车辆（配备智能进入系统）；2—配备发动机停机的车辆（没有配备智能进入系统）；3—配备滑动天窗车辆

（2）雷克萨斯 LS430 轿车车身网络通信系统。雷克萨斯 LS430 轿车全车电控单元以网关控制单元为中心，设置了几个 BUS 系统，包括仪表板 BUS、门控 BUS、转向柱 BUS、Back-up BUS（控制转向信号灯、尾灯、制动灯和后雾灯）、AVC-LAN。LS430 轿车车身网络通信系统如图 4—19 所示。

各总线控制 ECU 见表 4—13。

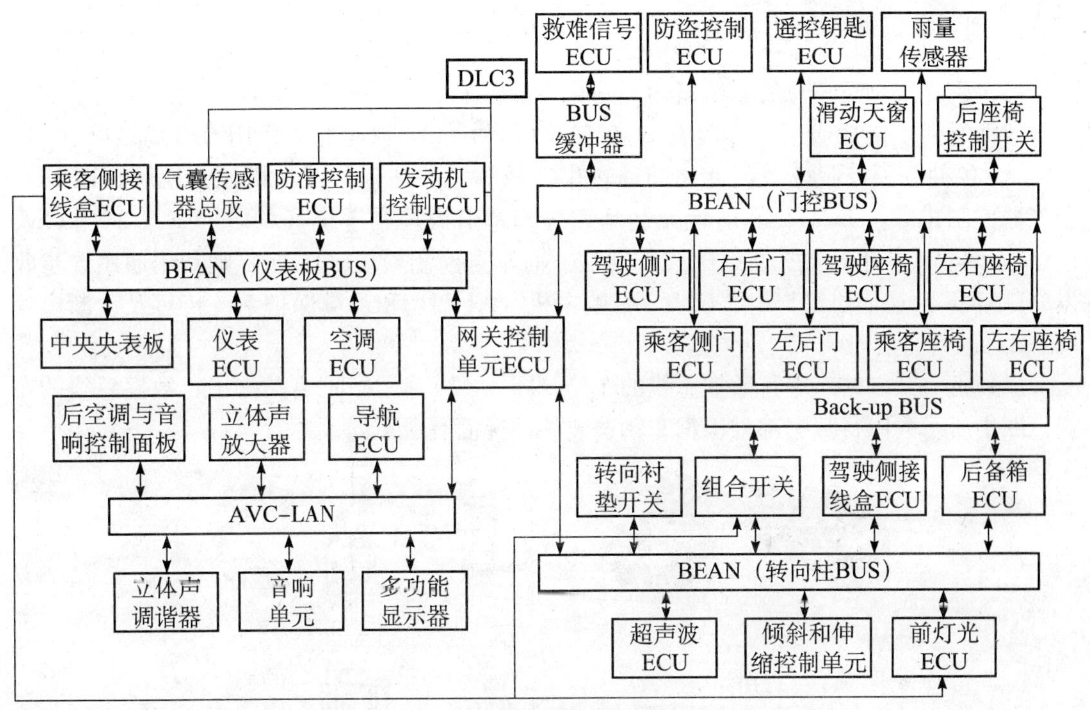

图 4—19　LS430 轿车车身网络通信系统图

表 4—13　　**各总线控制 ECU 表**

<table>
<tr><td rowspan="20">网关 ECU</td><td colspan="2">总 线 类 型</td><td colspan="4">ECU</td></tr>
<tr><td rowspan="7">CAN</td><td rowspan="4">J/C No. 1 带终端电阻</td><td colspan="2">发动机 ECU（ECM）</td><td colspan="2">安全带控制 ECU</td></tr>
<tr><td colspan="2">减振器控制 ECU</td><td colspan="2">制动控制 ECU</td></tr>
<tr><td colspan="4">横摆率和减速度传感器</td></tr>
<tr><td colspan="2">转向角传感器</td><td colspan="2">DLC3</td></tr>
<tr><td rowspan="3">J/C No. 2 带终端电路</td><td colspan="2">EPS ECU</td><td colspan="2">VGRS ECU</td></tr>
<tr><td colspan="2">距离控制 ECU</td><td colspan="2">4 轮驱动 ECU</td></tr>
<tr><td colspan="2">摄像 ECU/倒车指示监视器 ECU</td><td colspan="2">间隙警告 ECU</td></tr>
<tr><td rowspan="11">BEAN</td><td rowspan="3">仪表面板总线</td><td colspan="2">仪表 ECU</td><td colspan="2">空调 ECU</td></tr>
<tr><td colspan="2">集成开关面板</td><td colspan="2">轮胎压力监测 ECU</td></tr>
<tr><td colspan="4">气囊传感器总成</td></tr>
<tr><td rowspan="4">转向总线</td><td colspan="2">车身 ECU</td><td colspan="2">驾驶员侧 J/B ECU</td></tr>
<tr><td colspan="2">后备箱 J/B ECU</td><td colspan="2">前照灯转弯自动调整系统 ECU</td></tr>
<tr><td colspan="2">驾驶员座椅 ECU</td><td colspan="2">转向盘位置调整 ECU</td></tr>
<tr><td colspan="2">前端控制器</td><td colspan="2">组合关开</td></tr>
<tr><td rowspan="4">车门总线</td><td colspan="4">车门 ECU</td></tr>
<tr><td colspan="2">认证 ECU</td><td colspan="2">电源控制 ECU</td></tr>
<tr><td colspan="2">天窗 ECU</td><td colspan="2">电窗控制关开</td></tr>
<tr><td colspan="2">雨量传感器</td><td colspan="2"></td></tr>
<tr><td colspan="2">AVC-LAN</td><td>导航 ECU</td><td colspan="2">多功能显示</td><td>音响单元</td></tr>
</table>

3. 别克荣御轿车总线系统

（1）别克荣御轿车总线系统概述。别克荣御轿车中各种电子控制模块之间应用了 3 种串行数据通信，包括通用异步收发器（UART）协议、Class Ⅱ、通用汽车局域网（GM LAN）。各种电子控制模块彼此之间通过串行数据总线通信。发动机控制模块（ECM）、变速器控制模块（TCM）和防抱死制动系统和牵引力控制系统（ABS-TCS ）利用 GM-LAN 通信协议在串行数据总线上进行通信，而车身控制模块（BCM）则利用通用异步收发（UART ）通信协议与组合仪表、音响主机（AHU）和乘员保护系统传感及诊断模块（SDM）进行通信。

（2）别克荣御轿车串行数据总线的布局。图 4—20 显示了别克荣御串行数据总线的布局。图中所示的串行数据部件根据车辆选装件情况而有所不同。

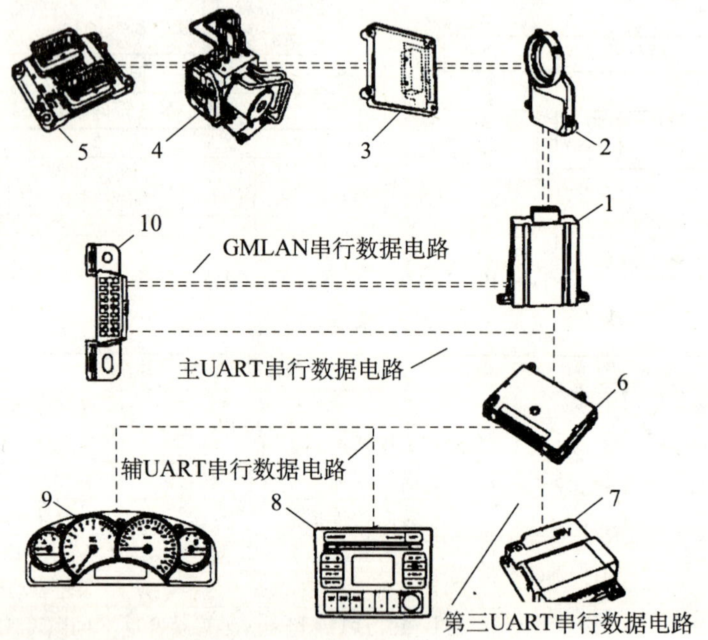

图 4—20　别克荣御串行数据总线布局图

1—动力系统接口模块（PIM）；2—转向盘转角传感器；3—变速器控制模块（TCM）；
4—防抱死制动系统和牵引力控制系统（ABS-TCS）电子控制单元（ECU）；5—发动机控制模块（ECM）；
6—车身控制模块（BCM）；7—乘员保护系统传感和诊断模块（SDM）；8—音响主机（AHU）；
9—组合仪表；10—数据链路连接器

动力系统接口模块（PIM）集成在串行数据网络中，相当于一个双向透明解释装置（网关），可使 GM LAN 串行数据总线上的控制模块与 UART 串行数据总线上的控制模块进行通信。

UART 通信采用单线线路。UART 串行数据线路采用 5V 单线数据线，其电压在 0～5V变化。当数据线路不进行通信时，系统电压为 5V。UART 通信协议有一个控制串行数据总线通信量的主控模块。车身控制模块就是 UART 总线的主控模块。GM LAN 和 UART 协议的主要区别在于，UART 依靠总线主控模块控制信息收发，而 GM LAN 的信息收发由各控制模块管理。

GM LAN 总线是一个双线线路，如图 4—21 所示。该总线采用截止电阻作为线路终结器，位于总线线路末端的两个控制模块内。这些截止电阻的作用是防止当数据传输到 GM LAN 总线线路末端时出现反射回送。GM LAN 是一种基于控制器区域网通信协议的通信。GM LAN 和 CAN 的主要区别在于信息结构不同。动力系统接口模块总线截止电阻为 120Ω，发动机控制模块总线截止电阻也为 120Ω。

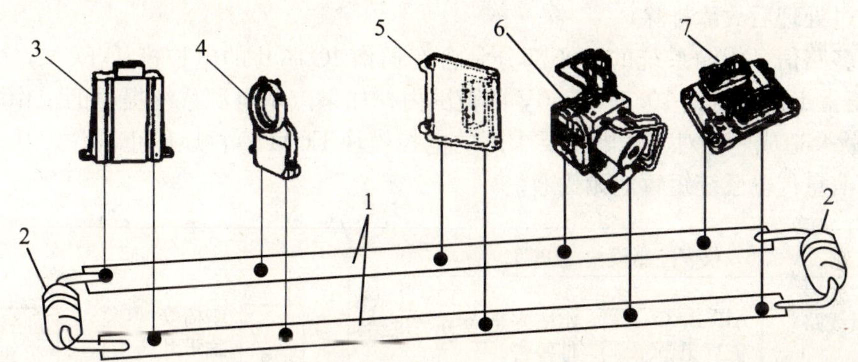

图 4—21　GM LAN 双线路传输示意图

1—CAN 总线；2—截止电阻；3—动力系统接口模块；4—转向盘转角传感器；
5—变速器控制模块；6—防抱死制动系统和牵引力控制系统电子控制单元；7—发动机控制模块

GM LAN 串行数据有两条发送串行数据的数据线路，这些线路被称为 CAN-H 和 CAN-L 线路。CAN-H-CAN-H 数据线路为 3.6V 数据线，其电压在 1.4～3.6V 变化。当 CAN-H 数据线不进行通信时，系统电压为 2.5V。CAN-L-CAN-L 数据线路为 2.5V 数据线，其电压在 2.5～3.6V 变化。当 CAN-L 数据线路不进行通信时，系统电压为 2.5V。

为便于表示，图中的截止电阻显示在控制模块外。带截止电阻的两个控制模块是动力系统接口模块和发动机控制模块。

学习任务三　汽车总线故障诊断维修实例

学习目标： 认识 CAN-BUS 故障诊断的基本方法和应用。

学习方法： 启发式教学，多媒体教学。

1. 别克轿车仪表指示故障

一辆上海别克轿车，在车辆行驶过程中，时常出现转速表、里程表、燃油表和冷却液温度表指示为零的现象。

检测过程用 TECH2 扫描工具（微机故障诊断仪）读取故障码，发现各个电控模块均没有当前故障码，而在历史故障码中出现多个故障码，其中 SDM（安全气囊控制模块）中出现故障码如下：U1040，失去与 ABS 控制模块的对话；U1000，二级功能失效；U1064，失去多重对话；U1016，失去与 PCM 的对话。IPC（仪表控制模块）中出现故障码 U1016，失去与 PCM 的对话。BCM（车身控制模块）中出现故障码 U1000，二级功能失效。

故障分析和排除：

经过故障码的读取可以知道，该车的多路信息传输系统存在故障，因为 OBD-Ⅱ规定 U 字头的故障码为汽车多路信息传输系统的故障码。通过查阅电路图（如图 4—22 所示）可以知道：上面的电控模块共用一根电源线，并且通过前围板。由于故障码为间歇性的，断定可能是这根电源线发生间歇性断路故障。经检查发现，此根电源线由于磨损导致接触不良，经过处理后故障排除。

汽车多路信息传输系统的核心部分是含有通信 IC 芯片的电控模块 ECM，电控模块 ECM 的正常工作电压在 10.5～15.0V 的范围内。如果汽车电源系统提供的工作电压低于 10.5V，就会造成一些对工作电压要求高的电控模块 ECM 短暂地停止工作，从而使整个汽车多路信息传输系统短暂地无法通信。

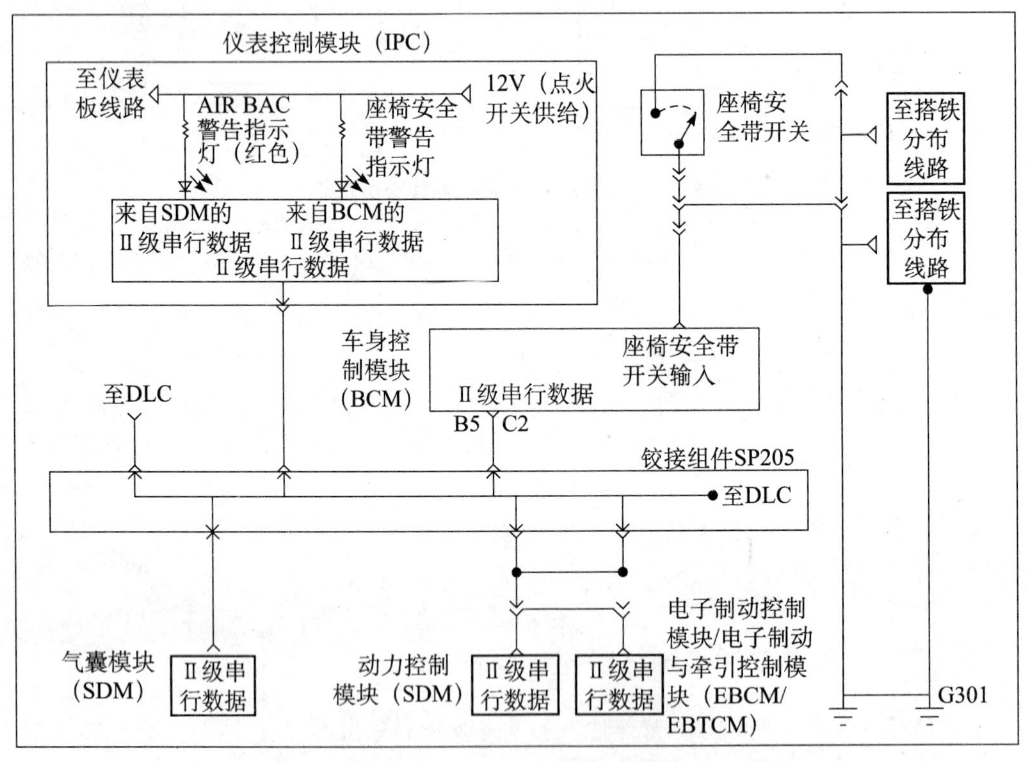

图 4—22 仪表控制、座椅安全带开关、铰接组件、安全气囊控制模块、ABS 控制模块/ABA 与牵引力控制模块电路图

2. PASSAT B5 轿车机油压力报警灯与安全气囊故障指示灯报警

一辆上海 PASSAT B5 轿车在使用中出现机油压力报警灯与安全气囊故障指示灯报警，同时发动机转速表不能运行。

检测过程用 V. A. G. 1552 故障阅读仪读取发动机控制系统的故障码，发现有两个偶发性故障码：18044/P165035（安全气囊控制单元无信号输出），18048/P165035（仪表数据输出错误）。用 VA. G. 1552 故障阅读仪读取仪表系统的故障码为：01314049（发动机控制单元无通信）和 01321049（安全气囊控制单元无通信）。

故障分析与排除：通过读取故障码可以初步判断故障在于汽车多路信息传输系统。通过对汽车电气线路进行分析，电源系统引起故障的概率很小，故障很可能是节点或链路故障。用替换法尝试使用安全气囊控制单元，故障得以排除。

节点是汽车多路信息传输系统中的电控模块，因此节点故障就是电控模块 ECM 的故障。它包括软件故障和硬件故障。软件故障，即传输协议或软件程序有缺陷或冲突，从而使汽车多路信息传输系统通信出现混乱或无法工作，这种故障一般成批出现，且无法维修。硬件故障，一般由于通信芯片或集成电路故障，造成汽车多路信息传输系统无法正常工作。对于采用低版本信息传输协议和点到点信息传输协议的汽车多路信息传输系统，如果有节点故障，将出现整个汽车多路信息传输系统无法工作。

3. 2002 款上海波罗轿车电动车窗不工作故障排除

一辆上海大众波罗（POLO）轿车（配备手动变速器和两前门电动窗，无中控门锁），在某装饰部加装一套防盗器和中控门锁后，出现电动车窗无法工作。

故障检测与排除：首先连接 V. A. G 1552 故障阅读仪，输入 09 地址码（车载网络管理系统控制单元），利用 02 功能（查询故障存储器）读取故障码，得到两个偶发性故障码：一个是电源电压太低；另一个是 CAN 网络线断路。利用 05 功能（清除故障存储器）清除故障码后，再利用 02 功能（查询故障存储器）读取故障码，没有故障码存在。利用 06 功能（结束输出），再输入 19（数据总线控制单元），利用 02 功能（查询故障存储器）读取故障码，没有故障码。再输入 46（舒适系统），利用 02 功能（查询故障存储器）读取故障码，读得的故障码是 01330，含义是：Convenience Syscontral Unit-T393 Power Supply Too Small（舒适系统中央控制单元—T393 电源电压供给太小）。利用 05 功能（清除故障存储器）清除故障码后，再利用 02 功能（查询故障存储器）读取故障码，没有故障码存在，按压车窗开关，没有反应。

再输入 09 地址码读取电脑版本为

6Q	193	704	9C	OOBN-SG
1 S32				
Coding	09216	WSC	00000	

发现电脑编码不对，该车的电脑编码应该是 17566，而读得的结果为 09216，利用 V. A. G1552 故障阅读仪进入 07（编码），输入 17566。退出再进入 19，读取电脑版本，发现数据总线编码为 00014，是正确的。

退出输入 46 地址码，读取电脑版本为

6Q	095	943	3G
3Bkomfortgert		0001	
Coding	01024	WSC	12345

发现该编码也不对，该电脑编码应该是 00067，而读得的结果为 01024。利用 V. A. G1552 故障阅读仪进入 07（编码），输入 00067。

退出系统，按压电动车窗开关，电动车窗工作正常。

故障分析与诊断：该车故障的真正原因是电脑编码错误，为什么会导致电脑编码错误呢？分析造成电脑编码错误的原因时，发现是在装饰部安装防盗器和中控门锁时，他们用试灯测量电脑管脚，可能是装防盗器时查找某个信号或电源时，误把试灯接头插入诊断导线 K 线或 L 线。错误地给电脑一个编码信号，从而导致故障。

现在汽车已经进入高科技时代，因此出现故障不要盲目用试灯测量。因为很多汽车现在都是网络传输，如 POLO 轿车在德国装备了 15 块电脑，上海大众 POLO 轿车装备 14 块电脑，全部电脑都是网络传输，数据共享，在故障检修时一定要倍加小心。

4. 奔驰 W220 轿车驾驶员侧的门控系统功能部分/全部失灵故障排除

一辆奔驰 W220 轿车，停放一个月后，驾驶员侧的门控系统功能均失灵，包括 3 个副电动窗不能调节、右后视镜不能调节、座椅不能调节且操作按钮没有照明，就连车外后视镜背面的转向灯也不亮。

故障分析与诊断：根据故障现象，首先连接原厂故障检测仪 STAR Diagnosis 进行故障检测，结果显示“！”符号，表示系统无法连接。

从原理上讲，只要有电源，故障检测仪 STAR Diagnosis 就应该能进入该系统进行故障检测诊断。根据该思路，首先检测电源系统，检查熔丝 L5，没有熔断；打开车门内饰板，测量控制单元的电源也正常。

用示波器单独测量左前门的门控电脑 N69/1 的 CAN B 信号。拔下 1 号插头将 3 脚的 CAN-BL 和 4 脚的 CAN-BH 线（分别是白线和绿线）取出，插上电源插头。将示波器探头一端搭铁，一端连接到 3 脚或 4 脚，在拨动某个开关时应该有数据指令信号传出，而检测结果是没有数据指令信号传出。至此，基本可以判定此故障是由于门控电脑 CAN BUS 数据网络不能接收或输出指令，从而使门控电脑和其他电脑不能对话造成的。

要想弄清楚故障原因，还需要对该车的 CAN BUS 系统有足够的了解。新款奔驰 W220 轿车所有的电路均以 CAN 网络连接，简称 CAN-BUS。其系统中有 H 线路和 L 线路即高位 CAN 线和低位 CAN 线，其传输速率可达 10Mbit/s。CAN-BUS 系统由车上安装的电脑通信的数据总线、每个系统的控制单元和收发器等元件组成，同时接收某个控制单元发出的命令，个别处理、分析及接收输入信号，并根据指令去控制输出组件。

在奔驰 W220 轿车的 CAN-BUS 网络中，分为 CAN B 和 CAN C 两个相对独立的数据系统，其中 CAN B 为中速网络，CAN C 为高速网络。CAN B 为车身网络，CAN C 为发动机动力传输及底盘系统网络。由于发动机在运转时必须控制点火正时和喷油顺序等，再加之发动机电脑的高速执行时间，如果利用传输速率比较慢的 CAN 是无法完成的。

对于该车的故障，根据奔驰 W220 轿车的 CAN-BUS 网络系统的工作原理，可以判定其是因门控电脑 N69/1 损坏，从而导致故障检测仪 STAR Diagnosis 无法通过 CAN B 网络进入 N69/1 电脑进行系统诊断，且其他控制单元和它也无法进行通信对话。例如，当组合开关 N80 发送来指令，让它执行点亮后视镜背面的转向灯时，它无法接收该指令；而当拨动电动座椅开关时，它也无法向其他控制单元发送指令，最终致使车门电脑部分功能失去控制。

故障排除：将车门电脑 N69/1 打开检查其电路板，经检测 CPU 没有供电电源。根据电路板上的主电源和电脑内的稳压电源的输出端，顺着印制电路去找，结果在电路板的正面和反面的电源连接孔有断路情况。经过仔细分析，该线是 CAN-BUS 数据处理器的电源线，并且在连接孔周围有很多水浸过的痕迹，用酒精清洗干净，用电烙铁焊好。接上电源，用示波器测量，在拨动某个开关时，从示波器上可以看出有一串串的 CAN B 数据指令输出，上车试验一切正常。

学习测试

一、填空题

1. 引起汽车 CAN 总线控制系统故障的原因通常有 3 种：一是________；二是________；三是________。

2. 驱动 CAN 数据总线上常见的故障可以用________和________工具设备来诊断。

3. 驱动 CAN 数据总线上常见的故障用万用表诊断检查的项目依次是________、________、________、________和________。

4. CAN 数据总线常见的故障现象是________、________、________和________。

5. 奔驰 W220 CAN-BUS 具有网关作用的控制单元是________、________和________。

6. 丰田车系网关 ECU 内置了 3 种通信电路，即________、________和________。

7. 雷克萨斯 LS430 轿车全车电控单元以网关控制单元为中心，设置 5 个 BUS 系统，包括________、________、________、________和________。

8. 别克荣御轿车中应用了 3 种串行数据通信，包括________、________和________。

二、判断题（对的画√，错的画×）

1. 对 CAN-BUS 进行故障分析，一般只需要调出故障记录（故障码）而不必使用 VAS5051 等设备来诊断。（　　）

2. 在大众 CAN-BUS 系统中，使用专用仪器，通过 K 线，进入网关 J519 电脑，在正常状态下，CAN 数据总线和诊断座 CAN 线总是通的。（　　）

3. 奔驰 W220 CAN-BUS 没有独立的网关控制单元。（　　）

4. 别克荣御动力系统接口模块（PIM）具有网关功能。（　　）

5. 对 CAN-BUS 进行故障分析，通常可以使用试灯和短路线等传统检查手段。（　　）

三、选择题

1. 大众遥控器匹配可以用人工进行，人工遥控重新设定程序，把点火开关打到 ON 位置。将要适配的新钥匙，手动方式上锁驾驶侧车门，并在（　　）之内，完成操作。

A. 30s　　B. 10s　　C. 120s

2. 在大众发动机控制单元数据传递终端的电阻，规定值为（　　）。

A. 120Ω　　B. 60～72Ω　　C. 500Ω

3. BEAN（车身电子局域网络）是丰田汽车专利的双向通信网络，其传输速率是(　　)。

A. 500Kbit/s　　B. 10Kbit/s　　C. 50Kbit/s

4. 别克荣御 GM LAN 串行数据有两条发送串行数据的数据线路，这些线路被称为 CAN-H 线路和 CAN-L 线路。CAN-H-CAN-H 数据线路为 3. 6V 数据线，其电压在(　　)之间变化。

A. 0～3. 6V　　B. 3. 6～5V　　C. 1. 4～3. 6V

四、简答题

1. 简述如何匹配大众波罗（POLO）轿车的电脑编码。

2. 如何进行大众 CAN-BUS 网关控制单元的诊断?

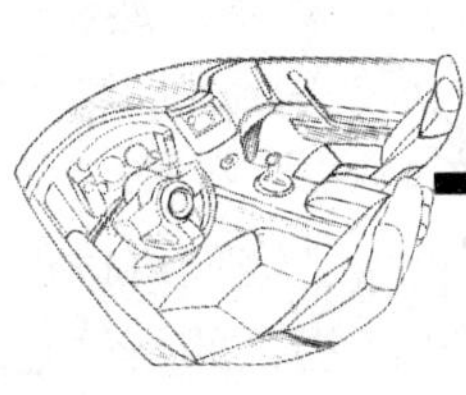

第5章

车载网络系统的通信

引　　言

虽然CAN-BUS系统的通信方式对于汽车网络维修没有直接的关系，但是对于一个机电维修工，了解总线传输技术，有助于正确认识汽车网络的构成和工作方式，正确利用OBDⅡ接口，正确选用故障诊断设备和故障诊断方式。

CAN-BUS工作的核心内容就是怎样通过通信线，传输更大的信息量（数据），本章讲述CAN-BUS局域网的控制单元之间是如何进行数据（信息）传输的。

当CAN总线上的一个节点（站）发送数据时，它以报文形式广播给网络中所有节点。对每个节点来说，无论数据是否是发给自己的，都对其进行接收。每组报文开头的11位字符为标识符，它定义了报文的优先级，这种报文格式称为面向内容的编址方案。在同一系统中标识符是唯一的，不可能有两个站发送具有相同标识符的报文。当几个站同时竞争总线读取时，这种配置十分重要。CAN总线的报文发送和接收如图5—1所示。

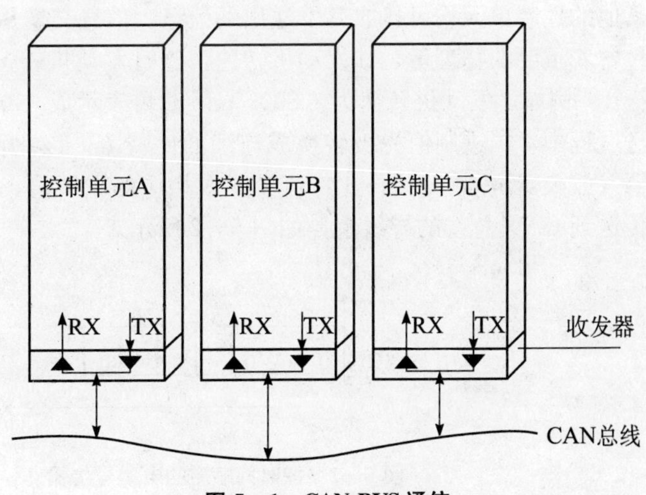

图5—1　CAN-BUS通信

当一个站要向其他站发送数据时，该站的CPU将要发送的数据和自己的标识符传送给本站的CAN芯片，并处于准备状态，当它收到总线空闲信号时，转为发送报文状态。CAN芯片将数据根据协议组织成一定的报文格式发出，这时网上的其他站处于接收状态。每个处于接收状态的站对接收到的报文进行检测，判断这些报文是否是发给自己的，以确定是否接收它。由于 CAN 总线是一种面向内容的编码方案，因此很容易建立高水准的控制系统并灵活地进行配置。我们可以很容易地在 CAN 总线中加进一些新站而无须在硬件或软件上进行修改。当所提供的新站是纯数据接收设备时，数据传输协议不要求独立的部分有物理目的地址。它允许分布过程同步化，即总线上的控制器需要测量数据时，可由网上获得，而无须每个控制器都有自己独立的传感器。

学习任务一　CAN-BUS 系统

学习目标：认识 CAN-BUS 系统的组成和通信方式。

学习方法：启发式教学，多媒体教学。

CAN-BUS 局域网的基本组成有：控制单元、收发器、数据传输终端和数据传输线。

1. CAN-BUS 控制单元与收发器

如图 5—1 所示，CAN 局域网的基本系统由多个控制单元组成，这些控制单元通过内置的所谓收发器（发射—接收放大器）并联在总线导线上。各控制单元的条件是相同的，这就是说所有控制单元的地位均相同，没有哪个控制单元有特权。

从原理上，CAN 总线用一条导线就足以满足功能要求了，但一般总线系统上还是配备了第二条导线。在第二条导线上，信号是按相反顺序传送的，以便有效抑制外部干扰。

2. 信息交换

被用来交换的数据称为信息，每个控制单元均可发送和接收信息。当一个控制单元发出信息，其他的控制单元均可接收其发送出的信息。信息交换是连续完成的（按顺序）。

信息包含着重要的物理量，如发动机转速，这时发动机转速是以二进制值（一系列 0 和 1）来表示，例如，发动机转速为 1 800r/min 时可表示成 00010101。

在发送过程中，二进制值先被转换成连续的比特流，该比特流通过 TX 线（发送线）到达收发器（放大器），收发器将比特流转化成相应的电压值，最后这些电压值按时间顺序依次被传送到 CAN 总线的导线上，如图 5—2 所示。

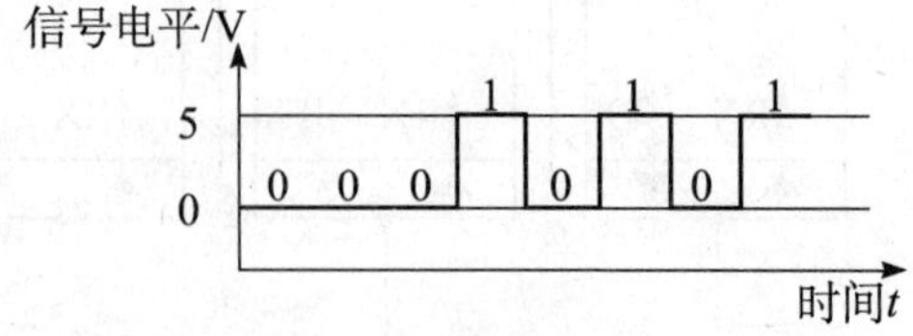

图 5—2　按时间顺序的电信号传输

在接收过程中，这些电压值经收发器又转换成比特流，再经 RX 线（接收线）传至控制单元，控制单元将这些连续二进制值转换成信息。例如，00010101 这个值又被转换成 1 800r/min 的发动机转速，如图 5—3 所示。

人们也把该原理称为广播，就像一个广播电台发送某一节目一样，每个连接的用户均

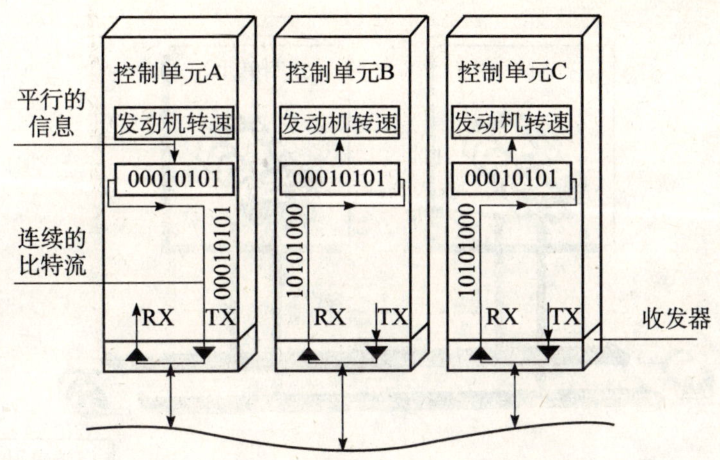

图 5—3　电信号传输（一个发送，其余的接收）

可接收。这种广播方式可以使所有控制单元总是处于相同的信息状态，如图 5—4 所示。

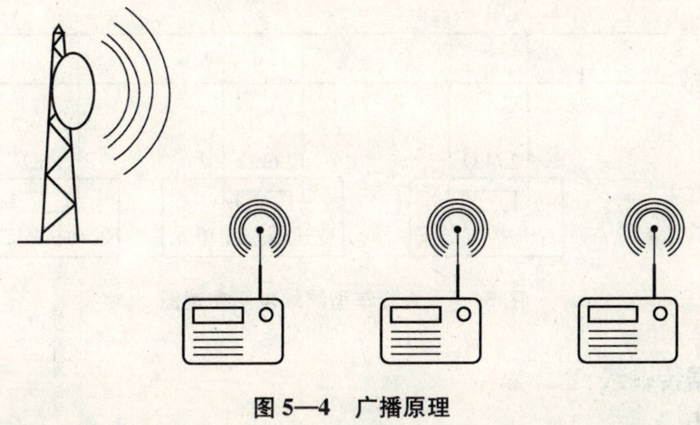

图 5—4　广播原理

3. 数据传输终端

数据传输终端是一个终端电阻，防止数据在导线终端被反射产生反射波，反射波会破坏数据。在驱动系统中，它接在 CAN 高线和 CAN 低线之间。标准 CAN-BUS 的原始形式中，在总线的两端接有两个终端电阻，如图 5—5 所示。大众车型将终端电阻分布在各个控制单元内，其中在发动机控制单元中装有“中央终端电阻”，其他控制单元中安装大电阻。

驱动系统中 CAN 高线和 CAN 低线之间的总电阻为 50～70Ω。如 15 号线（点火开关）断开，可以用电阻表测量 CAN 高线和 CAN 低线之间的电阻。舒适系统和信息系统 CAN 总线的特点是，控制单元的负载电阻不是在 CAN 高线和 CAN 低线之间，而是在导线与地之间。电源电压断开时，CAN 低线（舒适系统和信息系统）上的电阻也断开，因此不能用电阻表进行测量。大众车型中设置有两种终端电阻，包括 66Ω 和 2.6kΩ，如图 5—6 所示。

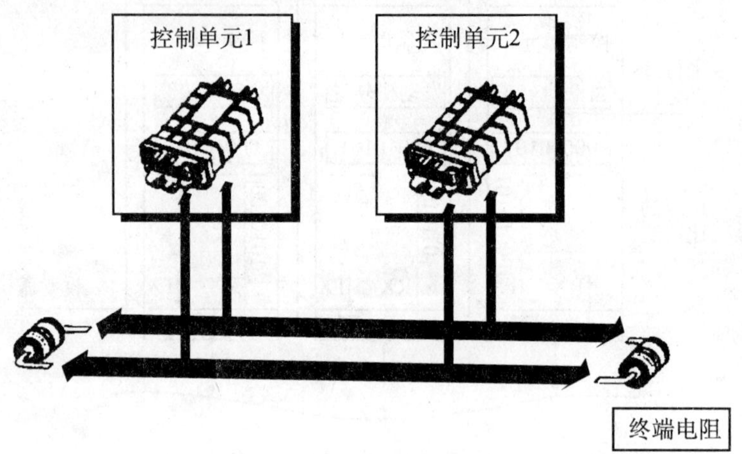

图 5—5　大众车型终端电阻布置图

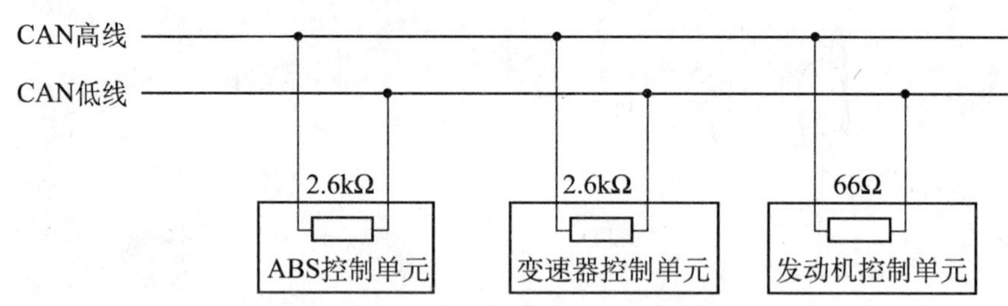

图 5—6　大众车型终端电阻布置图

4. CAN 数据传输线

（1）双绞线结构特点。为了减小干扰，CAN 总线的传输线多采用双绞线，其绞距为 20mm，如图 5—7 所示，截面积为 0.35mm² 或 0.5mm²，数据传输线是双向的。这两条线传输相同的数据分别称为 CAN 高线（CAN-H）和 CAN 低线（CAN-L）。

注意修理时不能有大于 50mm 的线段不绞和。修理点之间的距离至少要相隔 100 mm，以避免发生干扰。

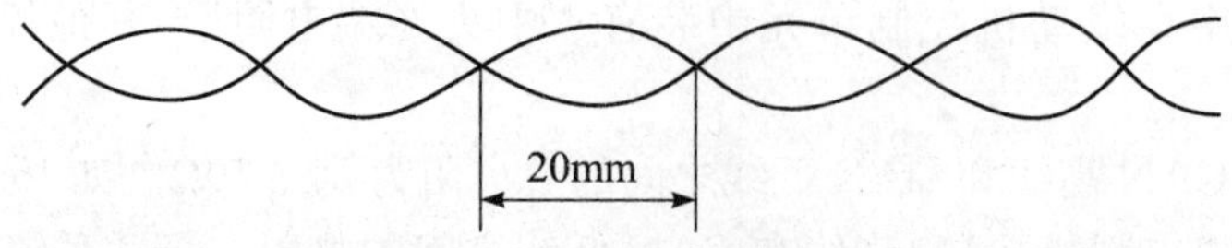

图 5—7　CAN 数据传输线绞距图

数据传输线采用双绞线自身校验的结构，既可以防止电磁干扰对传输信息的影响，也可以防止本身对外界的干扰。系统中采用高、低电平两根数据线，控制器输出的信号同时向两根通信线发送，高、低电平互为镜像，并且每一个控制器都增加了终端电阻，以便减小数据传送时的过调效应。

（2）传输线颜色特点。

1）CAN 总线颜色。总线基本颜色为橙色；CAN 低线均为棕色；CAN 高线中，驱动系统为黑色，舒适系统为绿色，信息系统为紫色。

2）舒适系统 CAN 总线颜色。CAN 高线为橘黄色或绿色；CAN 低线为橘黄色或棕色。没有屏蔽层的双绞线直径为 0.35～0.50 mm，绞距为 20 mm。

3）驱动系统 CAN 总线颜色。CAN 高线为橘黄色或黑色，CAN 低线为橘黄色或棕色。

4）信息系统 CAN 总线颜色。CAN 高线为橘黄色或紫色，CAN 低线为橘黄色或棕色。

（3）总线上的电压。数据总线的连线被指定为 CAN 高线（BUS ＋）和 CAN 低线（BUS－）。电脉冲在0～5.0V 变化，代表数字逻辑“1”或“0”。没有信息时，CAN 高线为 5.0V，而 CAN 低线为 0V；传递信息时，读数相反。

数据总线的每根导线都传送相互为镜像的信息。镜像的意思是指，如果一根导线传递一个高电位的信号（5V），则另一根导线传递低电位信号（0V）。网络使用数据链接插口（DLC）为解码器提供接口。如果数据总线的一根导线损坏，系统通常可以继续进行工作，这是因为所有的系统信息可以通过另一根（冗余的）导线进行传递。

注意：如果第二根导线损坏，将会影响到诊断功能。

学习任务二　汽车网络通信标准

学习目标：了解 CAN 协议的结构和汽车网络标准。

学习方法：启发式教学，多媒体教学和实验演示相结合。

1. 汽车网络通信

两个系统的设备或部件之间连接服务的数据流穿越的界面称为接口。汽车 ECU 之间的通信接口，由设备（硬件）和有关规定、说明（软件）组成，软件一般由生产厂家内置到专用的存储器中，用户可以直接使用相应的接口（如 CAN 通信接口）。软件主要内容是通信标准，一般包括物理、电气、逻辑和过程 4 个方面。

物理方面指连接器的结构形式。电气方面指接口的电路信号电压及变化特征。逻辑方面是指如何将数据位或字符变成字段，说明传输控制字符的功能和使用，换句话说，通信接口逻辑说明是一种控制和实现穿越接口交换数据流的语言。过程方面是指规定通信过程控制字符的顺序，各种字段法定内容以及控制数据流穿越接口的命令和应答。如果将逻辑说明看做确定数据流穿越接口的语法，那么过程说明就可以作为语义了。

2. CAN 的分层结构

CAN 协议也遵循 ISO/OSI 模型，但进行了优化，采用了其中的物理层、数据链路层、应用层，提高了实时性。

根据汽车网络的参考模型，CAN 结构的通信涉及其中的两层：数据链路层和物理层，其功能框图如图 5—8 所示。

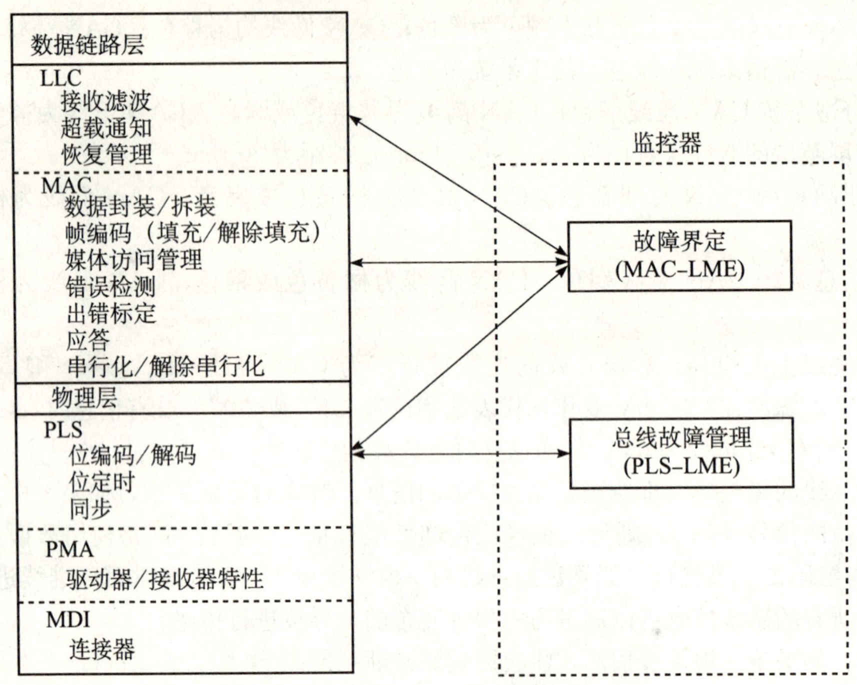

图 5—8 数据链路层与物理层的功能

IEEE（Institute of Electrical and Electronics Engineers，电气与电子工程师协会）802 标准经过深入研究，已相当成熟了，它为探索和解决局域网 LAN（Local Area Network）的通信问题提供了一个基本结构。IEEE 802 委员会下设分委员会，负责研究局域网不同的发展领域，并制定相应的标准。

按照 IEEE 802.2 和 IEEE 802.3 标准，数据链路层又有如下划分：

逻辑链路控制 LLC（Logic Link Control）；

媒体访问控制 MAC（Medium Access Control）。

物理层又划分为：

物理信令 PLS（Physical Signaling）；

物理媒体附属装置 PMA（Physical Medium Attachment）；

媒体相关接口 MDI（Medium Dependent Interface）。

MAC 子层的运行借助于“故障界定实体 FCE（Fault Confinement Entity）”的管理实体进行监控。故障界定是使判别短暂干扰和永久性故障成为可能的一种自检机制。物理层可借助检测和管理物理媒体对故障实体进行监控（例如总线短路或中断、总线故障管理）。LLC 和 MAC 两个同等的协议实体通过交换帧或协议数据单元 PDU（Protocol Data Unit）相互通信。CAN 协议的数据链路层由 N 层协议数据单元 NPDU、N 层服务数据单元 NSDU（Service Data Unit）和 N 层指定的协议控制信息 N-PCI（Protocol Control Information）构成。

CAN 数据链路子层的关系，如图 5—9 所示。

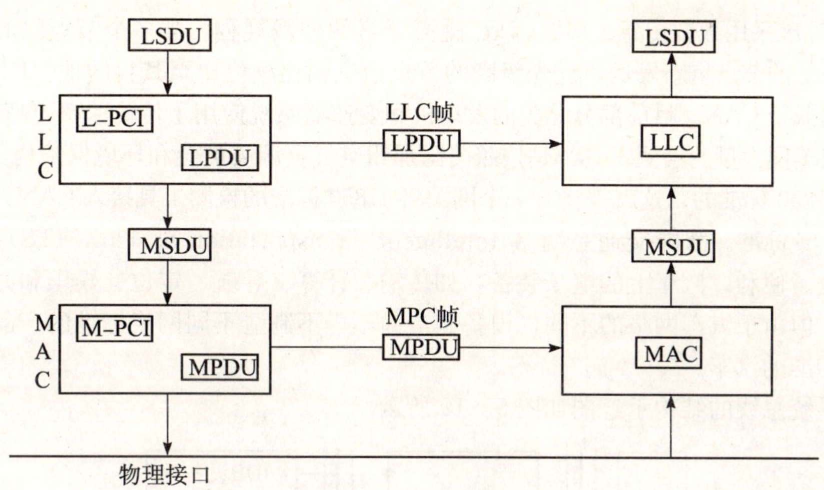

图 5—9　协议层间的关系

3. 汽车网络标准

为了解决信息共享、减少布线问题以及满足政府排放法规的要求，汽车制造商和相关组织开发了汽车网络。目前主要的汽车网络互联规范有德国 BOSCH 最早开发推出的欧洲规范 CAN 和美国汽车工程师协会（SAE）开发的美国规范 J1850。其他的总线类型（如 VAN、TTP 等）一般使用于汽车内部网络。目前 CAN 和 J1850 基本上已经成为事实上的标准。车载系统总线（ITS Data Bus，IDB）为汽车网络拓展提供了标准。

（1）CAN 标准。1991 年 9 月，标准 1.2 版本的 CAN 协议修订为新的 2.0 版本。新版本的技术关键是增加了信息标识符。该技术包括 A 和 B 两部分。2.0A 给出了 CAN 报文标准格式，而 2.0B 给出了标准的和扩展的两种格式。也就是说，新的 CAN 2.0 既支持标准的 11 位，也支持扩展后的 29 位信息标识。

1993 年 11 月，ISO 颁布了道路交通运输工具—数据信息交换—高速通信局域网（CAN）国际标准 ISO 11898，为控制局域网的标准化和规范化铺平了道路。

CAN 2.0 实施新的信息位、标识扩展位（IDE 位），使 CAN 操作装置能区分标准和扩展格式。但大多数的标准 CAN 1.2 版本不能识别扩展后的信息格式，在实施过程中会响应错误信息。

为了能实施 29 位的信息标识，Intel 公司开发了品种繁多的芯片。作为 CAN 的汽车用户，可以采用网关使网络互联。

亚洲汽车厂商的汽车网络尽管没有自己开发的规范，但多数厂商的汽车网络规范选择了 CAN。在中国 CAN 也占多数。

美国的汽车工程学会 SAE 于 2000 年提出的 J1939 标准，成为货车和客车中控制器局域网的通用标准。

（2）J1850 标准。J1850 标准是美国汽车的车内联网标准，包含了两个不兼容的规程。通用汽车公司（GM）和克莱斯勒汽车公司采用 10.4Kbit/s 可变规程的类似版本，在单根线的总线上通信；福特汽车公司（FORD）采用 46.1Kbit/s 的 PWM 行，在双线的差分总线上通信。

J1850 标准采用载波传感、多路存取/碰撞分辨的仲裁规程。当多个节点同时发送数据时，优先级低的节点重新发送，优先级高的节点信息则连续传送至其目的地。J1850 标准的传输速率远低于 CAN。目前部分北美的发动机和变速器系统使用了传输速率更高的 CAN 进行通信，但美国大量的检测工具都是按照美国加州空气资源委员会和环境保护局（EPA）的规定基于 J1850 标准的，这就需要有一个网关将 J1850 标准的检测工具接入 CAN。

（3）IDB 标准。智能交通系统（ Intelligent Transportation System，ITS）使汽车运行更加安全、便利。汽车上的电子装备，如传输、计算、导航、定位、娱乐和办公设备等越来越多。但由于汽车网络的不同，设备制造商不得不制造不同网络标准的产品，以适应不同网络标准的汽车。

车载系统总线的结构示意图如图 5—10 所示。

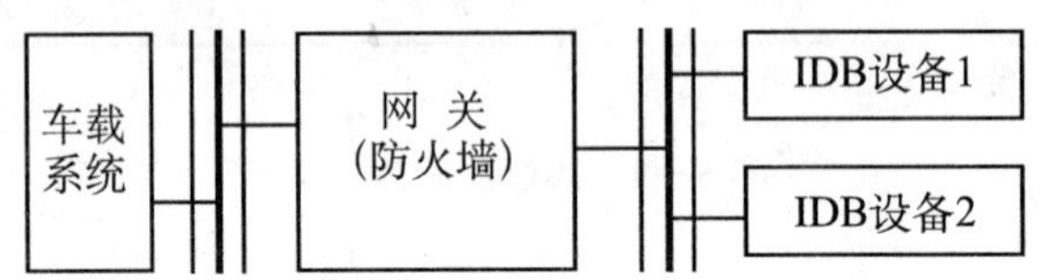

图 5—10　网关连接的车载系统总线结构示意图

目前，SAE 的 IDB 委员会已拟定部分 IDB 的大纲，其中对传输速率在 1.6 Mbit/s 和 10 Mbit/s 时，IDB 能否传输视频、声音等冗长信息问题仍处于讨论之中。

4. 不同版本通信协议的互联

（1）CAN 的标准帧和扩展帧。在 ISO 正式颁布 ISO 11898 标准之前，Philips Semiconductors 公司制定并发布了 CAN 技术规范（2.0 版）。2.0A 给出了 CAN 技术规范版本 1.2 所定义的报文格式，即采用 2.0B 规范的可以兼容 2.0A 的报文格式。有些资料把 2.0A 称为 CAN 1.2 版本，把 2.0B 称为 CAN 2.0 版本。

CAN 2.0B 的技术关键是增加了信息标识符，即 CAN 2.0B 既能支持标准 11 位信息，也能支持扩展后的 29 位信息。标识的两种不同格式如图 5—11 所示。两种格式都是由帧起始（Start of Frame）、仲裁域（Arbitration Field）、控制域（Control Field）、数据域（Data Field）、循环冗余检验域（CRC Field）、应答域（Acknowledgment Field）和帧结束（End of Frame）七部分组成。两种格式的主要区别是，扩展格式将仲裁域由原 11 位增加了 18 位，变成了 29 位。

（2）B 级通信协议与 C 级协议互联。SAE 车辆网络委员会将汽车数据传输网划分为 A、B、C 三级。

1）A 级面向传感器/执行器控制的低速网络，数据传输速率通常只有 1～10 Kbit/s。主要应用于电动门窗、座椅调节、灯光照明等控制。

2）B 级面向独立模块间数据共享的中速网络，传输速率一般为 10～100Kbit/s。主要应用于电子车辆信息中心、故障诊断、仪表显示、安全气囊等系统，以减少冗余的传感器和其他电子部件。

3）C 级面向高速、实时闭环控制的多路传输网，最高传输速率可达 1 Mbit/s。主要用于悬架控制、牵引控制、先进发动机控制、ABS 等系统，以简化分布式控制和进一步减

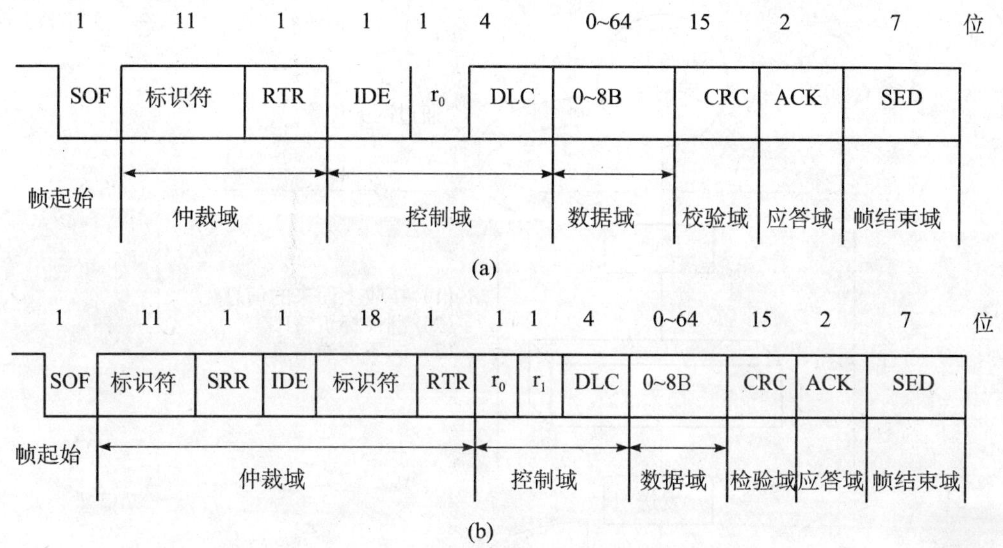

图 5—11　CAN 的标准和扩展帧格式

(a) CAN 的标准格式；(b) CAN 的扩展格式

少车身线束。到目前为止，满足 C 级网要求的汽车控制局域网只有 CAN 协议。

三类网络功能均向下涵盖，即 B 级网支持 A 级网的功能，C 级网能同时实现 B 级和 A 级网的功能。

不同版本的 CAN 可以通过网关取得互联，而网关就是具备不同网络协议之间信息转换能力的单片机。如美国三大汽车公司采用网关，使 B 级通信协议 SAEJ 1850 网络与 C 级通信协议 BOSCH-CAN 网络之间互联了起来，使用的就是一个 Intel 16 位 87CI69KR 单片机，如图 5—12 所示。两个 CAN 网络执行器是两个独立芯片，由 CAN 微控制器（单片机）作为网关。CAN 执行器芯片将像随机存储器一样被网关读/写。一旦收到信息，网关就执行接收 CAN 芯片的外部操作，然后按转换信息的逻辑指令，执行外部的操作，并对网络第二个 CAN 芯片进行编程传输。

CAN 2.0B 协议数据传输速率可达 1Mbit/s，相当于可执行 SAE-C 级高速数据传输速率的通信协议，故被 SAE 定为“C 级”串行控制和通信网络推荐实施标准，又称为 SAE 1939 规范。由于高速率串行链路的电子元件和相应硬件成本较昂贵，因此某些不需要高速数据传输速率的控制系统，如灯光、车内温度、中央门锁等可以采用中速（B 级）、低速（A 级）数据传输速率的通信网络。如 SAEJ 1850 就是采用数据传输速率为 41.6Kbit/s 的 B 级通信网络，利用网关与要求高速率 C 级通信的发动机控制互联。ABS 的 CAN 2.0B 网络使用网关与 SAEJ 1850 网络实现互联，如图 5—13 所示。

符合 CAN 2.0B 的通信控制器 Intel 82527 芯片与符合 SAEJ 1850 规范的 Motorola 的 MC68HC57 芯片，用单片机 87C196KR 加以互联的实例如图 5—14 所示。

(3) 汽车网络通信分类。汽车网络通信按需要可以划分为高、中、低速三种数据传输速率。需要实时控制信号的动力控制模块 PCM、防抱死制动与防滑控制 ABS/ASR、安全气囊 SRS 等，一般都采用高速率通信；参数传感器数据可以采用中速率通信；车身控制信息则用低速率通信就能满足要求。

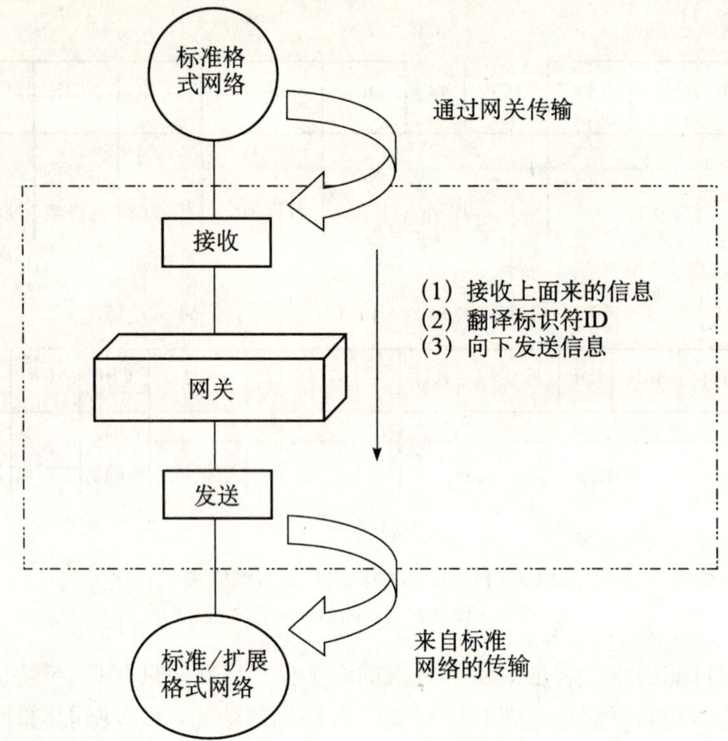

图 5—12　不同网络互联

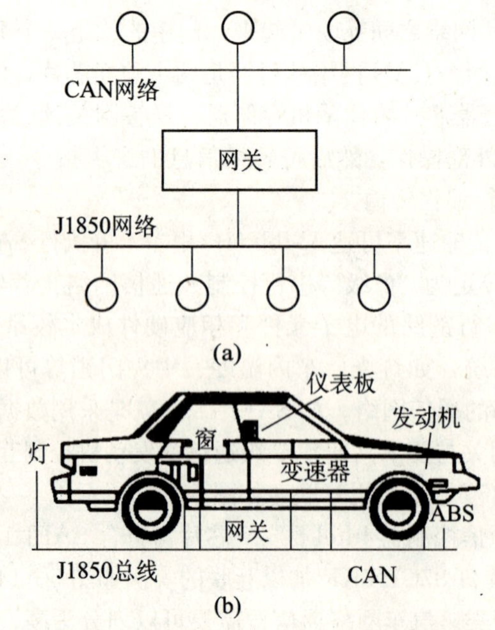

图 5—13　轿车 CAN 与 J1850 网络连接

(a) CAN 与 J1850 桥接；(b) 轿车 CAN 与 J1850 网络连接

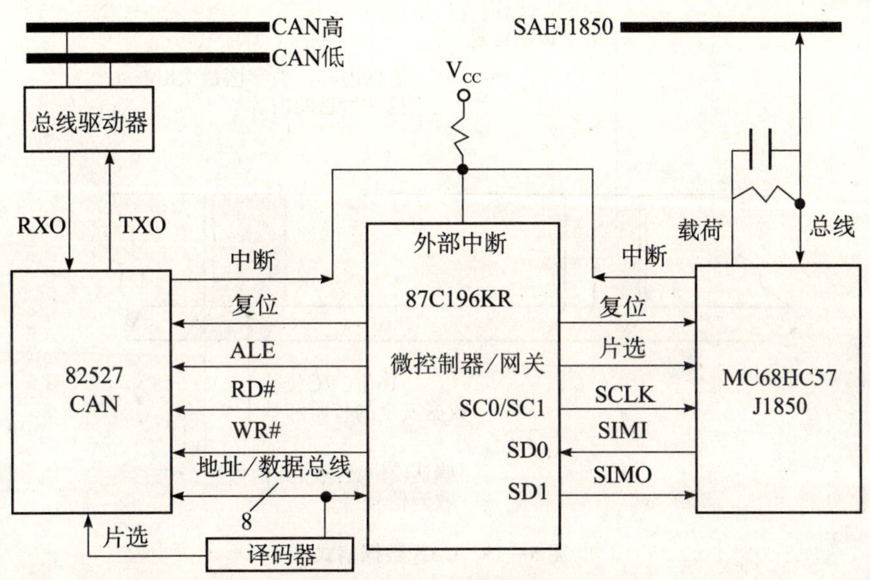

图 5—14　网关硬件配置

学习任务三　数据传递过程

学习目标： 了解 CAN 信息格式和信息传递过程。

学习方法： 启发式教学，多媒体教学。

本任务以转速接收、传递、最后在仪表上显示过程为例来讲述“转速信号”这个数据的完整信息交换过程，从中可以清楚地看到数据传递的时间顺序以及 CAN 构件与控制单元之间的配合关系。

1. 信息格式转换与请求发送信息

首先是发动机控制单元的曲轴位置传感器接收到转速值，该值以固定的周期（循环往复地）到达微控制器的输入存储器内（送到发动机）。由于瞬时转速值还用于其他控制单元，如组合仪表，所以该值应通过 CAN 总线来传递，于是转速值就被复制到发动机控制单元的发送存储器内。

该信息从发送存储器进入 CAN 构件的发送邮箱内。如果发送邮箱内有一个实时值，那么该值会由发送特征位（举起的小旗）显示出来。将发送任务委托给 CAN 构件，发动机控制单元就完成了此过程中的任务。

发动机信息按协议被转换成 CAN 的特殊格式。CAN 特殊格式包含有：“标识”11 位、“信息内容”0～8 位、“CRC”16 位、“应答场”2 位。

标识＝发动机 _ 1（转速），信号内容＝转速的数值（每分钟多少转）。当然发动机信息也可包括其他值，如怠速、转矩等，见图 5—15。

在流程图中，CAN 信息的符号如图 5—16 所示。

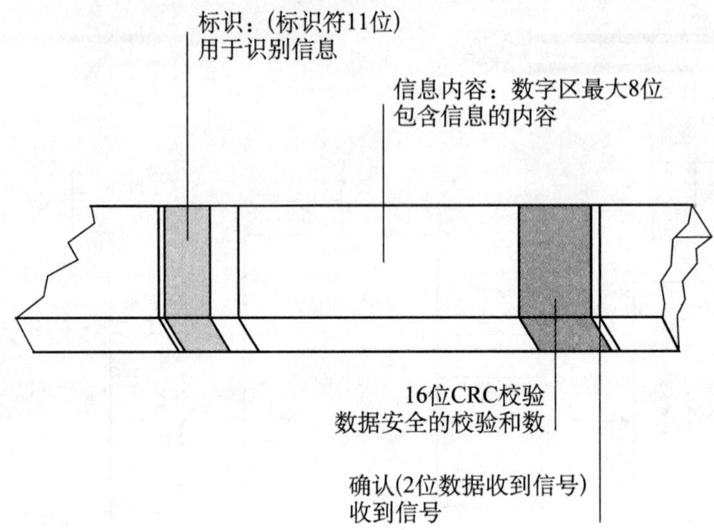

图 5—15　CAN 数据格式

图 5—16　CAN 信息表示法

2. 发送开始—总线空闲判断

当发送邮箱内有一个实时值，表明发动机准备向外发送信息，CAN 构件通过 RX 线来检查总线是否有源（是否正在交换别的信息），必要时会等待，直至总线空闲下来为止。某一时间段内的总线电平一直为 1（一直处于无源）状态，表示总线空闲，如图 5—17 所示。

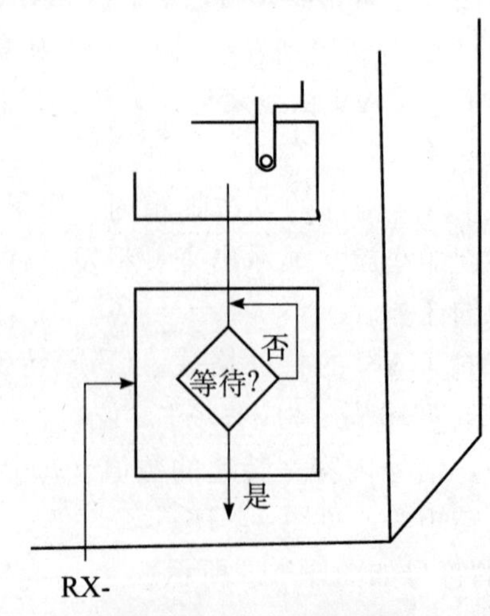

图 5—17　总线空闲判断

3. 发送信息

如果总线空闲下来，事先存在发送存储器的“发动机转速信息”就会被发送出去，如图 5—18 所示。

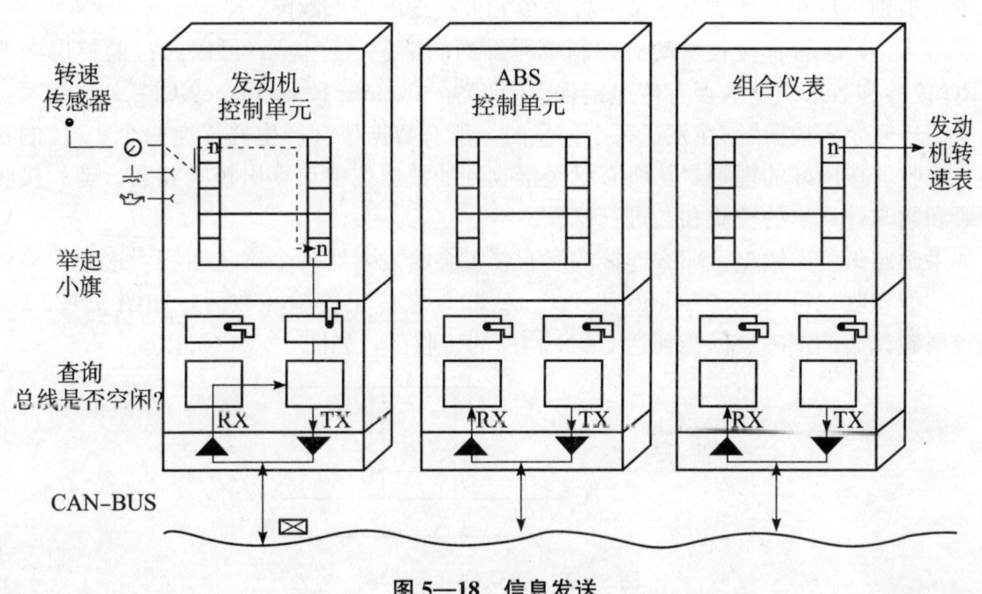

图 5—18　信息发送

4. 接收过程

接收过程分两步，如图 5—19 所示。第一步：检查信息是否正确（在监控层）；第二步：检查信息是否可用（在接收层）。

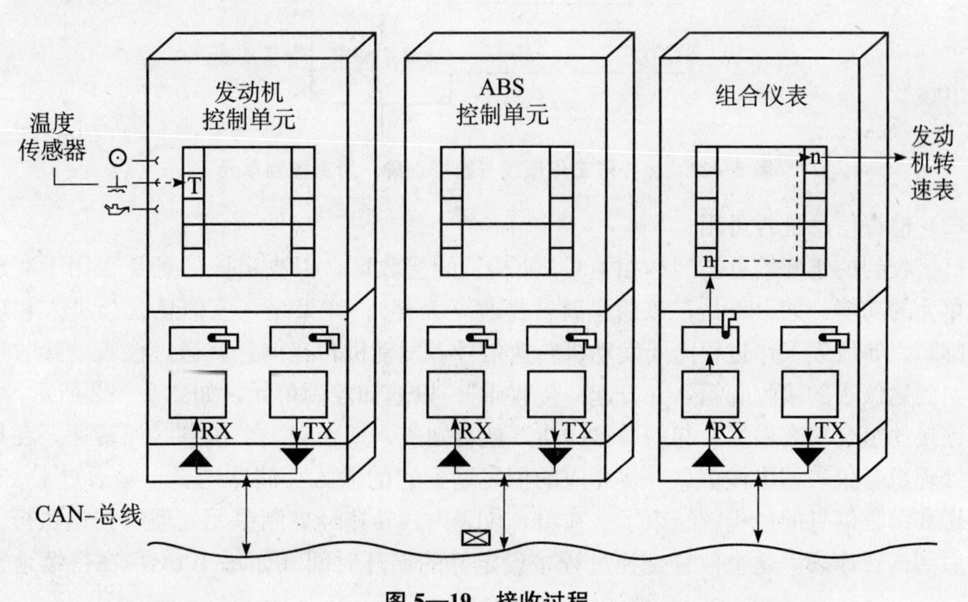

图 5—19　接收过程

(1) 检查信息是否正确。

连接的所有装置都接收发动机控制单元发送的信息。该信息是通过 RX 线到达 CAN 构件各自的接收区。

接收器接收发动机发送的转速信息，并且在相应的监控层检查这些信息是否正确。这样就可以识别出只在某种情况下某一控制单元上出现的局部故障。

所有连接的装置都接收发动机控制单元发送的信息（广播），可以通过监控层内所谓的 CRC 校验和数来确定是否有传递错误。CRC 是 Cycling Redundancy Check 的缩写，意思是“循环冗余码校验”。在发送每个信息时，所有数据位会产生并传递一个 16 位的校验和数。接收器按同样的规则，从所有已经接收到的数据位中计算出校验和数。随后接收到的校验和数与计算出的校验和数进行比较。

如果确定无传递错误，那么连接的所有装置会给发射器一个确认回答，这个回答就是所谓的“信息收到符号”（Acknowledge，Ack），它位于校验和数后，如图 5—20 所示。经监控层确认后的正确数据会到达 CAN-构件的接收区，如图 5—21 所示。

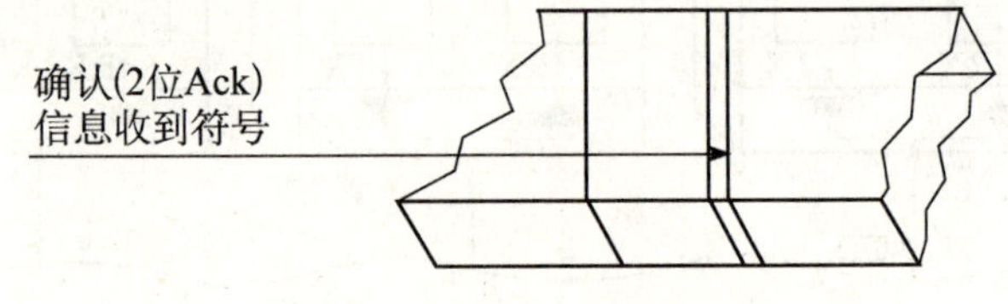

图 5—20　确认位（应答场）

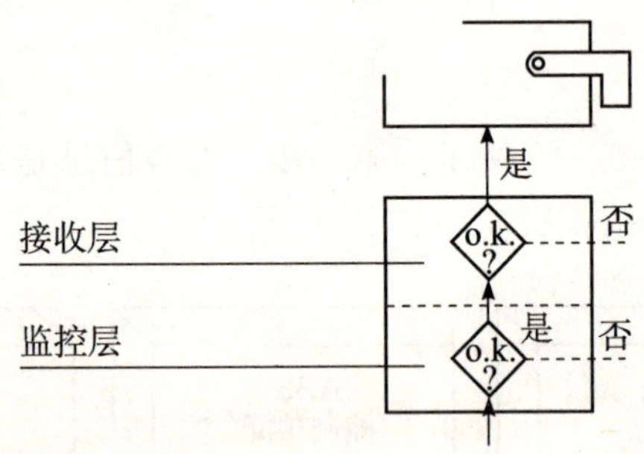

图 5—21　监控层工作原理（数据正确，所有控制单元）

(2) 检查信息是否可用。

已接收到的正确信息会到达相关 CAN-构件的接收区，以决定该信息是否用于完成各控制单元的功能：如果不是，该信息就被拒收（丢弃）；如果是，该信息就会进入相应的接收邮箱。如仪表工作过程需要发动机转速信号，发动机转速信息就通过仪表的接收层的检查，到达仪表的接收邮箱，并升起“接收旗”，以通知控制单元，如图 5—22 所示。

连接的组合仪表根据升起的“接收旗”就会知道，现在有一个信息（如转速）在排队等待处理组合仪表调出该信息并将相应的值复制到它的输入存储器内。于是通过 CAN-构件发送和接收信息的过程就结束了。在组合仪表内，转速经控制单元处理后到达执行元件并最后到达转速表。这个信息交换过程按设定好的循环时间（如每 10ms）在持续地重复进行。

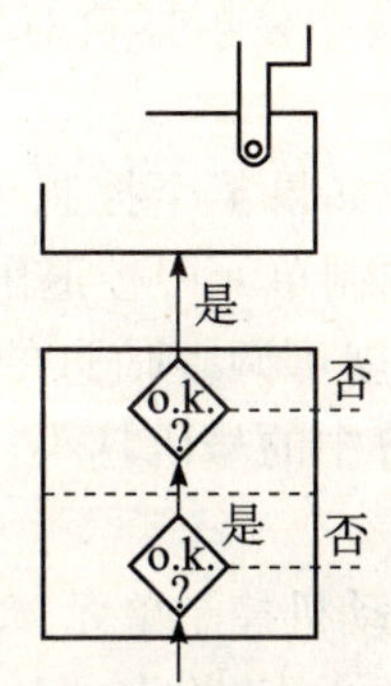

图 5—22　接收层工作原理（可用仪表控制单元）

5. 先进的位仲裁

如果多个控制单元同时发送信息，那么数据总线上就必然会发生数据冲突，为了避免发生这种情况，CAN 总线采用了仲裁方法来处理这类冲突。

（1）先进的位仲裁。要对数据进行实时处理，就必须将数据快速传送，这就要求数据的物理传输通路有较高的速度。在几个站同时需要发送数据时，要求快速地进行总线分配。实时处理通过网络交换的紧急数据有较大的不同。一个快速变化的物理量，如汽车发动机负载，将比类似汽车发动机温度这样相对变化较慢的物理量，更频繁地传送数据并要求更短的延时。CAN 总线以报文为单位进行数据传送，报文的优先级结合在 11 位标识符中，具有最低二进制数的标识符有最高的优先级。这种优先级一旦在系统设计时被确立后就不能再被更改。总线读取中的冲突可通过位仲裁解决。例如，当 3 个站同时发送报文时，站 1 的报文标识符为 0111110，站 2 的报文标识符为 0100110，站 3 的报文标识符为 0100111。通过比较 3 个站的报文标识符，发现所有标识符前面 2 位相同都为 01，直到第 3 位进行比较时，站 1 的报文被丢掉，因为它的第 3 位为高，而其他两个站的报文第 3 位为低。站 2 和站 3 报文的 4、5、6 位相同，直到第 7 位时，站 3 的报文才被丢失。注意，总线中的信号持续跟踪最后获得总线读取权的站的报文。在此例中，站 2 的报文被跟踪。这种非破坏性位仲裁方法的优点在于，在网络最终确定哪一个站的报文被传送以前，报文的起始部分已经在网络上传送了。所有未获得总线读取权的站都成为具有最高优先权报文的接收站，并且不会在总线再次空闲前发送报文。CAN 具有较高的效率是因为总线仅仅被那些请求总线悬而未决的站利用，这些请求是根据报文在整个系统中的重要性按顺序处理的。这种方法在网络负载较重时有很多优点，因为总线读取的优先级已被按顺序放在每个报文中了，这可以保证在实时系统中较低的个体隐伏时间。对于主站的可靠性，由于 CAN 协议执行非集中化总线控制，所有主要通信，包括总线读取（许可）控制，在系统中分几次完成。这是实现有较高可靠性的通信系统的唯一方法。

（2）具体工作过程措施。

1）控制单元发送的每个信息都要分配优先权，且不同的信息量具有不同的优先权（优先权隐含在数据中的“标识符”），优先权高的信息优先发送。

2）所有的控制单元都是通过各自的 RX 线来跟踪总线上的一举一动，并获知总线的状态。

3）请求发送信息的控制单元，每个发射器将对 TX 线和 RX 线的状态一位一位地进行比较，它们可以不一致。

4）CAN 是这样来进行调整的：如果某个控制单元向外发送“1”（TX 线为 1），但通过 RX 线在总线接到“0”，则该控制单元中控退出对总线的控制，转为接收信息，故用标识符中位于前部的“0”的个数就可调整信息的重要程度，从而就可保证按重要程度的顺序来发送信息。规则：标识符中的号码越小，表示该信息越重要。这种方法称为仲裁。

例如，现在有三个控制单元，发动机控制单元、ABS 控制单元和仪表同时向外发送信息，其中发动机控制单元向外发送的信息为“10101010”，ABS 向外发送的信息为“10101011”，仪表向外发送的信息为“10111111”。

三个控制单元向外发送信息的第 1 位、第 2 位、第 3 位一样的，都是“101”，此时不存在冲突，但三个控制单元向外发送的第 4 位不同，此时仪表的第 4 位为“1”，其他的两个控制单元的第 4 位为“0”，根据三个收发器耦合在一根总线的原理，如图 5—23 所示，三个收发器耦合于一根总线，我们知道，此时总线的状态应为“0”，对仪表控制单元来说，它向外发送“1”（TX 状态 1），但接收到是“0”（RX 状态 0），根据仲裁原则，仪表控制单元停止发送信息，转为接收状态，该信息等待下一次发送周期，再次请求发送。

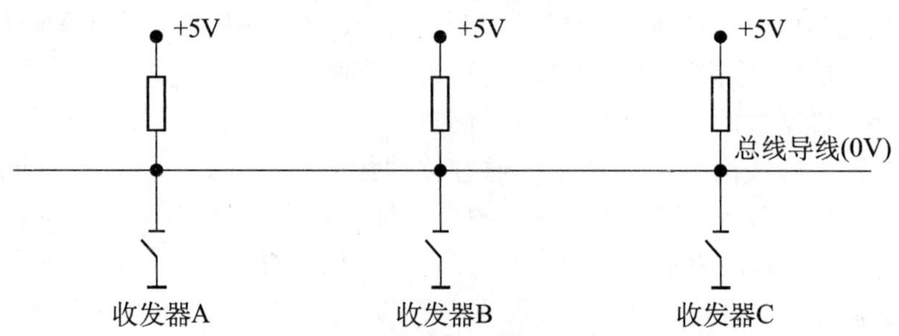

图 5—23　三个收发器耦合于一根总线

同理，发动机控制单元和 ABS 控制单元继续向外发送信息的第 5 位、第 6 位、第 7 位（101），且这 3 位的信息是一样的，不存在冲突。在发送第 8 位时，发动机控制单元的第 8 位为“0”，而 ABS 控制单元的第 8 位为“1”，根据三个收发器耦合于一根总线的原理，如图 5—23 所示，我们知道，此时总线的状态应为“0”，对 ABS 控制单元来说，它向外发送“1”（TX 状态 1），但接收到的是“0”（RX 状态 0），根据仲裁原则，ABS 控制单元停止发送信息，转为接收状态，该信息等待下一次发送周期，再次请求发送。

结果，发动机控制单元接管数据总线控制权，继续发送剩余的信息，最终数据总线的信息与发动机控制单元向外发送的信息是一样的，如图 5—24 所示。

表 5—1 为信息与标识符，从表 5—1 可看出，当数个控制单元想同时发送信息时，转向角传感器（Lenkwinkel）拥有最高的优先级别，它的信息就先被发送。

说明：数字最小的（前面的“0”最多），优先级别最高，由于转向角传感器标识符数字最小，所以优先级最高，数字最先传递。

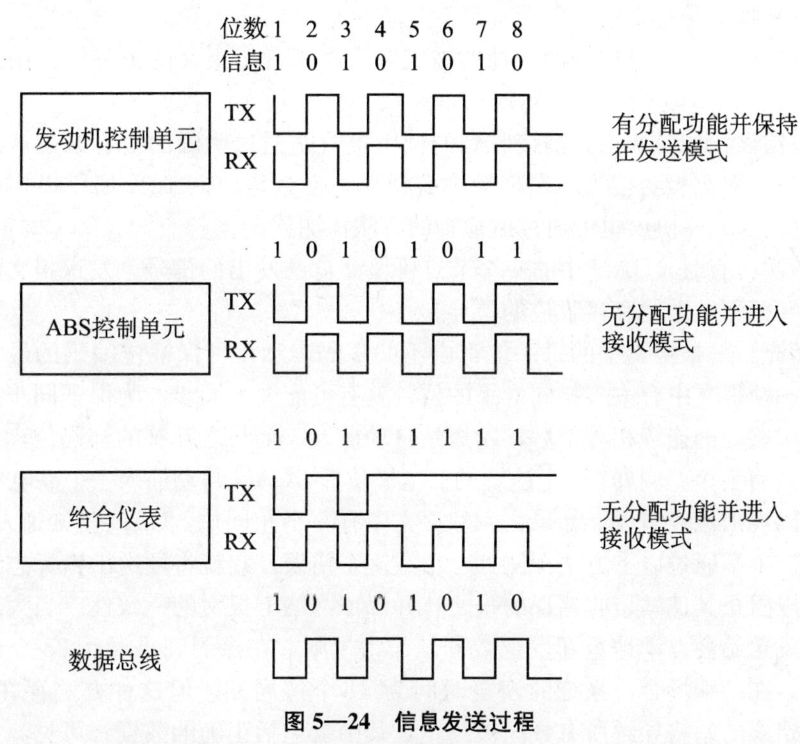

图 5—24　信息发送过程

表 5—1　　信息与标识符

标 识 符	二 进 制	十 六 进 制
发动机 1	010 1000 0000	280
制动	010 1010 0000	1A0
仪表	011 0010 0000	320
转向角传感器 1	000 1100 0000	0C2
自动变速器 1	100 0100 0000	440

学习任务四　CAN-BUS 局域网自我诊断

学习目标： 了解汽车 CAN-BUS 系统故障诊断原理和故障诊断方法。

学习方法： 启发式教学，多媒体教学和实验演示相结合。

1. CAN-BUS 自我诊断与故障管理

CAN 传送数据的可靠性很高，加上 CAN 具有完善的故障管理机制，因此它可以准确地判别出 CAN 系统中的所有故障（如电气故障或断路）。

（1）数据错误检测手段。不同于其他总线，CAN 协议不能使用应答信息。事实上，它可以将发生的任何错误用信号发出。CAN 协议可使用五种检查错误的方法，其中前三种为基于报文内容检查。

1）循环冗余检查（CRC）：在一帧报文中加入冗余检查位可保证报文正确。接收站通过 CRC 可判断报文是否有错。

2）自动帧检查：通过位场检查帧的格式和大小来确定报文的正确性，用于检查格式上的错误。

3）应答错误：如前所述，被接收到的帧由接收站通过明确的应答来确认。如果发送站未收到应答，那么表明接收站发现帧中有错误，也就是说，ACK 场已损坏或网络中的报文无站接收。CAN 协议也可通过位检查的方法探测错误。

4）自检测：有时，CAN 中的一个节点可监测自己发出的信号。发送报文的站可以观测总线电平并探测发送位和接收位的差异。

5）位填充：一帧报文中的每一位都由不归零码表示，可保证位编码的最大效率。然而，如果在一帧报文中有太多相同电平的位，就有可能失去同步。为保证同步，同步沿用位填充产生。在 5 个连续相等位后，发送站自动插入一个与之互补的补码位，接收时，这个填充位被自动丢掉。例如，5 个连续的低电平位后，CAN 自动插入一个高电平位。CAN 通过这种编码规则检查错误，如果在一帧报文中有 6 个相同位，CAN 就知道发生了错误。如果至少有一个站通过以上方法探测到一个或多个错误，它就将发送出错标志终止当前的发送。这可以阻止其他站接收错误的报文，并保证网络上报文的一致性。当大量发送数据被终止后，发送站会自动地重新发送数据。作为规则，在探测到错误后 23 个位周期内重新开始发送。在特殊场合，系统的恢复时间为 31 个位周期。但这种方法存在一个问题，即一个发生错误的站将导致所有数据被终止，其中也包括正确的数据。可见，如果不采取自监测措施，总线系统就应采用模块化设计。为此，CAN 协议提供一种将偶然错误从永久错误和局部站失败中区别出来的办法。这种方法可以通过对出错站统计评估来确定一个站本身的错误并进入一种不会对其他站产生不良影响的运行方法来实现，即站可以通过关闭自己来阻止正常数据因被错误地当成不正确的数据而被终止。

6）为了保证数据的安全性，CAN 系统具有很强的内部故障管理功能。

（2）具体措施。

1）CAN-BUS 内部故障管理可以识别出可能出现的各种数据传递故障，从而采取相应的措施。无法识别故障的几率很低，大约低于 10^{-12}，这个概率值相当于每辆车在使用寿命内出现 4 次数据传递故障无法识别。

2）由于广播的特点（一个发射，其他所有的接收并使用），任何一个网络使用者如果发现一个传递故障，那么其他所有的网络使用者都会立即收到一个信息通知，这个通知称为“错误帧”。于是所有网络使用者就会拒收当前的信息。

3）随后该信息会自动再发送一次，这样的过程其实是完全正常的，其原因可能是由于车上电压波动较大，例如，车在启动时或有来自外部较强的干扰。

4）为了区别发生故障是偶然的还是必然的（系统存在硬故障），系统内置故障计数器。它可以累计识别出的故障，在成功完成重新发送过程后计数器再递减计数，当计数超过设定值，相应的控制单元会得到通知并被 CAN 总线关闭，如图 5—25 所示。

2. CAN-BUS 的故障管理机制

（1）内部故障。

内部故障计数器只负责内部的故障管理，无法读出其中的内容。

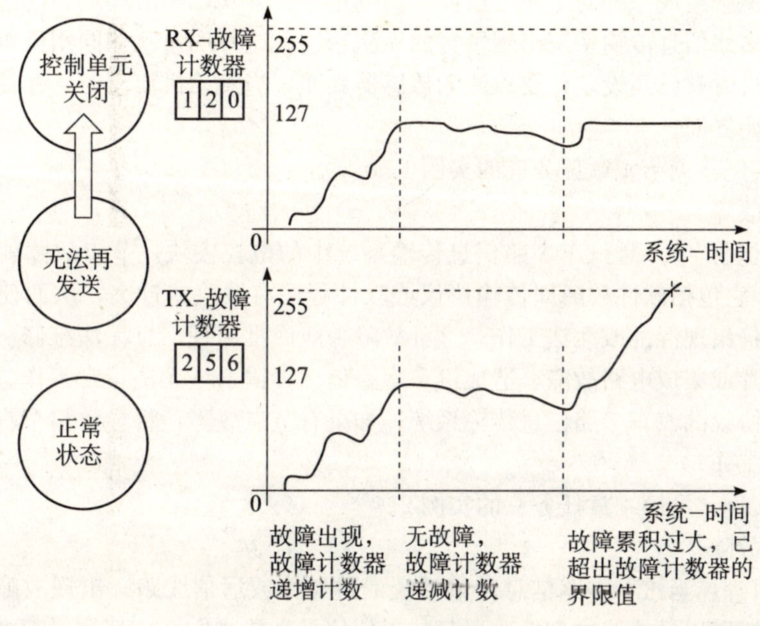

图 5—25　CAN 自我诊断

当内部故障计数器计数值超过某一规定的界限值（相当于最多 32 次重新发送过程）时，相应的控制单元会得到通知并被 CAN 总线关闭：两次 BUS-Off（总线关闭）状态后（在此期间无通信），故障存储器就会记录一条故障。

经过一段固定的等待时间（约 0.2s）后，控制单元会自动再接到总线上。

信息的传递一般是按规定的循环时间来进行的，这样才能保证及时地传递相应的信息。如果出现延迟，也就是说至少有 10 条信息未收到，那么所谓的时间监控功能（信息超时）就会启动。于是，正在接收的控制单元故障存储器内也记录一个故障，这是故障管理中的第二套机构。由此产生如下故障信息，这些信息用于售后服务故障诊断。

(2) 故障存储器记录的故障信息。

1）数据总线损坏，相应的控制单元有严重故障。该控制单元至少两次与总线断开。

2）因无相关控制单元信息或无法与相关控制单元取得联系而无法及时接收到信息，时间监控启动。

3）CAN 双线式总线系统的检测方法。装有 CAN-BUS 多路信息传输系统的车辆出现故障，维修人员应首先检测汽车多路信息传输系统是否正常。因为如果多路信息传输系统有故障，则整个汽车多路信息传输系统中的有些信息将无法传输，接收这些信息的电控模块将无法正常工作，从而为故障诊断带来困难。对于汽车多路信息传输系统故障的维修，应根据多路信息传输系统的具体结构和控制回路具体分析。一般说来，引起汽车多路信息传输系统故障的原因有三种：一是汽车电源系统引起的故障；二是汽车多路信息传输系统的链路故障；三是汽车多路信息传输系统的节点故障。

(3) 汽车电源系统故障引起的汽车多路信息传输系统故障。

1）故障机理：汽车多路信息传输系统的核心部分是含有通信 IC 芯片的电控模块 ECM，电控模块 ECM 的正常工作电压为 10.5～15.0V。如果汽车电源系统提供的工作电压低于该值，就会造成一些对工作电压要求高的电控模块 ECM 出现短暂的停止工作，从而使整个汽车多路信息传输系统出现短暂的无法通信。这种现象就如同用微机故障诊断仪在未启动发动机时就已经设定好要检测的传感器界面，当发动机启动时，往往微机故障诊断仪又回到初始界面。

2）故障实例：见第 4 章任务三的实例 1。

（4）节点故障。

1）故障机理：节点是汽车多路信息传输系统中的电控模块，节点故障就是电控模块 ECM 的故障。它包括软件故障即传输协议或软件程序有缺陷或冲突，从而使汽车多路信息传输系统通信出现混乱或无法工作，这种故障一般成批出现，且无法维修。硬件故障一般由于通信芯片或集成电路故障，造成汽车多路信息传输系统无法正常工作。对于采用低版本信息传输协议的汽车多路信息传输系统，如果有节点故障，将导致整个汽车多路信息传输系统无法工作。

2）故障实例：见第 4 章任务三的实例 2。

（5）链路故障。

1）故障机理：当汽车多路信息传输系统的链路（或通信线路）出现故障时，如通信线路的短路、断路以及线路物理性质引起的通信信号衰减或失真，都会引起多个电控单元无法工作或电控系统错误动作。判断是否为链路故障时，一般采用示波器或汽车专用光纤诊断仪来观察通信数据信号是否与标准通信数据信号相符。

2）故障实例。

故障现象：一辆奥迪 100 轿车的电控自动空调系统在开关接通的情况下，鼓风机能工作，但是空调系统却不制冷。

故障检测：通过观察，发现空调压缩机的电磁离合器不吸合，但发动机工作正常。检查电磁离合器线路的电阻值，电阻值符合规定值，检查空调控制单元的输出端，没有输出信号。此时用 V. A. G. 1552 故障阅读仪读取发动机控制系统和空调控制系统的故障码，均无故障码。用 V. A. G. 1552 故障阅读仪读取空调控制单元的数据流，发动机的转速数据为零。由于发动机工作正常，因此发动机控制单元接收的发动机转速信号应该正常，检查发动机控制单元和空调控制单元之间的通信线路，发现两者之间的专用通信线的接脚变形造成链路断路，修复接插件后故障排除。

（6）小结。通过对以上三种汽车多路信息传输系统故障的分析，可以总结出该系统一般诊断步骤为：

1）了解该车型的汽车多路传输系统特点（包括传输介质、几种子网及汽车多路信息传输系统的结构形式等）。

2）研究汽车多路信息传输系统的功能，如有无唤醒功能和休眠功能等。

3）检查汽车电源系统是否存在故障，如交流发电机的输出波形是否正常（若不正常将导致信号干扰等故障）等。

4）检查汽车多路信息传输系统的链路是否存在故障，采用替换法或采用跨线法进行检测。

5）如果是节点故障，只能采用替换法进行检测。

学习测试

一、填空题

1. CAN-BUS 局域网的基本组成有：________、________、________和________。

2. CAN 协议也遵循 ISO/OSI 模型，但进行了优化，采用了其中的________、________和________层，提高了实时性。

3. 发动机信息按协议被转换成 CAN 的特殊格式。CAN 特殊格式（包含有）："标识"________位，"信息内容"________位，"CRC"________位，"应答场"________位。

4. SAE 车辆网络委员会将汽车数据传输网划分为________、________、________三级，A 级面向________的低速网络，数据传输速率通常只有________。B 级面向________的中速网络，数据传输速率一般为________。C 级面向________的多路传输网，最高数据传输速率可达________。

二、判断题（对的画√，错的画×）

1. 两个系统的设备或部件之间连接服务的数据流穿越的界面称为接口。汽车 ECU 之间的通信接口，由相关的硬件设备组成。（　）

2. CAN 总线上的一个节点（站）发送数据时，它以报文形式广播给网络中所有节点。对每个节点来说，无论数据是否是发给自己的，都对其进行接收。（　）

3. 不同版本的 CAN 可以通过网关取得互联，而网关就是具备不同网络协议之间信息转换能力的单片机。（　）

4. CAN 2.0A 协议数据传输速率可达 1Mbit/s，相当于可执行 SAE-C 级高速数据传输速率的通信协议，故被 SAE 定为"C 级"串行控制和通信网络推荐实施标准。（　）

5. 在汽车 CAN-BUS 系统中所有节点的控制单元都是对等的。（　）

三、选择题

1. 为了减小干扰，CAN 总线的传输线多采用（　）。

A. 屏蔽线　　B. 双绞线　　C. 高阻线

2. 没有信息时，CAN 高线为 5.0V，而 CAN 低线为 0V；传递信息时，（　）。

A. CAN 高线为 0V，而 CAN 低线为 5.0V　　B. 高低线均为 0V

C. 高低线均为 5.0V

3. 主要应用于电子车辆信息中心、故障诊断、仪表显示、安全气囊等系统的总线传输速率为（10～100）Kbit/s，属于 SAE 车辆网络委员会划分的（　）网络。

A. A 级　　B. B 级　　C. C 级

4. CAN 控制单元向外发送信息时，CAN 构件通过（　）来检查总线是否有源（是否正在交换别的信息）。

A. RX 线　　B. TX 线　　C. K 线

四、简答题

1. CAN2.0 增加了哪些新内容？

2. CAN-BUS 数据错误检测手段有哪些？

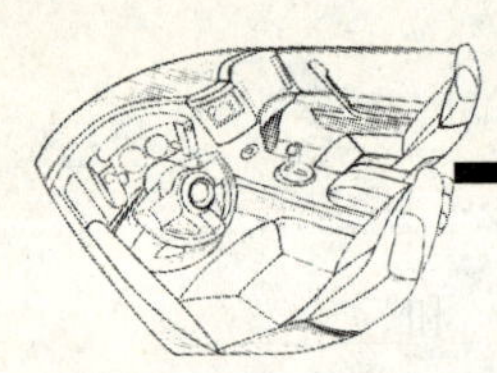

第 6 章

汽车总线电路的读识

引　　言

从电路分析来看，带有 CAN 总线的汽车一般分为两种，一种是没有中央电器控制单元（或称车载电网控制单元）的车型（早期或中低端），另一种是带有中央电器控制单元，可以对全车电器系统（包括电源管理系统）进行智能控制的车型。第一种车型的读识与传统汽车电路的读识方法基本相同，第二种车型用中央电器控制模块代替中央配线盒，在电路的总体布局上与前者有较大的区别。为了更好地掌握带有 CAN 总线汽车的全车线路，本章以大众捷达 SDI 2002（不带中央电器控制单元）和大众速腾 2006（带中央电器控制单元）两种轿车为例，采用对比方式解读两种车型的全车线路。

现代汽车电器种类繁多，导线数量异常庞大，为了使全车的导线走向合理，同时便于检测和维修，现代汽车都设置了配电中心也称为中央配线盒。配电中心与电源系统和用电设备之间的关系，如图 6—1 所示。

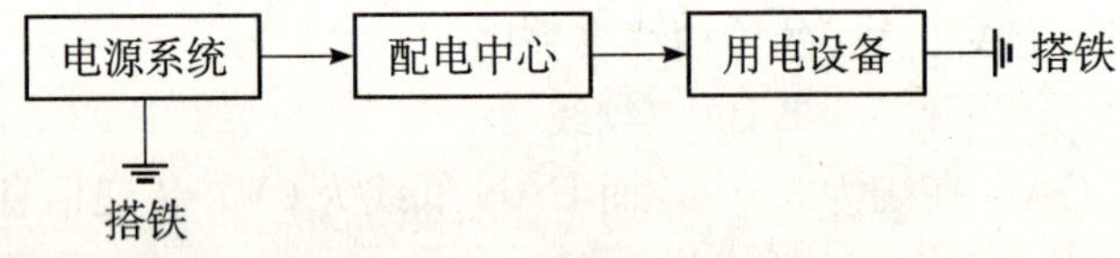

图 6—1　汽车全车线路总布局

电源系统通过点火开关将电源按照应用属性分配后，送配电中心，电源属性一般分为常电源、运行带电、启动带电等。

配电中心主要由电源电路、各种熔断器和各种继电器组成，负责全车用电设备的电源供给。

汽车用电设备的正极（电源）均来自配电中心，负极通过导线在搭铁点搭铁（也可直接搭铁）。从配电中心（正极）到搭铁（负极）称为用电设备的回路，是汽车线路分析的主要对象。

大众速腾轿车与传统的汽车电路最主要的区别是由中央电器控制模块代替配电中心，实现对电源系统的智能管理和对全车电器设备的智能控制。带中央电器控制单元的汽车全车线路总布局如图 6—2 所示。

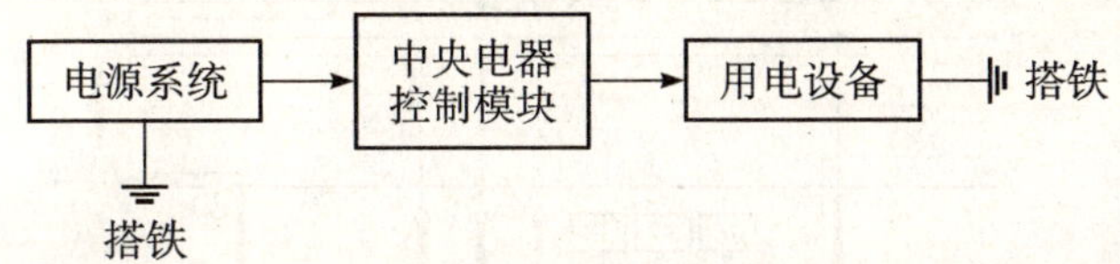

图 6—2　带有中央电器控制单元的汽车全车线路总布局

学习任务一　电源系与配电中心电路的读识

学习目标： 掌握捷达轿车电源系电路的读识，掌握速腾电源系电路的读识。

学习方法： 启发式教学，多媒体教学，任务驱动法教学。

电源系电路决定了全车电源的属性，是配电中心（中央配线盒）或中央电器控制模块工作的基础。

配电中心或中央电器控制模块不但是全车线束的中心和全车用电设备的电源供给中心，也是全车线路的检测与故障诊断中心。

1. 捷达电源系与配电中心电路的读识

（1）点火开关信号。如图 6—3 所示为大众轿车点火开关电路，30（30 号线）为点火开关来电，点火开关各触点连接情况如下：

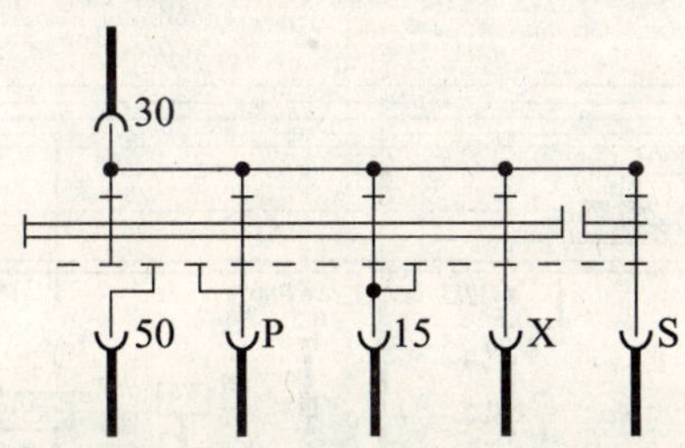

图 6—3　大众轿车点火开关电路

无钥匙时，点火开关 30 与 P 相通。

钥匙插入后，30 与 P、S 相通。

钥匙处于点火位置时，30 与 15、X、S 相通。

钥匙处于启动位置时，30 与 50、15、S 相通。

（2）30 号线的形成。30 号线称为常带电，无论点火开关处于何种位置（发动机是否运行）均有电。

如图 6—4 所示，发电机的 B+经过熔断器 S_{177} 和蓄电池的正极连在一起，经过熔断器 S_{176} 连接到中央配线盒，形成 30 号线。

如图 6—4、图 6—5 和图 6—6 所示为捷达电源系电路，电路的上部阴影部分是中央配线盒（配电中心），下部是汽车的电源系统的电器元件及用电设备，最下方是搭铁线。

注：图 6—4、图 6—5 和图 6—6 为捷达电路之一、之三和之四，捷达电路之二和之五至之九在本章任务二中。

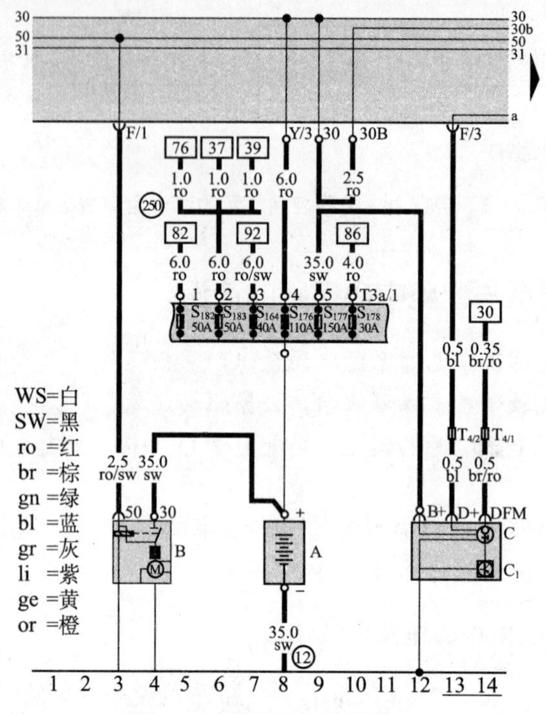

图 6—4　捷达 SDI 电路之一

A 蓄电池；B 起动机；C 发电机；C_1 电压调节器；S_{182} 等熔丝

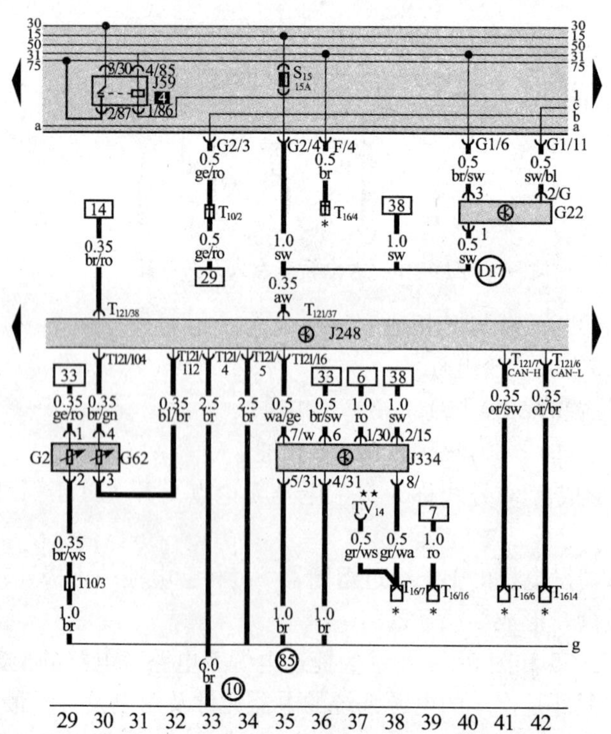

图 6—5　捷达 SDI 电路之三

G2—冷却液温度传感器；G22—车速传感器（霍尔传感器，变速器上）；G62—冷却液温度传感器；J59—X 触点卸荷继电器；J248—柴油直喷控制单元；J334—防盗器控制单元

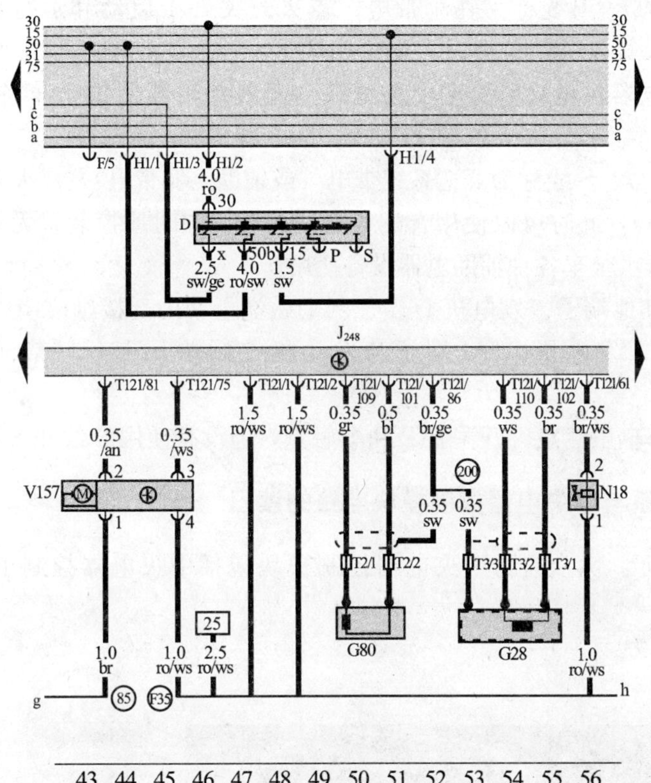

图 6—6　捷达 SDI 电路之四

D—点火启动开关；G28—发动机转速传感器；G80—针阀行程传感器；
J248—柴油直喷控制单元；N18—废气再循环阀；V157—进气管翻板电动机

(3) 15 号线的形成。15 号线称为运行启动带电，即当点火开关钥匙处于点火和启动位置时带电。

如图 6—6 所示，30 号线经点火开关后形成运行带电 15 号线，15 号线送中央配线盒经各路熔断器供全车各种运行启动带电设备使用。

(4) 75 号线的形成。75 号线称为大电流（或大负载）运行带电，当点火开关打开（X 有电）时 75 号线带电，给运行带电的大负载的用电设备提供电源。

如图 6—3 所示，常带电 30 号线经点火开关后形成 X 线，称为大电流运行带电控制线。如图 6—5 所示（f 线就是 X 线），X 线送中央配线盒，控制卸荷继电器 J59 工作（31 号线为中央配线盒搭铁线），当 J59 卸荷继电器开关闭合时，30 号线与 75 号线相连。

注：X 线连接情况同 15 号线基本相同，但在启动位置时 X 线断开，减小用电负荷，使启动更容易。

(5) 50 号线的形成。50 号线称为启动带电，当点火开关置于启动位置时 50 号线带电。

如图 6—6 所示，常带电 30 号线经点火开关后形成运行带电 50 号线，50 号线送中央配线盒，50 号线最主要的作用是控制起动机工作。

(6) P线的形成。P线称为驻车带电，点火开关处于启动和运行位置（点火位置）时无电，点火开关处于关闭位置时，无论钥匙是否插入均有电，即驻车有电，用来给驻车灯、防盗器等电器供电，P线送中央配线盒经各路熔断器供全车各种驻车带电设备使用。

(7) S线的形成。S线称为舒适系统带电（或辅助电器带电），点火开关插上钥匙即有电（舒适系统有电），此时可以使用音响等舒适系统，同时遥控装置无效，S线送中央配线盒经各路熔断器供全车各种辅助电器设备使用。

(8) 发电机其他端子。发电机D端子（励磁端子，内部接励磁绕组）经中央配线盒控制充电指示灯，发电机DFM端子与发动机控制单元J248（柴油直喷控制单元）相连。

注意：有些车辆虽然点火开关有P和S触点，但没有使用P线和S线。

2. 速腾电源系与中央电器控制模块电路的读识

如图6—7所示，大众速腾中央电器控制模块包括中央电器控制单元、熔丝和继电器等。

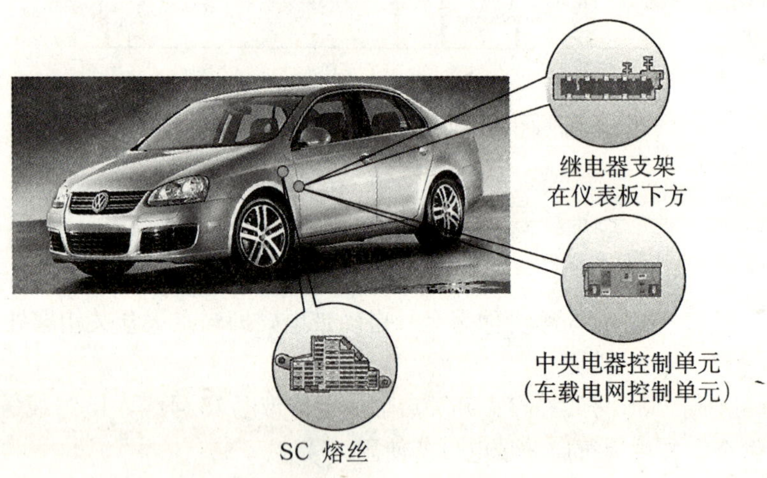

图6—7 速腾中央电器控制模块位置

如图6—8所示为速腾电源系电路之一，电路的上部是中央电器控制模块，包括中央电器控制单元J519、熔断器和继电器，下部是汽车的电源系统的电器元件及电路，最下方是搭铁线。

读图要点：

(1) 30号线的形成。30号线称为常带电，无论点火开关处于何种位置均有电。

发电机的B* 经过熔断器 SA_1 和蓄电池的正极连在一起，送中央电器控制模块a线，a线即为30号线，经中央电器控制模块的各路熔断器供全车各种常带电设备使用。

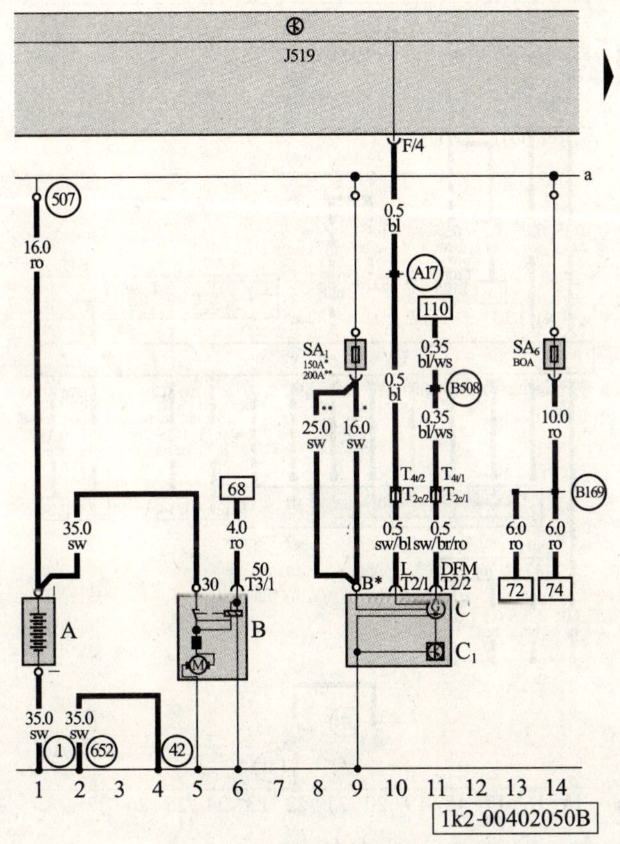

图 6—8　速腾电源系电路之一

A—蓄电池；B—起动机；C—三相交流发电机；C1—电压调节器；

SA_1—蓄电池熔丝架上的熔丝 1；SA_6—蓄电池熔丝架上的熔丝 6

(2) 点火开关信号。如图 6—9 速腾电源系电路之二所示，点火开关信号送转向柱开关控制单元 J527，经 J527 形成 CAN 总线信息供全车各控制单元共享，同时也将点火开关信号直接送 J519。

注：转向柱开关控制单元 J527 工作原理见第 3 章。数字信号称为信息。

点火开关各触点连接情况与捷达轿车相同：无钥匙时，点火开关 30 与 P 相通；钥匙插入后，30 与 P、S 相通。钥匙处于点火位置时，30 与 15、X、S 相通；钥匙处于启动位置时，30 与 50、15、S 相通。

(3) 15 号线的形成。15 号线称为运行启动带电，当点火开关处于运行和启动位置时 15 号线带电。

如图 6—10 所示，点火开关的 15 信号送转向柱开关控制单元 J527，经 J527 直接送给中央电器控制单元 J519（不通过 CAN 总线，提高反应时间），J519 控制电源继电器 J329，当 J329 开关闭合时，在中央电器模块内形成 15 号线。

如图 6—11 所示，15 号线（从 L/2 插脚输出）由中央电器控制模块输出经各路熔丝供全车各种运行启动带电设备使用。

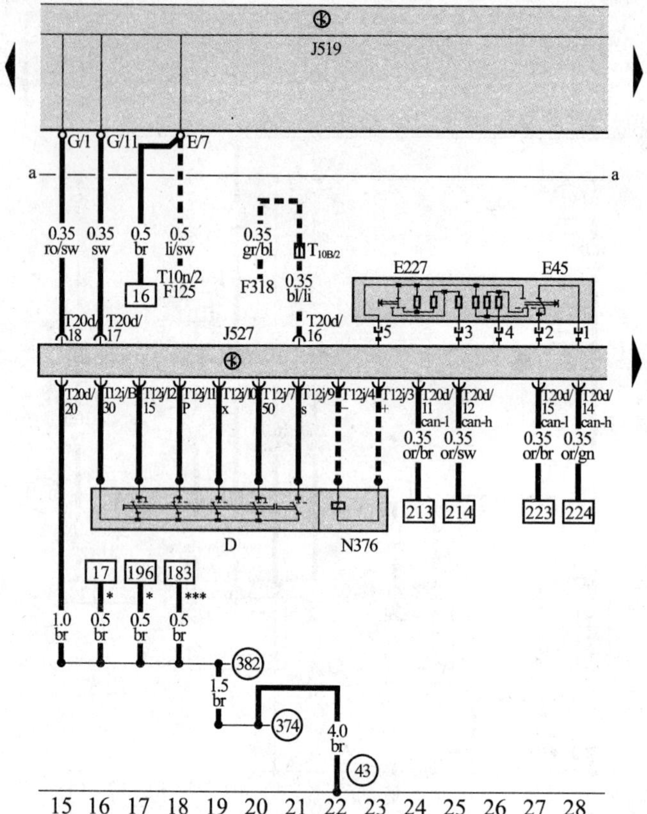

图 6—9　速腾电源系电路之二

D—点火启动开关；E45—定速巡航装置开关；E227—定速巡航装置 Set 按钮；F125—多功能开关；F319—变速杆 P 挡锁止开关；J519—中央电器控制单元；J527—转向柱控制单元；N376—点火钥匙锁；J363—Simos 控制单元供电继电器

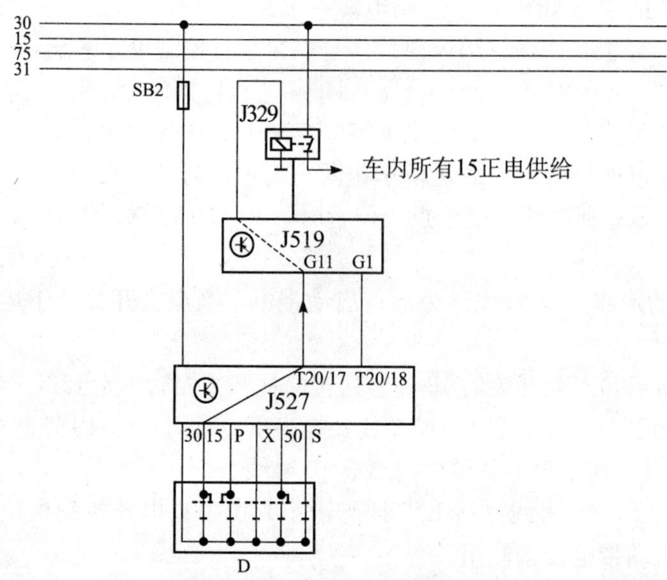

图 6—10　速腾 15 正电的形成

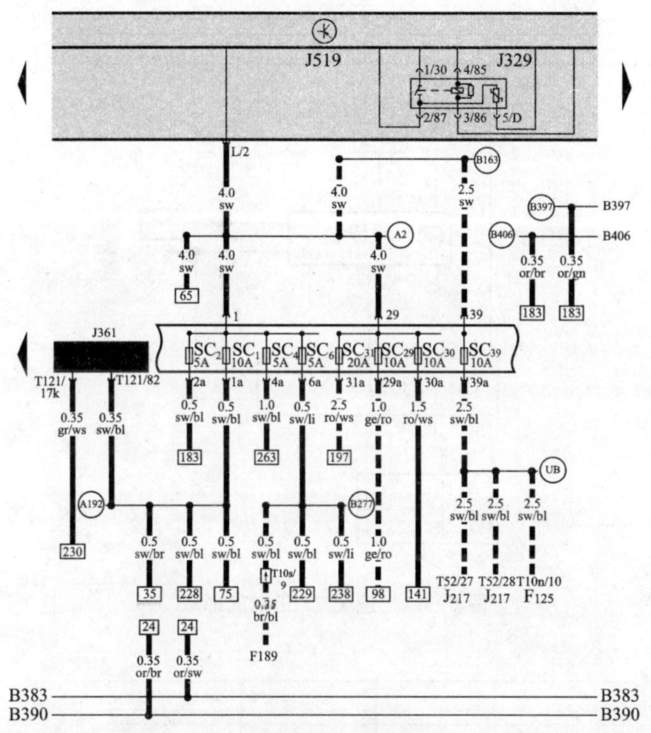

图 6—11　速腾电路之十六

F125—多功能开关；F189—Tiptronic 开关；J329—K1. 15 供电继电器；SC_1—熔丝 1；SC_4—熔丝 4；SC_6—熔丝 6；SC_{29}—熔丝 29；SC_{30}—熔丝 30；SC_{31}—熔丝 31；SC_{39}—熔丝 39；J361—Simos 控制单元；J519—中央电器控制单元

(4) 75 正电的形成。75 号线称为大电流（或大负载）运行带电，当点火开关打开（发动机运行）时 75 号线带电，给大负载运行带电的用电设备提供电源。

如图 6—12 所示，点火开关的信号送转向柱开关控制单元 J527，J527 通过 CAN 总线发送信息给中央电器控制单元 J519，J519 控制卸荷继电器 J59，当 J59 开关闭合时，在中央电器模块内形成 75 号线，并经各路熔丝供全车各种大负载运行带电设备使用。

如图 6—12 所示，点火开关信息（信封）通过 J527 发送到 CAN 总线。

(5) 50 正电的形成。50 号线称为启动带电，当点火开关置于启动位置时 50 号线带电。

如图 6—13 所示，点火开关的信号送转向柱开关控制单元 J527，50 号线信号经 J527 直接送给中央电器控制单元 J519（不通过 CAN 总线，提高反应时间），J519 控制启动继电器 J682，当启动继电器 J682 开关闭合时，在中央电器模块内形成 50 号线。50 号线最主要的作用是控制起动机工作。

(6) P 正电的形成。P 线称为驻车带电，点火开关处于启动和运行位置（点火位置）时无电，点火开关处于关闭位置时，无论钥匙是否插入均有电，即驻车有电，用来给驻车灯、防盗器等电器供电。

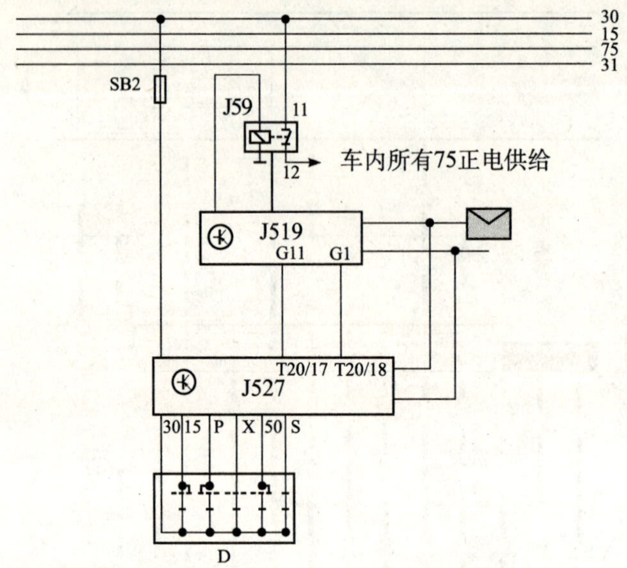

图 6—12　速腾 75 正电的形成

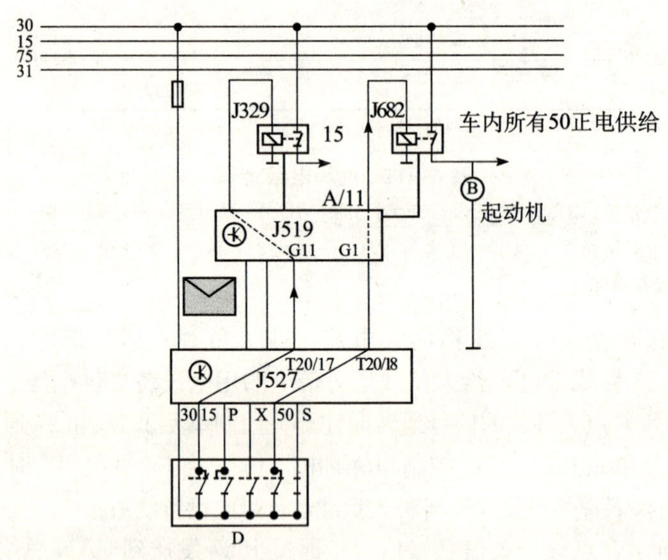

图 6—13　速腾 50 正电的形成

图 6—14 为速腾 P 正电的形成，点火开关的信号送转向柱开关控制单元 J527，J527 通过 CAN 总线发送信息给中央电器控制单元 J519，J519 控制电源继电器 J329，当 J329 开关闭合时，在中央电器模块内形成 P 线。

(7) S 正电的形成。S 线称为舒适系统带电（或辅助电器带电），点火开关插上钥匙即有电（舒适系统有电），此时可以使用音响等舒适系统，同时遥控装置无效。

如图 6—15 所示为速腾 S 正电的形成，点火开关的信号传送至转向柱开关控制单元 J527，J527 通过 CAN 总线发送信息给中央电器控制单元 J519，J519 控制电源继电器 J329，当 J329 开关闭合时，在中央电器模块内形成 S 线。

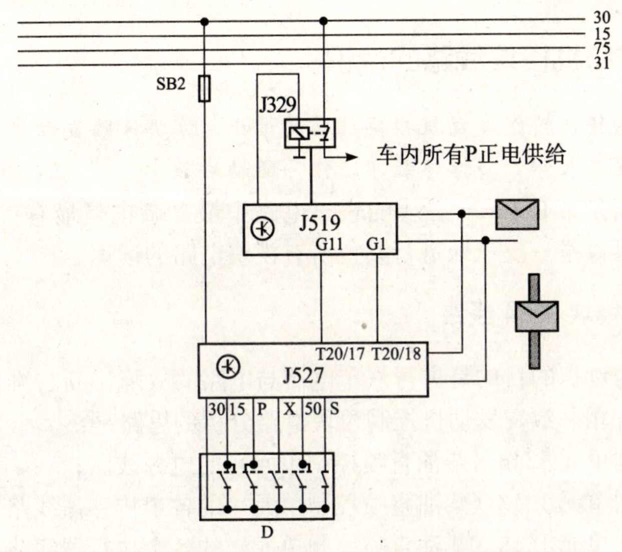

图 6—14　速腾 P 正电的形成

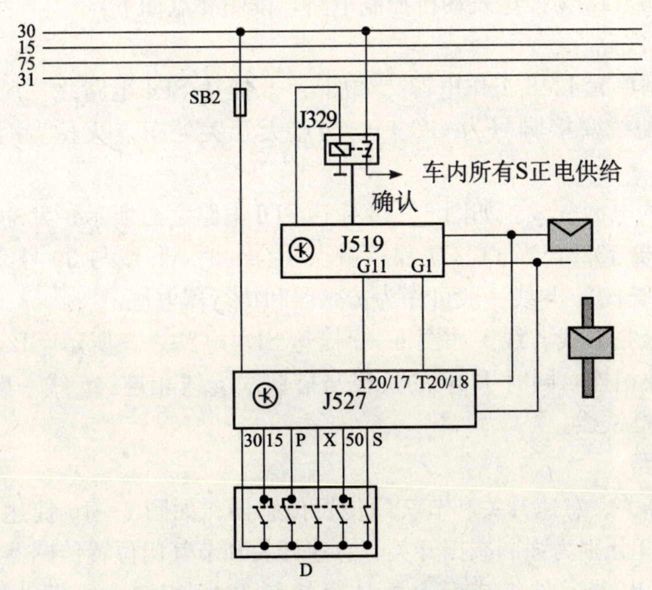

图 6—15　速腾 S 正电的形成

（8）发电机其他端子。发电机 L 端子为 J519 提供发电机工作信息（工作原理见第 3 章），并通过 CAN 总线的给仪表控制单元提供该信息控制充电指示灯。发电机 DFM 端子与发动机控制单元 J361 相连。

（9）点火开关信号的总线信息的形成。点火开关信号除用于控制中央电器模块的电源形成外，还通过 CAN 总线给全车各个控制单元提供点火开关位置信息，以便各控制单元实现相关的控制策略。点火开关信息（CAN 信息）包括，30 线、15 线、P 线、X 线、50 线和 S 线信息。

学习任务二 发动机模块线路的读识

学习目标：掌握捷达轿车发动机模块线路的读识，掌握速腾发动机模块线路的读识。

学习方法：启发式教学，多媒体教学，任务驱动法教学。

发动机模块电路是带有 CAN 总线的轿车电路中最复杂也是最有代表性的电路之一，掌握该电路的读识可以举一反三地进行其他所有模块电路的读识。

1. 捷达发动机模块 J284 线路

汽车电路分析与读识的目的是进行汽车电器与电路的故障诊断与维修，因此电路分析一般应与电路的检查相一致，发动机控制模块电路分析的思路是：

分析发动机控制单元 J248（柴油直喷控制单元）的电源线路；

分析发动机控制单元 J248（柴油直喷控制单元）的各个传感器线路；

分析发动机控制单元 J248（柴油直喷控制单元）的各个执行器线路；

分析发动机控制单元 J248（柴油直喷控制单元）的 CAN 总线。

图 6—16～图 6—18 为捷达发动机控制电路，读图要点如下：

（1）J248 电源线路。

1）发动机控制单元 J248 工作电源。如图 6—5 捷达 SDI 电路之三所示，工作电源来自 15 号线（中央配线盒接脚号为 G2/4），当点火开关处于点火位置时，15 号线有电，J248 工作。

2）J248 控制的电源 h 线。如图 6—16 捷达 SDI 电路之二所示，发动机控制单元 J248 控制柴油直喷继电器 J322，当 J322 工作（触点闭合）时，h 线与 30 号线连接，h 线有电（经连接提示号 47 查找）。h 线一般可作为传感器和执行器电源。

3）J248 负极及搭铁线 g 线。如图 6—5 捷达 SDI 电路之三所示，J248 的负极在⑩点（水槽箱内）与搭铁相连，同时 J248 的负极与搭铁线 g 线相连。g 线一般作为控制单元、传感器和执行器的搭铁线。

（2）传感器线路。

1）强制减挡开关、怠速开关和节气门位置传感器。如图 6—16 捷达 SDI 电路之二所示，F8、F50 、G79 分别为强制减挡开关、怠速开关和节气门位置传感器，三个传感器均位于节气门体上，电器元件组成一个整体直接与 J248 相连，给发动机控制单元提供信号。

2）仪表水温传感器和控制单元水温传感器。如图 6—5 捷达 SDI 电路之三所示，G2 和 G62 为一个整体元件的两个水温传感器，G22 为车速传感器。

G2 为仪表水温传感器，G2 一端接地（g 线），另一端经中央配线盒 b 线接 J285 组合仪表控制单元，给仪表提供水温信号。

图中导线中断处的方框内标号为连接查找标号，数字为电路图坐标（电路图最下边标号）。

G62 为控制单元水温传感器，G62 直接与 J248 相连，给发动机控制单元提供信号。

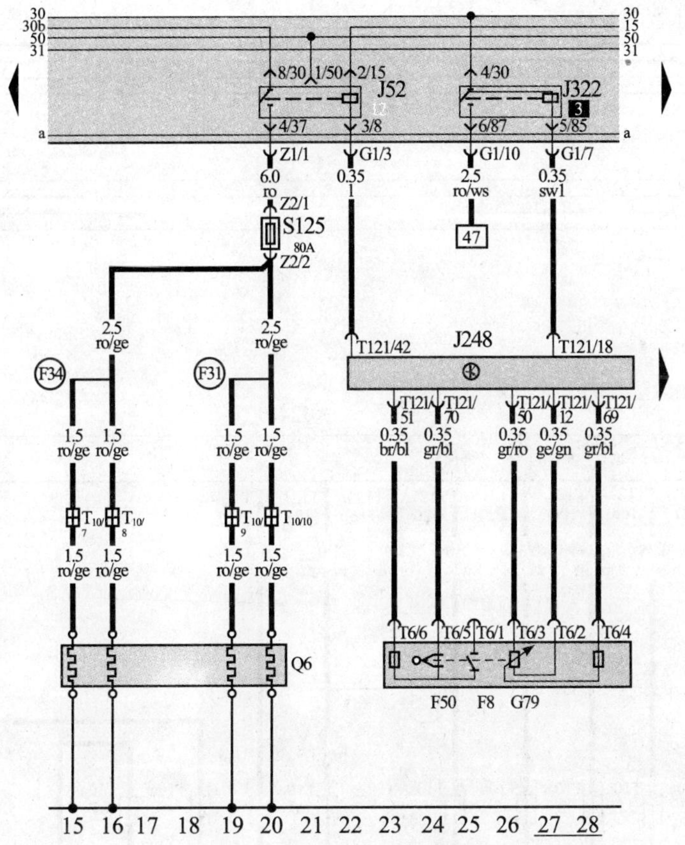

图 6—16　捷达 SDI 电路之二

F8—强制减挡开关；F50—怠速开关；G79—节气门位置传感器；J52—预热塞继电器；
J248—柴油直喷控制单元；J322—柴油直喷继电器；Q6—预热塞（发动机）；S125—预热塞熔丝

注意：G22 为车速传感器（霍尔传感器，变速器上），该传感器由 15 号线提供电源，信号提供给变速器控制单元（与 J248 不连接）。

3）点火启动开关、发动机转速传感器和针阀行程传感器。如图 6—6 捷达 SDI 电路之四所示，D、G28、G80 分别为点火启动开关、发动机转速传感器和针阀行程传感器。

G28、G80 直接与 J248 相连，给发动机控制单元提供信号，连线有屏蔽线。

D 为点火开关（见电源电路分析）。

4）燃油温度传感器和滑块行程传感器。如图 6—17 捷达 SDI 电路之五所示，G81、G149 分别是燃油温度传感器和滑块行程传感器，与 N108 始喷阀、N109 燃油切断阀和 N146 油量调节器为一个整体电器元件。

两个传感器直接与 J248 相连，给发动机控制单元提供信号。

5）制动灯开关、离合器开关、柴油直喷系统制动踏板开关和进气温度传感器。如图 6—18 捷达 SDI 电路之六所示，F 、F47、F36、G72 分别是制动灯开关、离合器开关、柴油直喷系统制动踏板开关和进气温度传感器。F47 和 F 为一个整体电器元件。

F36 为离合器开关，一端接地，另一端与 J248 直接相连，给发动机控制单元提供信号。

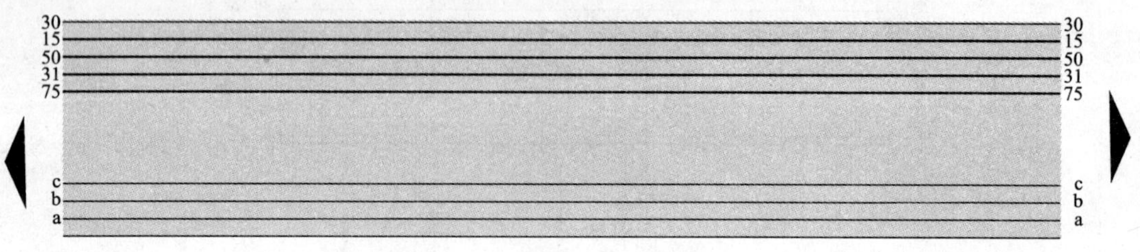

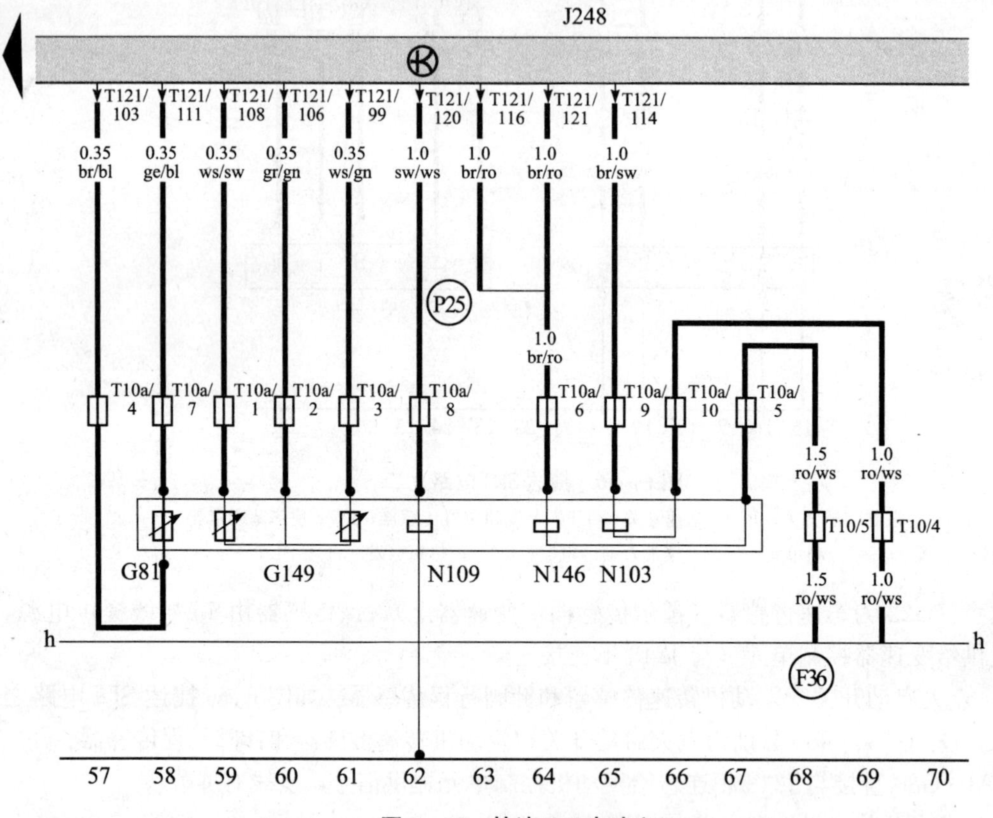

图 6—17　捷达 SDI 电路之五

G81—燃油温度传感器；G149—调节滑块行程传感器；J248—柴油直喷控制单元；N108—始喷阀；N109—燃油切断阀；N146—油量调节器

F 为制动灯开关，一端通过熔丝 S109 与蓄电池正极（30 线）相连，如图 6—4 捷达 SDI 电路之一所示，另一端与 J248 相连，给发动机控制单元提供信号，同时和左、右制动灯及高位制动灯相连，如图 6—19 捷达 SDI 电路之七所示，控制制动灯。

F36 为柴油直喷系统制动踏板开关，一端接地，另一端与 J248 直接相连，给发动机控制单元提供信号。

G72 为进气温度传感器，直接与 J248 相连，给发动机控制单元提供信号。

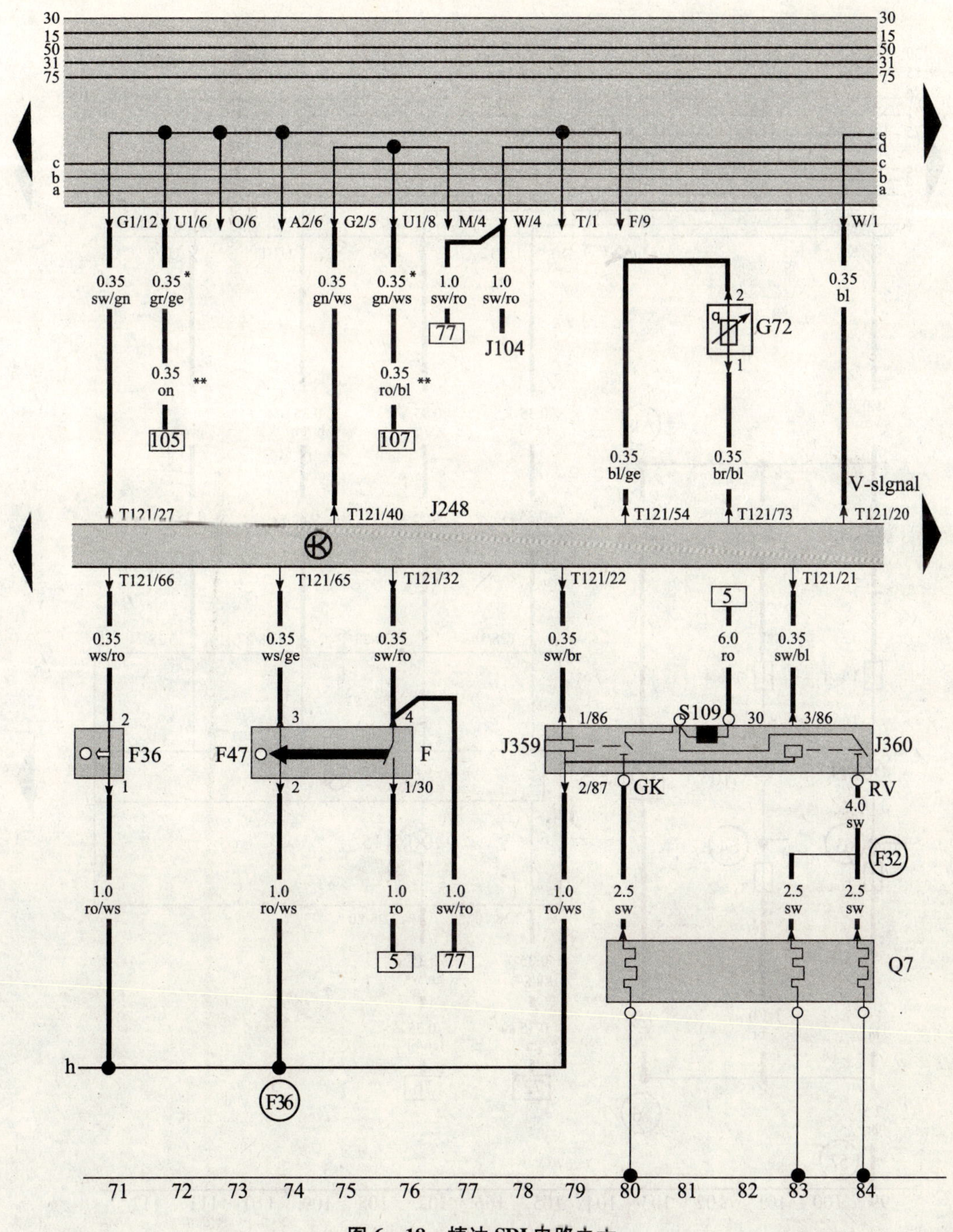

图 6—18　捷达 SDI 电路之六

F—制动灯开关；F36—离合器开关；F47—柴油直喷系统制动踏板开关；G72—进气温度传感器；J248—柴油直喷控制单元；J359—大功率加热继电器；J360—小功率加热继电器；Q7—水加热塞；S109—熔丝

6）大负荷电源信号。如图 6—20 捷达 SDI 电路之八所示，75 号线与 J248 相连，提供 75 号线信号，以便 J248 进行与 75 号线相关的控制。

以上是与发动机控制单元 J248 直接相连的传感器、开关和信号线路，电路的特点是：传感器一般直接与控制单元相连，中间很少有接插件，且导线尽量短，以减小信号损失。

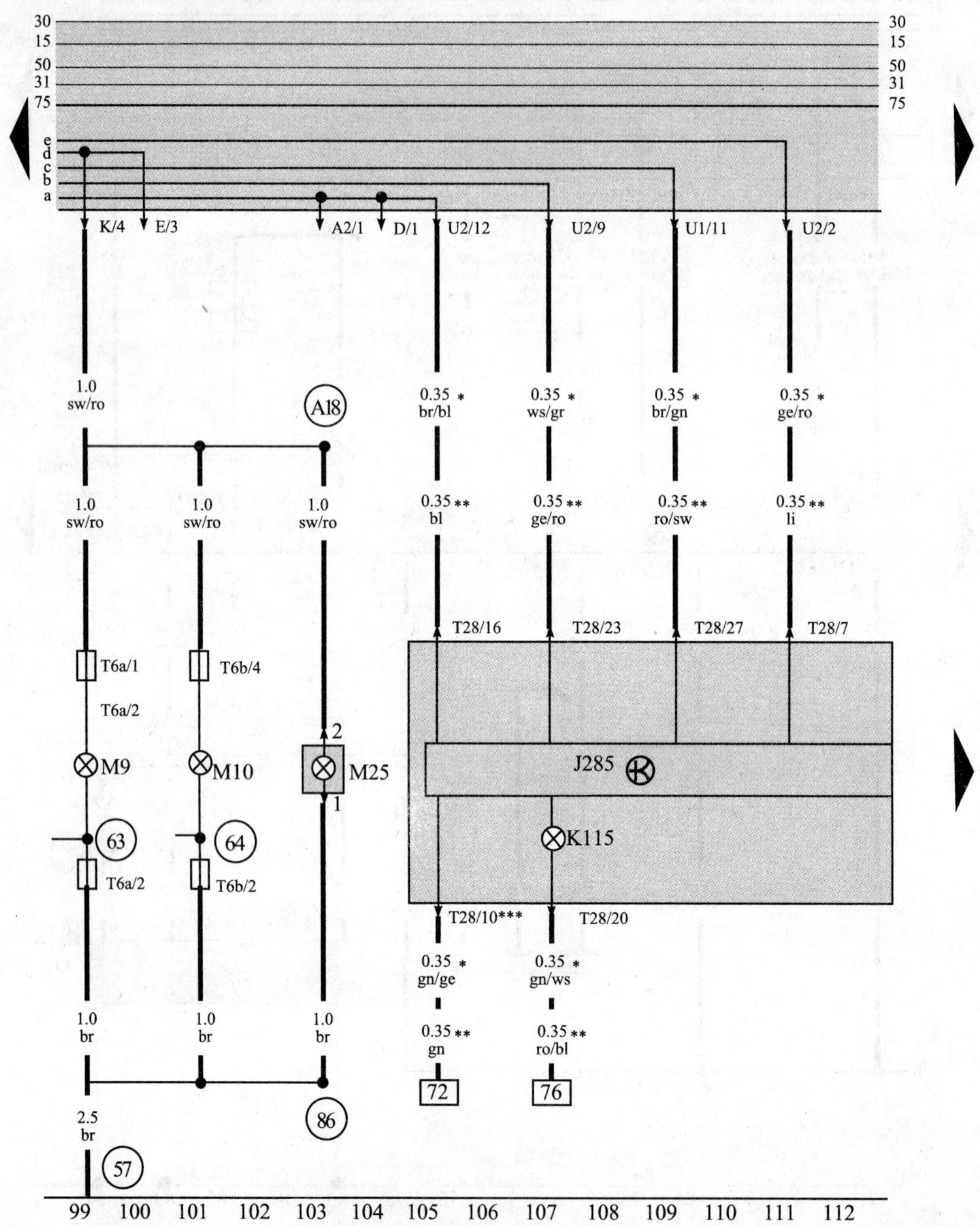

图 6—19　捷达 SDI 电路之七

J285—组合仪表内带显示器控制单元；K3—机油压力警示灯；K115—防盗指示灯；K149—发动机电气指示灯；M9—左制动灯灯泡；M10—右制动灯灯泡；M25—高位制动灯灯泡

(3) 执行器线路。

1) 发动机进气预热塞控制电路。如图 6—16 捷达 SDI 电路之二所示，Q6 为发动机预热塞，发动机控制单元 J248 经 J52 预热塞继电器控制 Q6。J52 实际上是个控制器接收 J248 信号和 50 号线的启动信号，控制 Q6 发动机预热塞的工作。

2) 发电机 DFM 控制和防盗系统控制电路。如图 6—5 捷达 SDI 电路之三所示，J248 的 T121/38 端子所接为发电机 DFM 端子（经连接提示号 14 查找）。J248 与防盗控制单元 J334 相连，为防盗系统提供发动机工作信号。

3) 废气再循环和进气管控制电路。如图 6—6 捷达 SDI 电路之四所示，N18 为废气再循环阀，J248 控制 N18 的工作。

V157 为进气管翻板电动机，V157 本身带有控制器，控制电动机工作。如图 6—6 所示，V157 接脚 2、3 为 J248 的控制信号，接脚 4 为电源，1 脚为接地。

4) 喷油控制电路。如图 6—17 捷达 SDI 电路之五所示，N108 为始喷阀、N109 为燃油切断阀、N146 为油量调节器，三个执行单元均与 J248 直接相连，由 J248 进行控制。

5) 仪表输出控制。如图 6—18 捷达 SDI 电路之六所示，J248 的 T121/27、T121/40 和 T121/20 脚与仪表控制单元 J285 相连（经连接提示号 105、107 和 e 线查找），通过仪表显示发动机的工作信息。

6) 水加热塞控制。如图 6—18 捷达 SDI 电路之六所示，J248 通过 J359 大功率加热继电器和 J360 小功率加热继电器控制 Q7 水加热塞（三个加热塞），加热塞的电源由蓄电池正极经 S182 熔丝和继电器内 S109 熔丝提供（经连接提示号 47 查找）。

7) 冷却风扇控制。如图 6—20 捷达 SDI 电路之八所示，J248 直喷控制单元给 J293 冷却风扇控制单元和 J365 空调切断继电器提供控制信号，具体控制电路见空调电路分析。

(4) CAN 总线。

如图 6—5 捷达 SDI 电路之三所示，J248 通过 CAN 总线与故障诊断系统和 ABS、自动变速器等控制单元连接，实现传感器和控制信息的共享。

捷达 SDI 没有中央电器控制单元，电源、灯光和辅助电器等电器系统均采用传统线路控制方法。

2. 速腾发动机模块线路

速腾发动机控制模块的电路分析的思路如下：

分析发动机控制单元 J361（Simos 控制单元）的电源线路；

分析发动机控制单元 J361（Simos 控制单元）的各个传感器线路；

分析发动机控制单元 J361（Simos 控制单元）的各个执行器线路；

分析发动机控制单元 J361（Simos 控制单元）的 CAN 总线。

图 6—21～图 6—36 为速腾发动机控制电路（Simos 控制单元），读图要点如下：

(1) J361 发动机控制单元（Simos 控制单元）电源线路。

1) J361（Simos 控制单元）激活电源。如图 6—11 速腾电路之十六所示，J361 Simos 控制单元的激活电源由 J519 中央电器控制单元经 SC1 熔丝提供（15 号线），当钥匙处于点火位置时（15 号线有电），由 J519 激活 J361 Simos 控制单元。

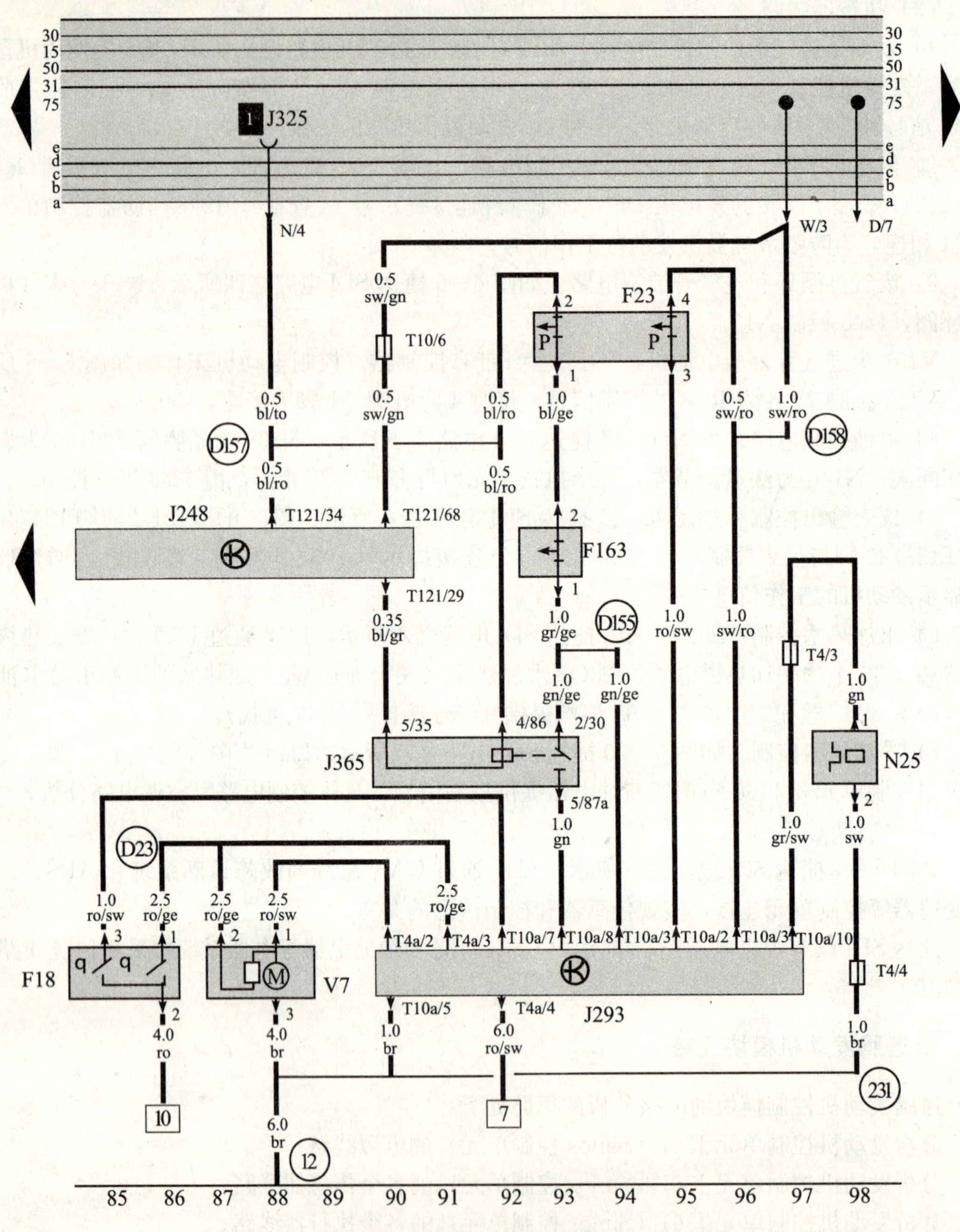

图 6—20 捷达 SDI 电路之八

F18—风扇温控开关；F23—空调高压开关、空调低压开关；F163—空调切断温控开关；J325—空调继电器；J248—直喷控制单元；J293—冷却风扇控制单元；J365—空调切断继电器；N25—空调电磁离合器；V7—冷却风扇

如图 6—11 速腾电路之十六所示，J519 中央电器控制单元提供工作电源（15 号线），经各路熔丝提供备用电设备使用。

2）由 J361 控制的电源线 c 线。J361 发动机控制单元激活后，控制 J363（Simos 控制单元供电继电器）工作，c 线有电给相关的传感器和执行器提供电源。

如图 6—21 速腾电路之三所示，a 和 b 为 30 号线，J361 Simos 控制单元控制 J363 继电器工作，当 J361 激活时，J363 控制端（经连接提示号 109 查找）有电，J363 触点闭合，b 线与 c 线导通，c 线有电。c 线可作为控制器、传感器和执行器电源。

3）J361 Simos 控制单元的工作电源。如图 6—22 速腾电路之四所示，c 线电源经过 SB13 为 J361 Simos 控制单元提供工作电源（经连接提示号 134 查找）。

4）J361 负极及传感器搭铁线。如图 6—25 速腾电路之七所示，图中最左侧下边的两条线为 J361 的负极（经连接提示号 37、39 查找），在接地点 607 处搭铁（排水槽内左侧）。

如图 6—28 速腾电路之十所示，J361 与传感器搭铁线 220 相连。

（2）传感器电路。

1）发动机转速传感器。如图 6—26 速腾电路之八所示，G28 为发动机转速传感器，G28 直接与 J361 相连并带有屏蔽线。G28 为电磁感应式，作用为采集曲轴转角位置信号，获得发动机转速信号。

2）进气温度传感器和进气压力传感器。如图 6—27 速腾电路之九所示，G42 为进气温度传感器，G71 为进气压力传感器，两个传感器直接与 J361 相连。

3）霍尔传感器、爆燃传感器和冷却液温度传感器。如图 6—28 速腾电路之十所示，G40 为霍尔传感器；G61 为爆燃传感器 1；G62 为冷却液温度传感器。

G61 直接与 J361 相连并带有屏蔽线。

G62 正极与 J361 相连，负极搭铁，220 线为传感器搭铁线。

G40 与 J361 相连的两根线分别是传感器的输入输出线。

4）氧传感器。如图 6—29 速腾电路之十一所示，G130 为尾气催化净化器后的氧传感器，如图 6—30 速腾电路之十二所示，G 为氧传感器，两个氧传感器均直接与 J361 相连。两个氧传感器均带有加热装置，加热装置的正极接 c 线（经连接提示号 49 查找），负极接 J361，由 J361 控制加热。

5）加速踏板位置传感器。如图 6—30 速腾电路之十二所示，G79 为加速踏板位置传感器；G185 为加速踏板位置传感器 2，两个传感器均直接与 J361 相连，感知加速踏板位置，两个传感器相比较提高可靠性。

6）冷却液温度传感器。如图 6—31 速腾电路之十三所示，G83 为冷却液温度传感器（散热器出口），G83 直接与 J361 相连，感知冷却液温度。

7）制动灯信号、制动踏板开关和离合器位置传感器。如图 6—32 速腾电路之十四所示，F 为制动灯信号；F47 为制动踏板开关；G476 为离合器位置传感器。F 正极接 a 线（即 30 号线，经连接提示号 49 查找），负极与 J361 相连。F47 正极与 c 线相连（经连接提示号 43 查找），负极与 J361 相连。G476 正极与 c 线相连（经连接提示号 43 查找），信号输出端与 J361 相连，负极接地（经连接提示号 17 查找）。

（3）执行器电路。

1）燃油泵控制电路。如图 6—24 速腾电路之六所示，G 为燃油存量传感器；G6 为燃油泵；J17 为燃油泵继电器；J49 为电动燃油泵预供给继电器。

G 为燃油存量传感器，为仪表控制单元提供信号。

燃油泵由两个继电器 J17 和 J49 并联控制，其中一个继电器工作，燃油泵就工作。

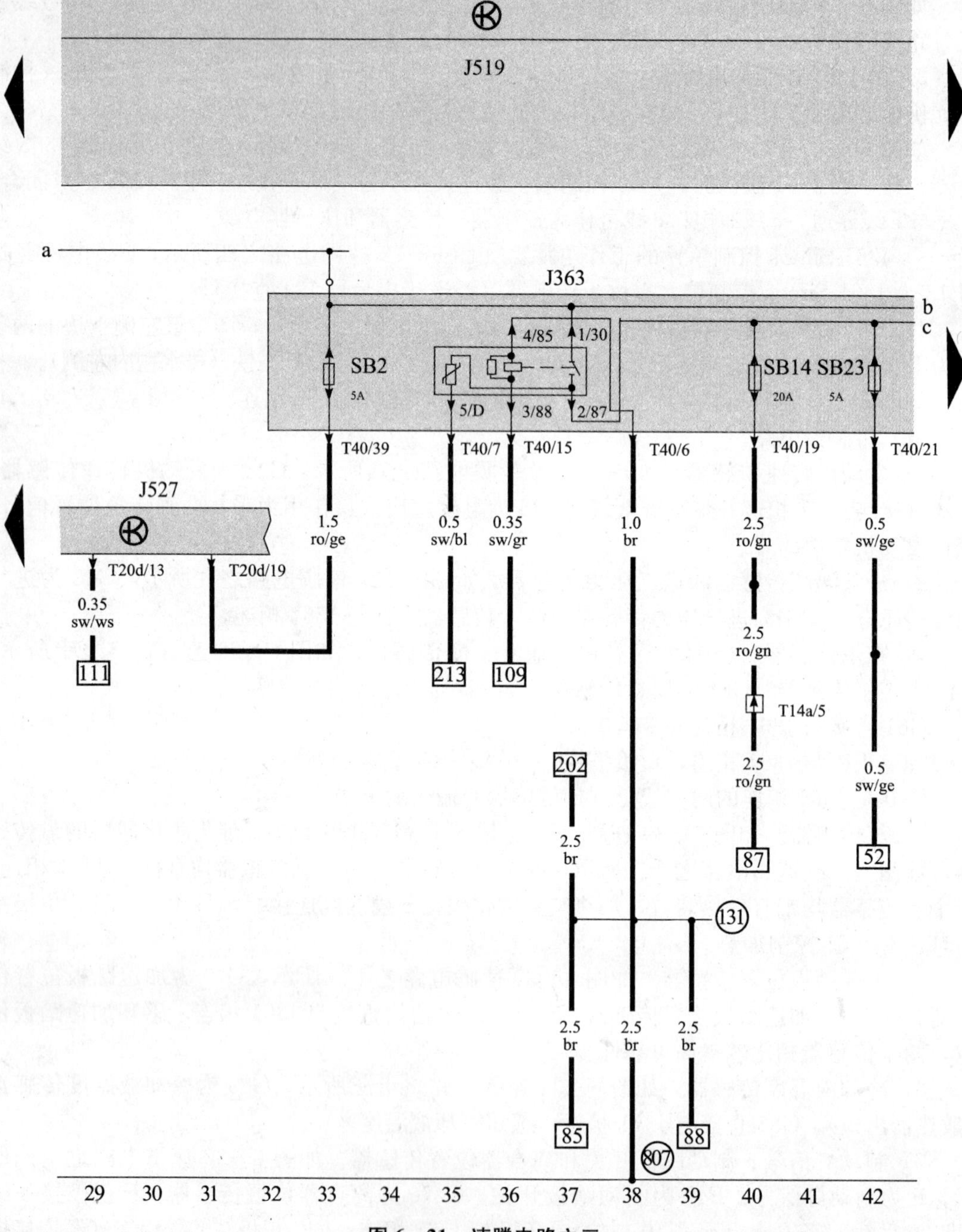

图 6—21　速腾电路之三

J363—Simos 控制单元供电继电器；J519—中央电器控制单元；J527—转向柱电子装置控制单元；SB2—熔丝架上的熔丝 2；SB14—熔丝架上的熔丝 14；SB23—熔丝架上的熔丝 23

燃油泵 G6 预工作过程：

当驾驶员打开驾驶员侧车门，车门开关工作经车门控制单元将信号转化为 CAN 信息发送到舒适 CAN 总线，中央电器控制单元 J519 收到后，控制燃油泵预工作继电器 J49，并使燃油泵工作大约 2s，如果驾驶员车门持续开启超过 30min，J519 再次控制燃油泵工作

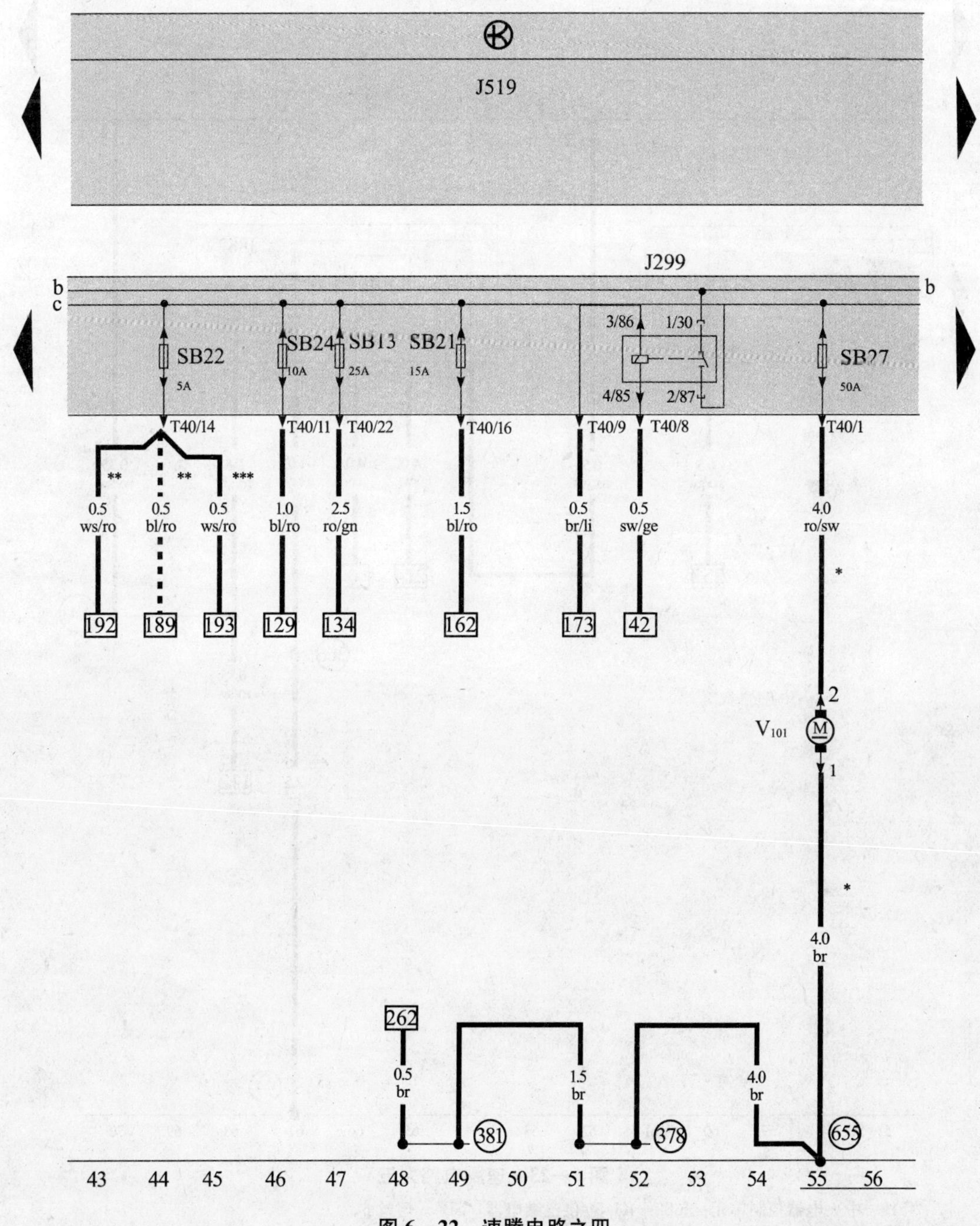

图 6—22　速腾电路之四

J299—二次空气泵继电器；J519—中央电器控制单元；SB13—熔丝 13；SB21—熔丝 21；SB22—熔丝 22；SB24—熔丝 24；SB27—熔丝 27；V10—二次空气泵电动机

大约 2s。燃油泵预工作的目的是使油管中保持足够的压力，以便发动机顺利启动。

J49 燃油泵预工作继电器控制端正极接 a 线（即 30 号线，经连接提示号 14 查找），负极接 J519，由 J519 控制燃油泵预工作。

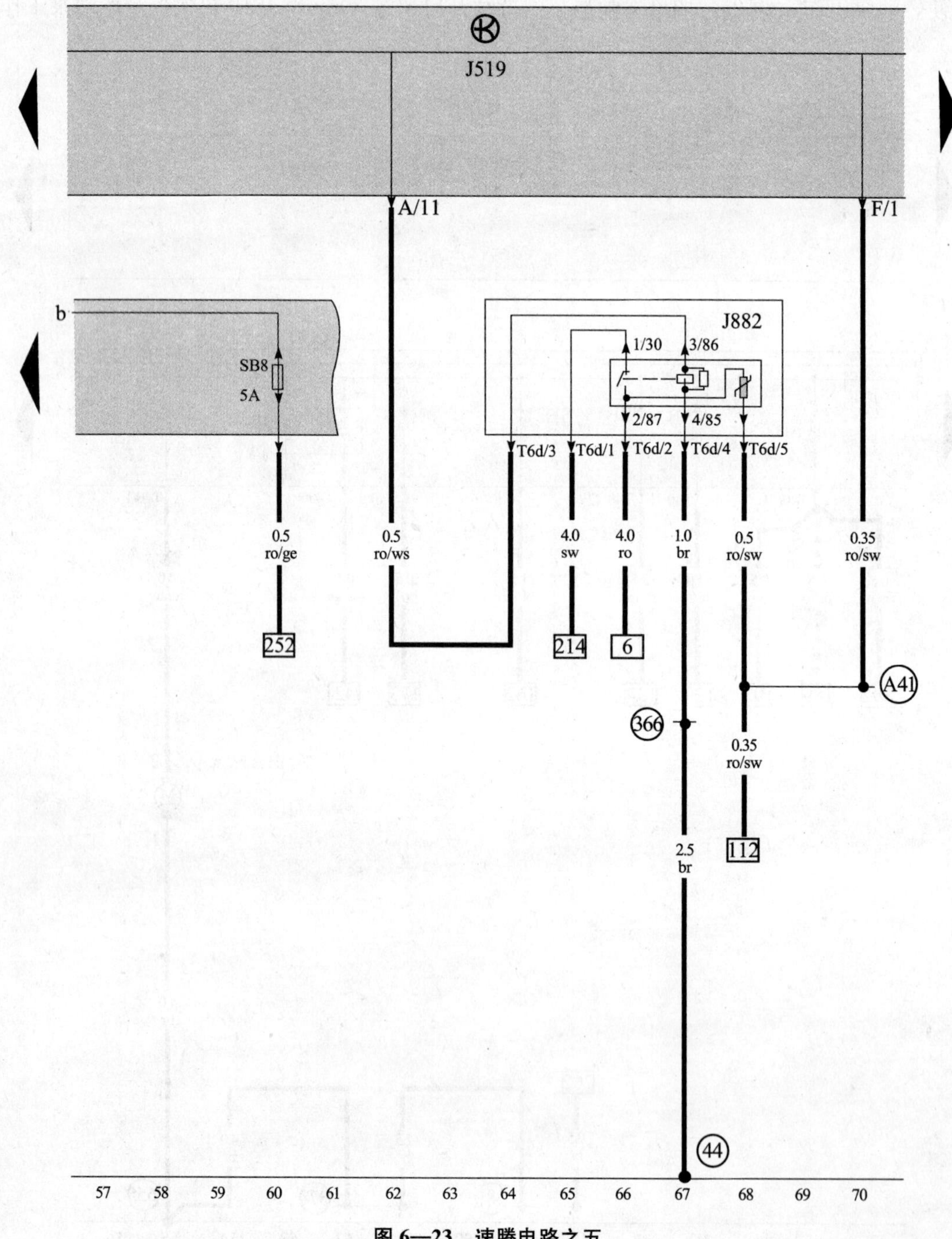

图 6—23　速腾电路之五

J519—中央电器控制单元；J682—KI. 50 供电继电器；SB6—熔丝 6

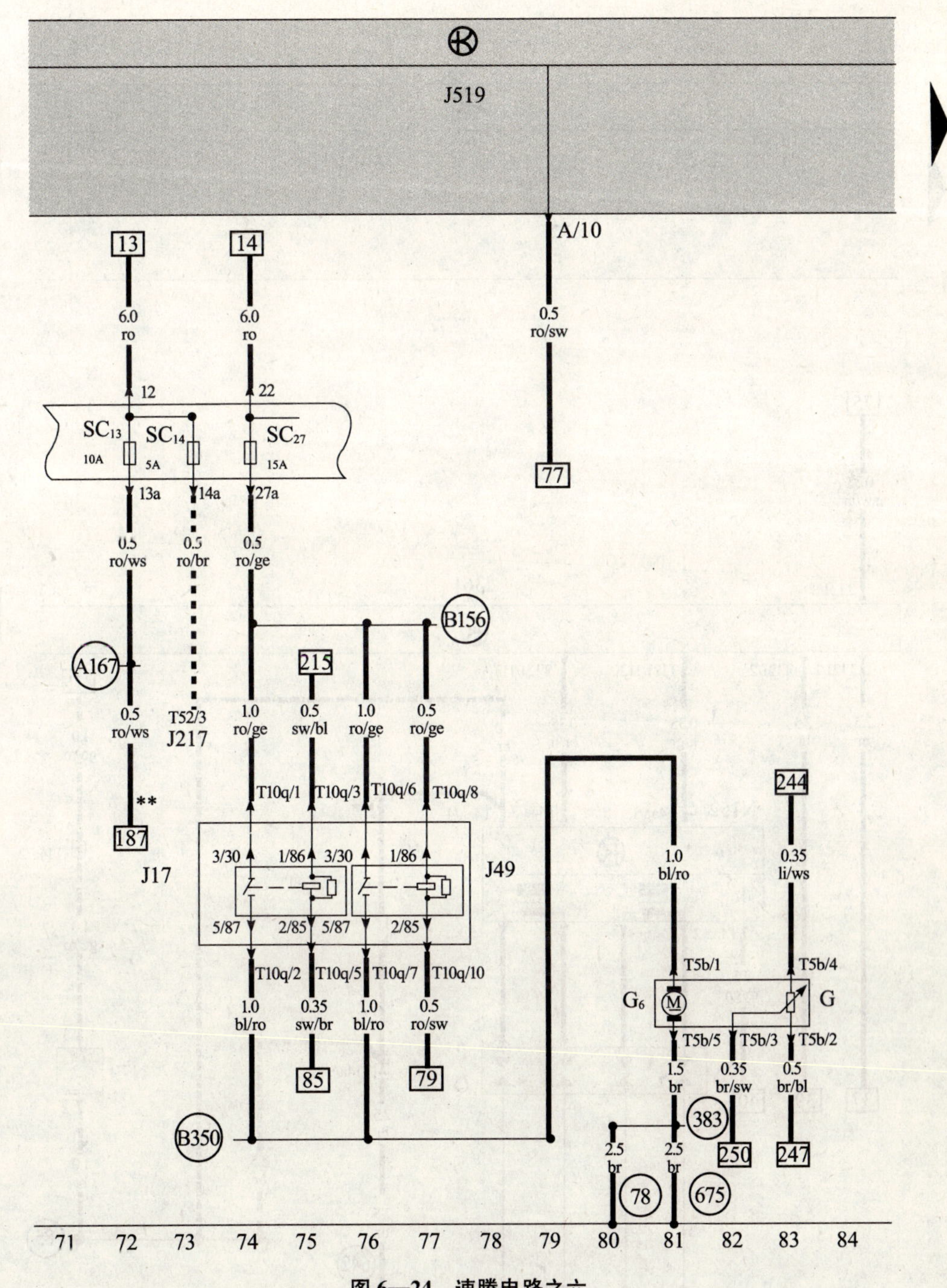

图 6—24　速腾电路之六

G—燃油存量传感器；G6—预供给燃油泵；J17—燃油泵继电器；J49—电动燃油泵 2 继电器；SC13—熔丝 13；SC14—熔丝 14；SC27—熔丝 27；J361—Simos 控制单元；J519—中央电器控制单元

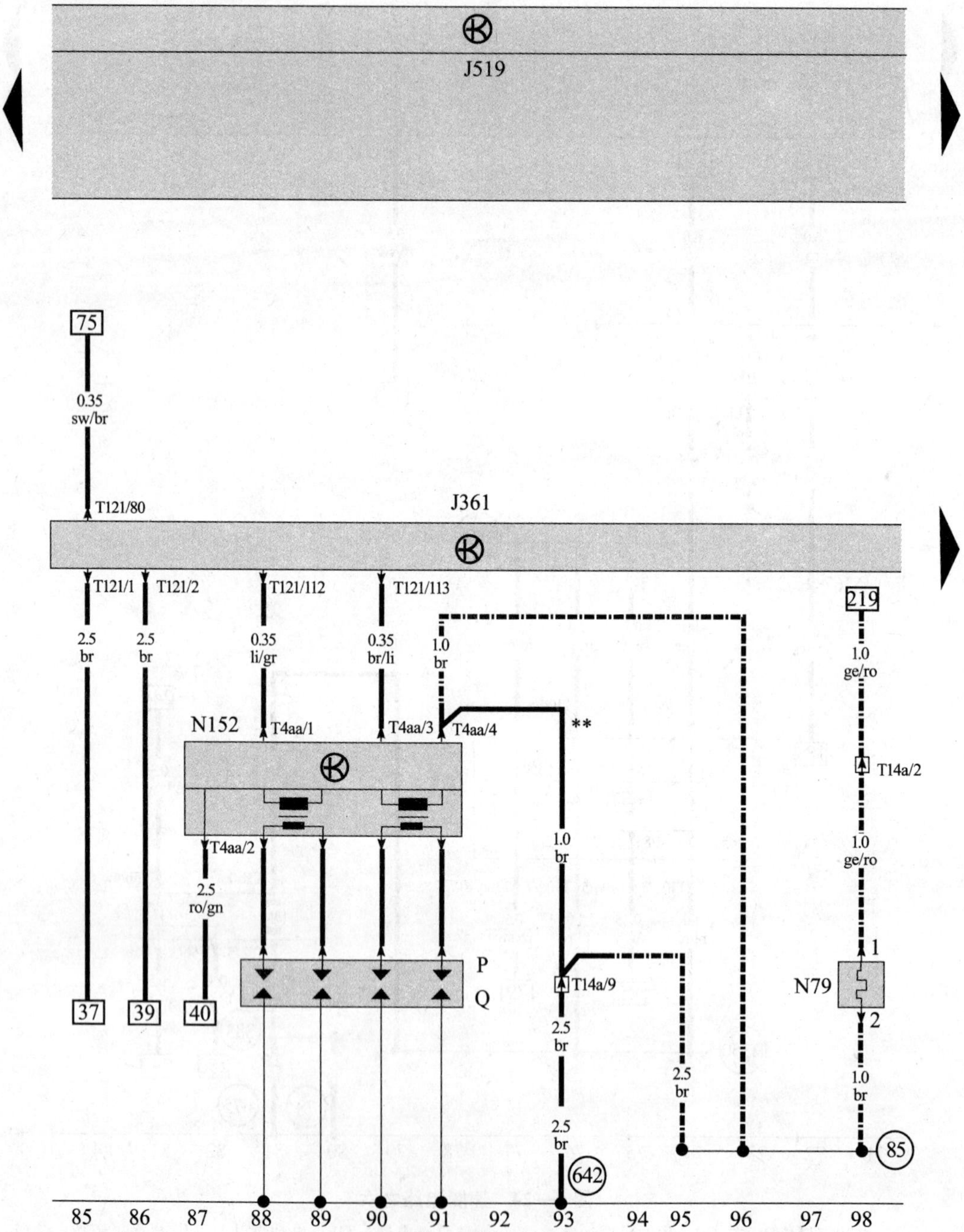

图 6—25　速腾电路之七

N79—加热电阻（曲轴箱排气）；N152—点火线圈；P—火花塞插头；Q—火花塞；J361—Simos 控制单元；J519—中央电器控制单元

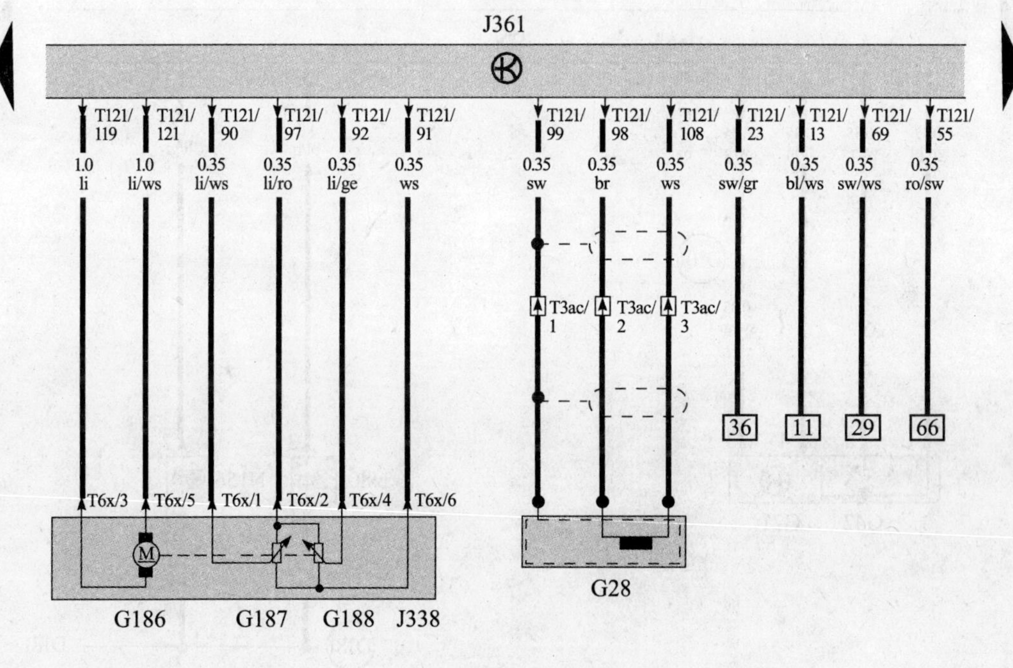

99　100　101　102　103　104　105　106　107　108　109　110　111　112

图 6—26　速腾电路之八

G28—发动机转速传感器；G186—节气门驱动装置；G187—节气门驱动装置角度传感器 1；G188—节气门驱动装置角度传感器 2；J338—节气门控制单元；J361—Simos 控制单元；J519—中央电器控制单元

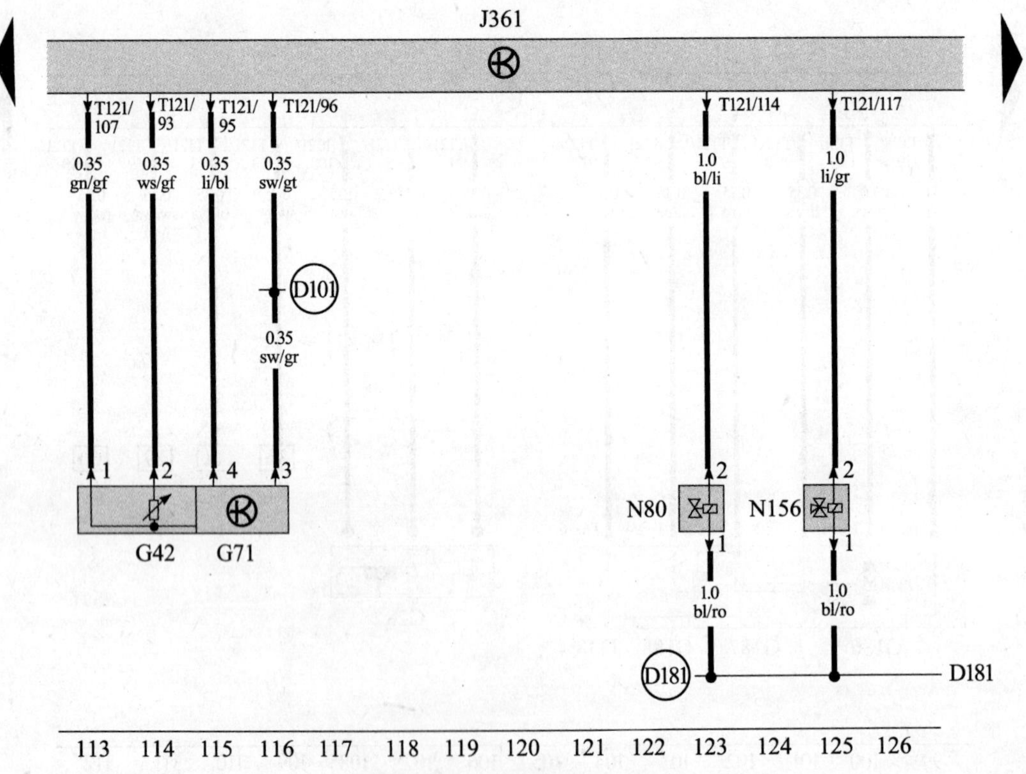

图 6—27　速腾电路之九

G42—进气温度传感器；G71—进气压力传感器；N80—活性炭罐电磁阀；N156—进气歧管转换阀；J361—Simos 控制单元；J519—中央电器控制单元

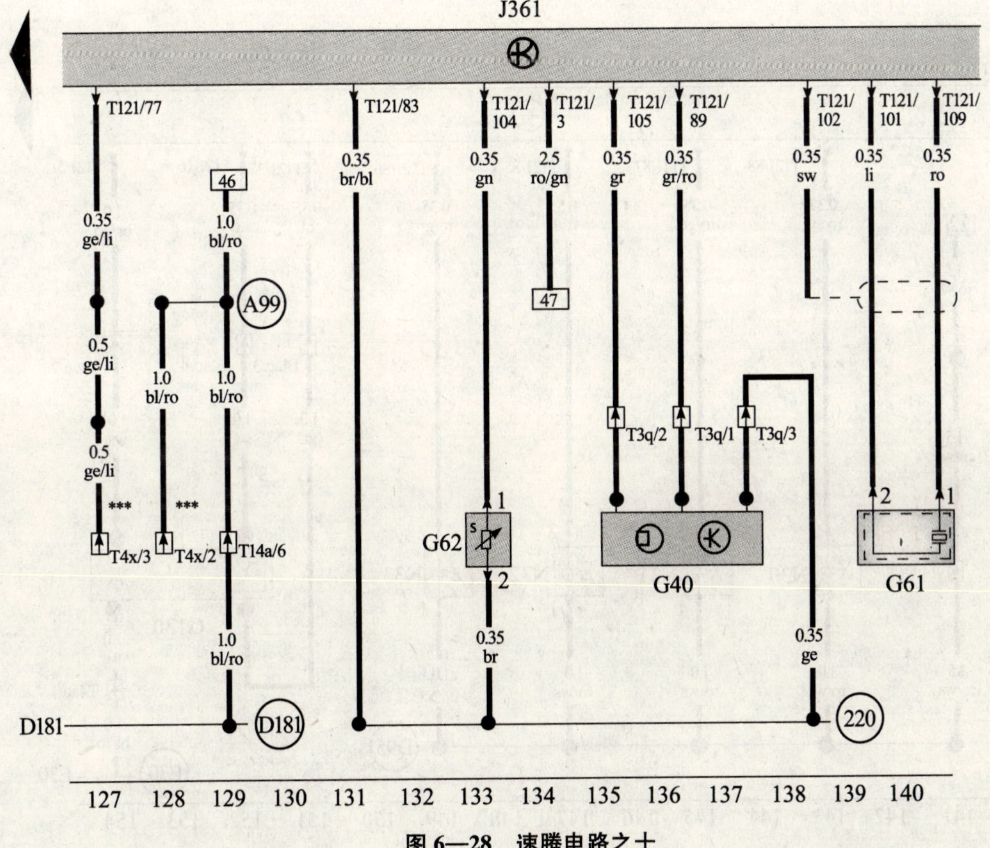

图 6—28　速腾电路之十

G40—霍尔传感器；G61—爆燃传感器 1；G62—冷却液温度传感器；J361—Simos 控制单元；J519—中央电器控制单元

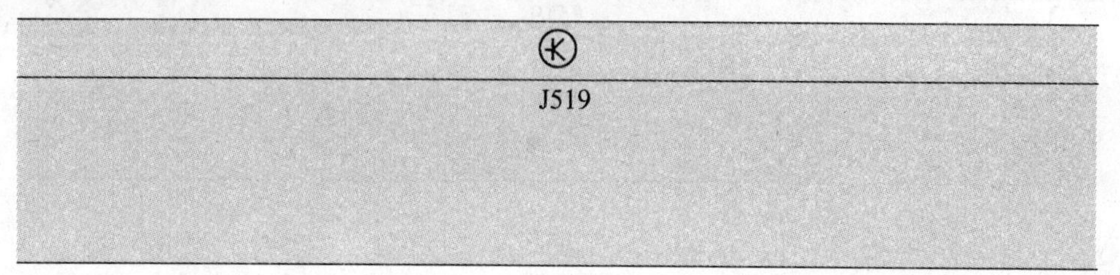

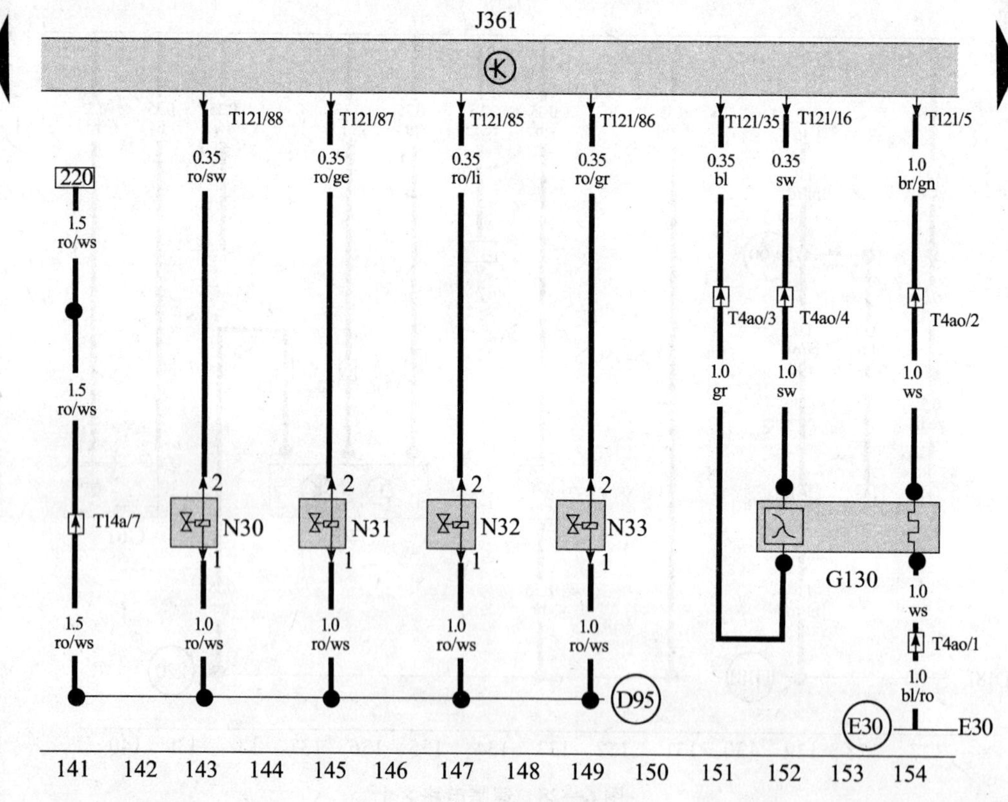

图 6—29　速腾电路之十一

G130—尾气催化净化器后的氧传感器；N30—喷油嘴 1；N31—喷油嘴 2；N32—喷油嘴 3；N33—喷油嘴 4；J361—Simos 控制单元；J519—中央电器控制单元

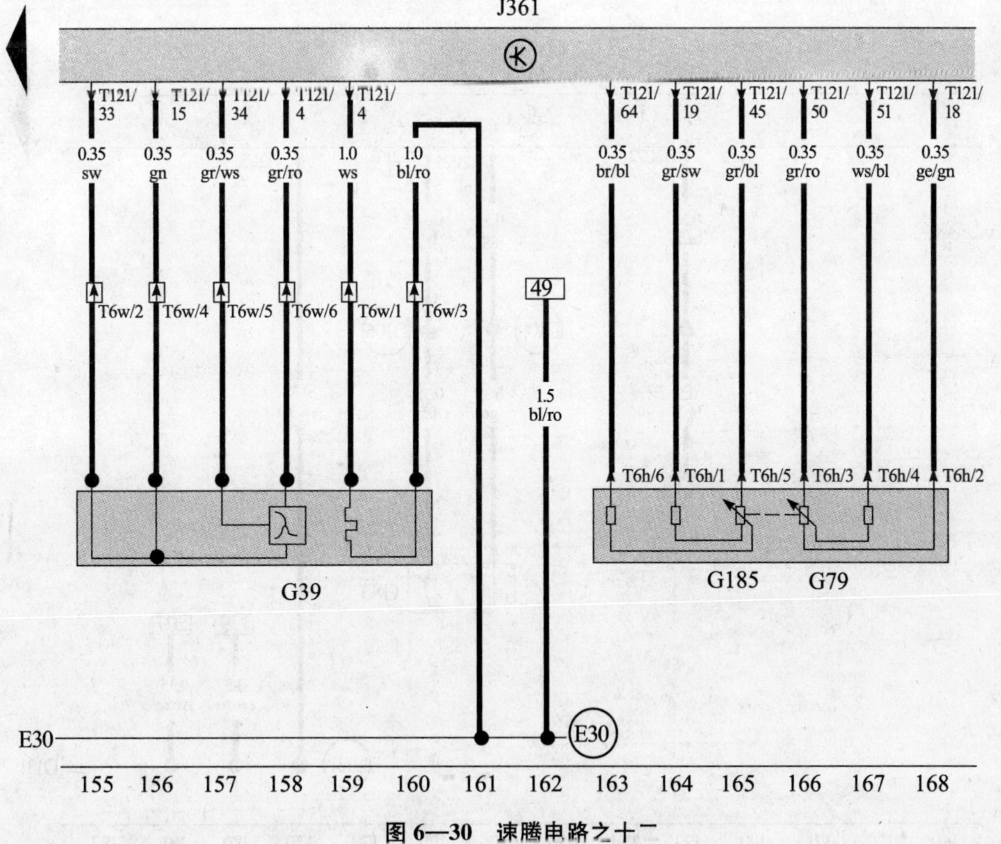

图 6—30　速腾电路之十二

G39—氧传感器；G79—油门踏板位置传感器；G185—油门踏板位置传感器 2；J361—Simos 控制单元；J519—中央电器控制单元

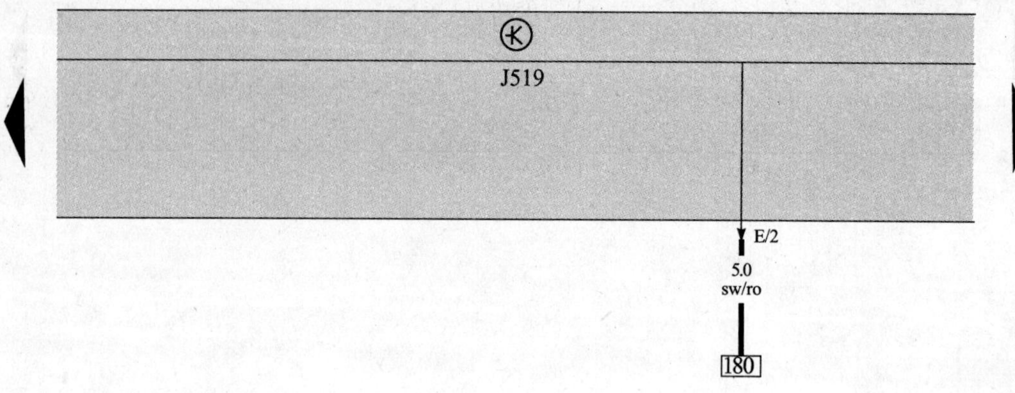

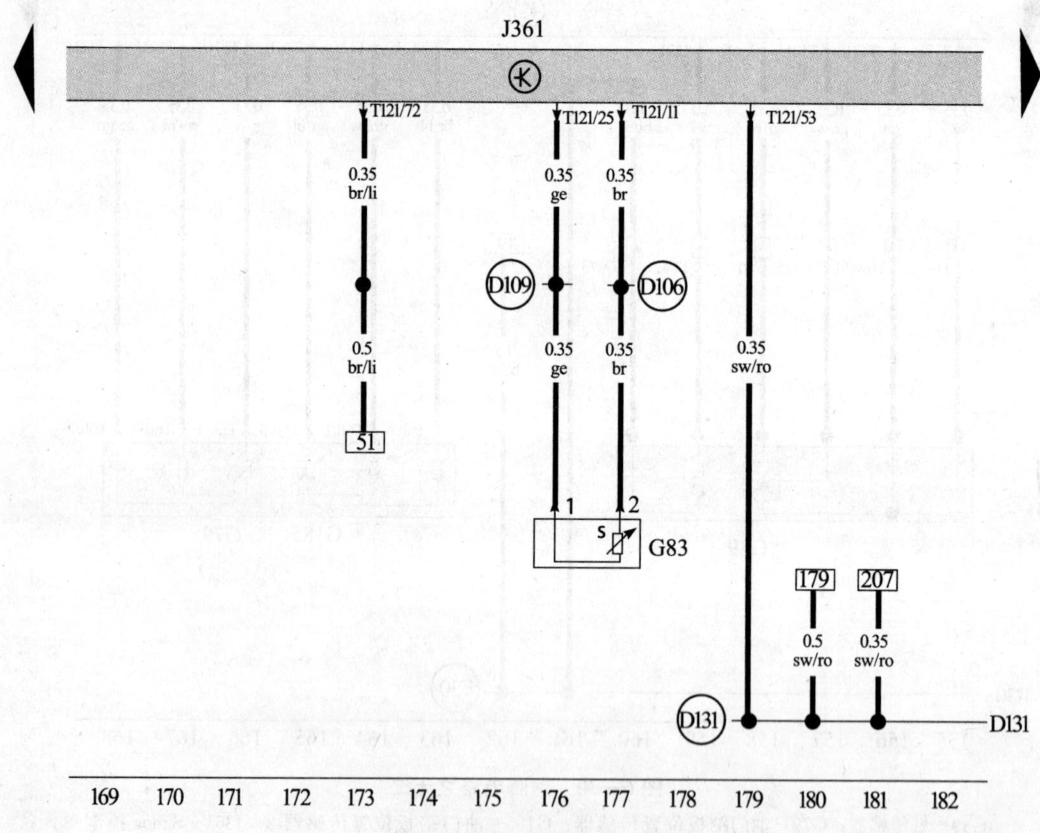

图 6—31 速腾电路之十三

G83—冷却液温度传感器（散热器出口）；J361—Simos 控制单元；J519—中央电器控制单元

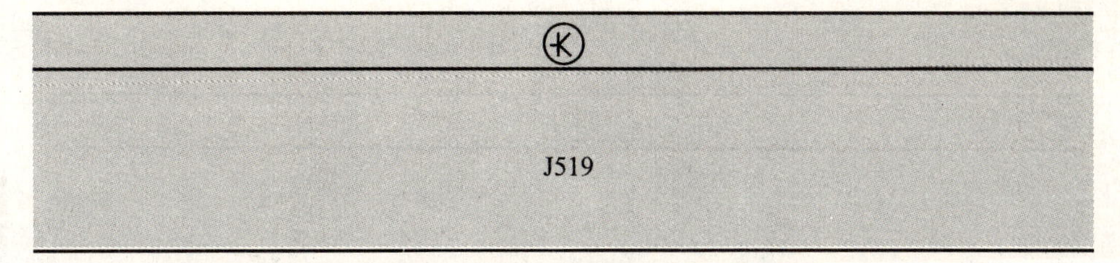

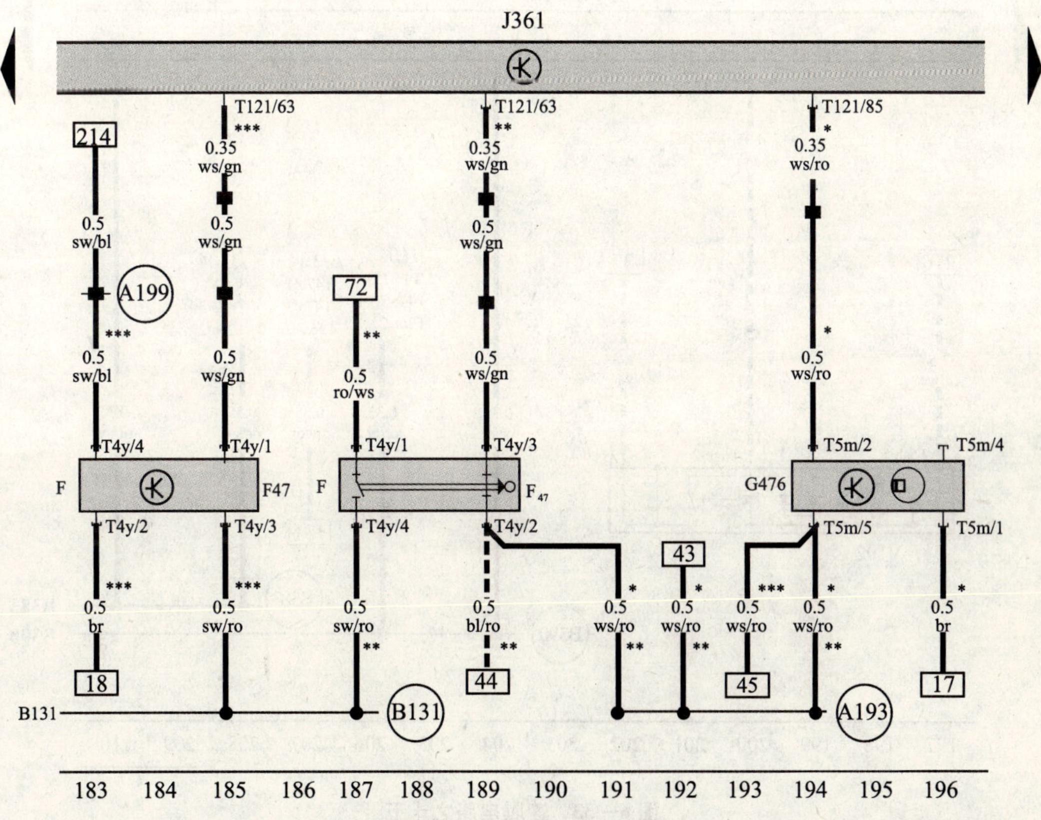

图 6—32　速腾电路之十四

F—制动灯信号；F47—制动踏板开关；G476—离合器位置传感器；J361—Simos 控制单元；J519—中央电器控制单元

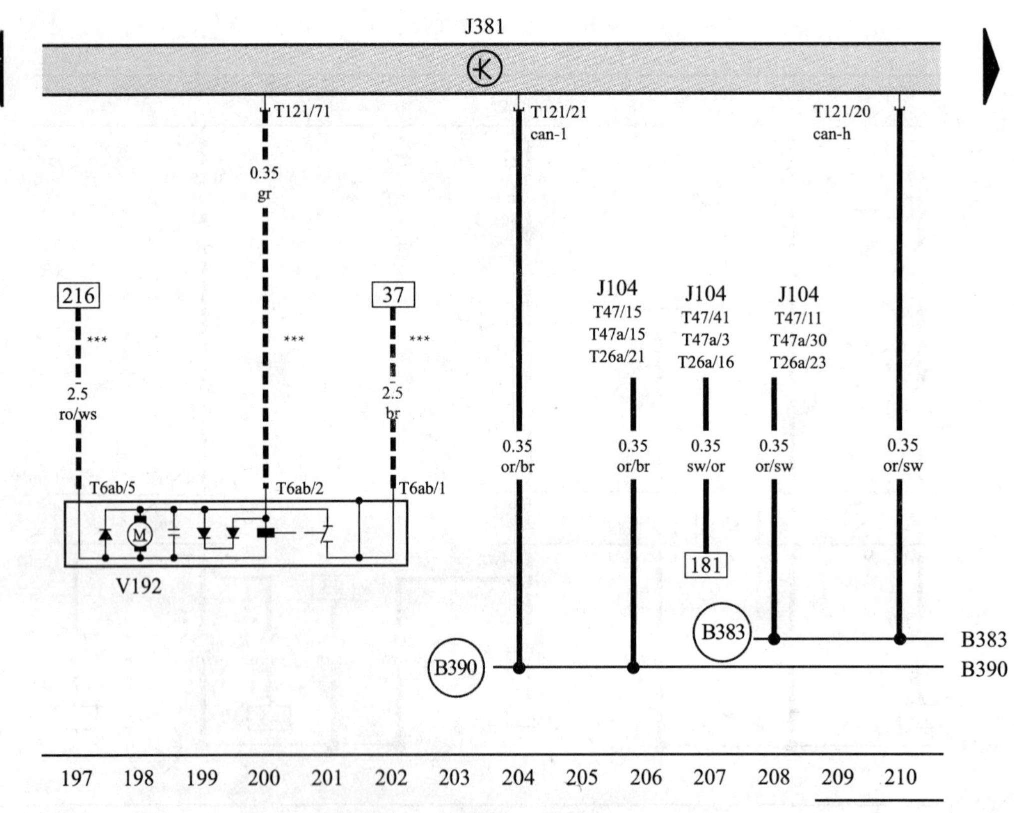

图 6—33　速腾电路之十五

V192—制动真空泵；J361—Simos 控制单元；J519—中央电器控制单元

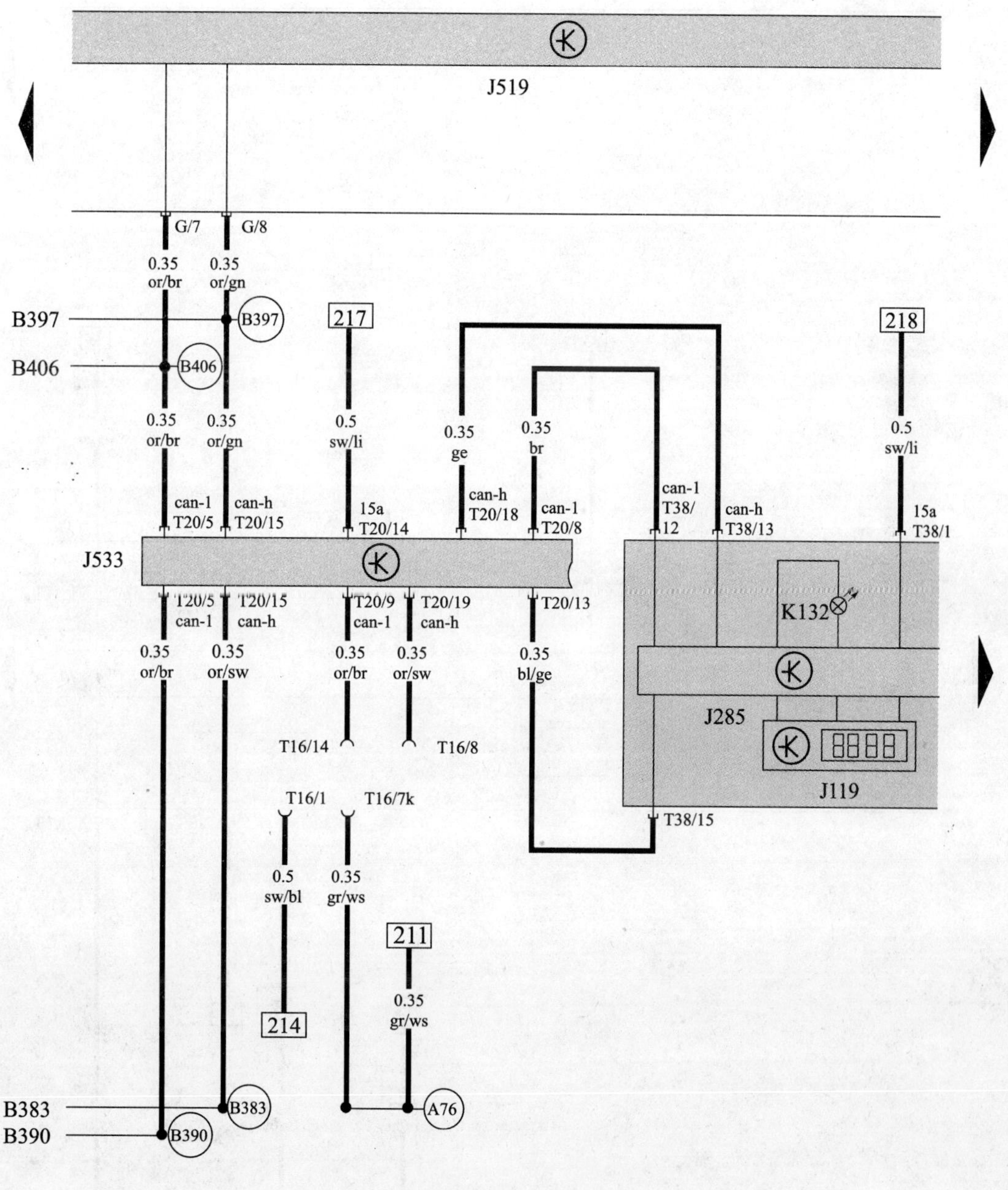

图 6—34　速腾电路之十七

J119　多功能显示器；J285—组合仪表中的控制单元；J533—数据总线诊断接口；K132—电子节气门故障信号灯；J361—Simos 控制单元；J519—中央电器控制单元

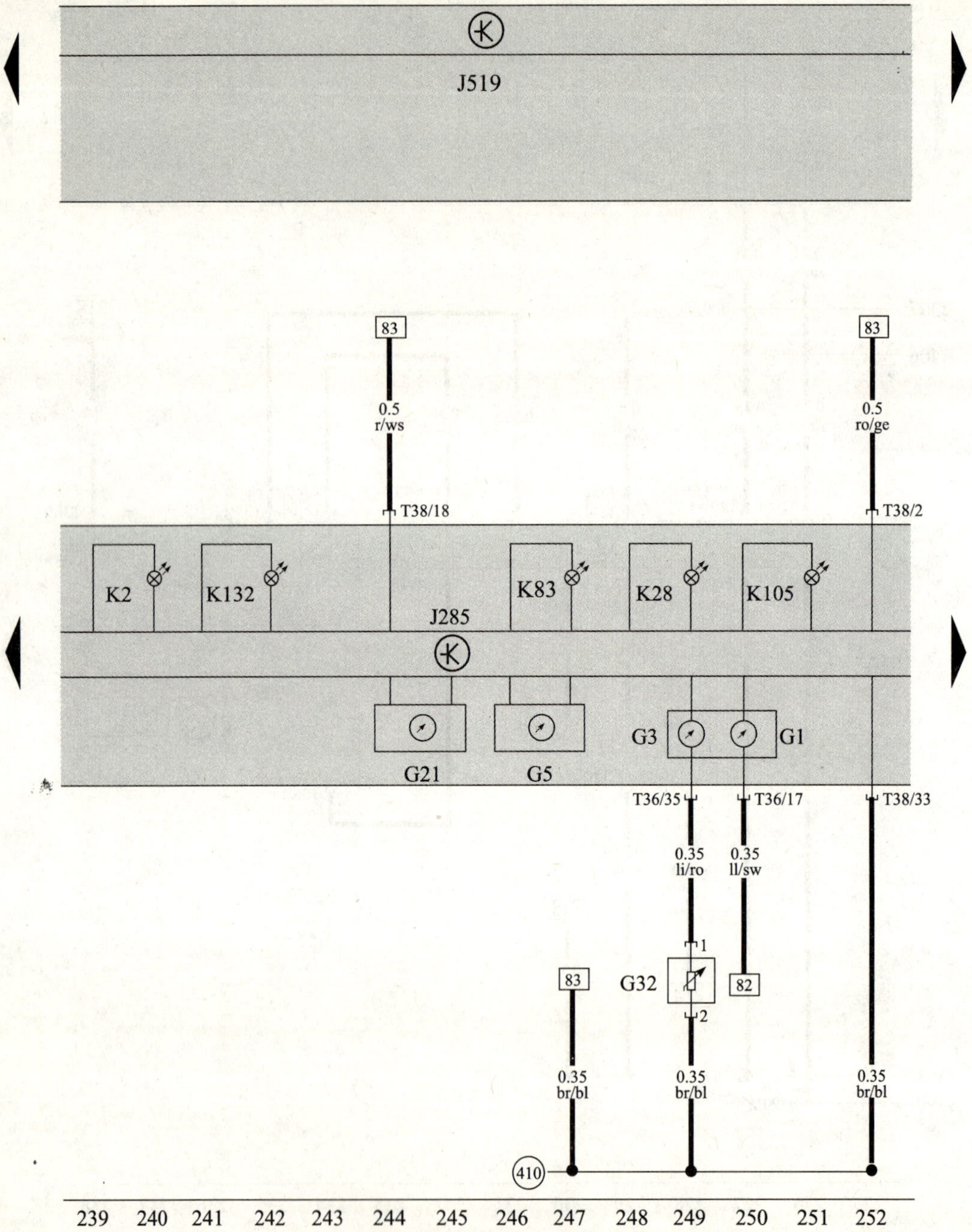

图 6—35　速腾电路之十八

G1—燃油存量表；G3—冷却液温度表；G5—转速表；G21—车速表；G32—冷却液不足显示传感器；J285—组合仪表中的控制单元；K2—发电机指示灯；K28—冷却液温度和冷却液不足显示指示灯；K83—废气警示灯；K105—燃油存量指示灯；K132—电子节气门故障信号灯；J519—中央电器控制单元

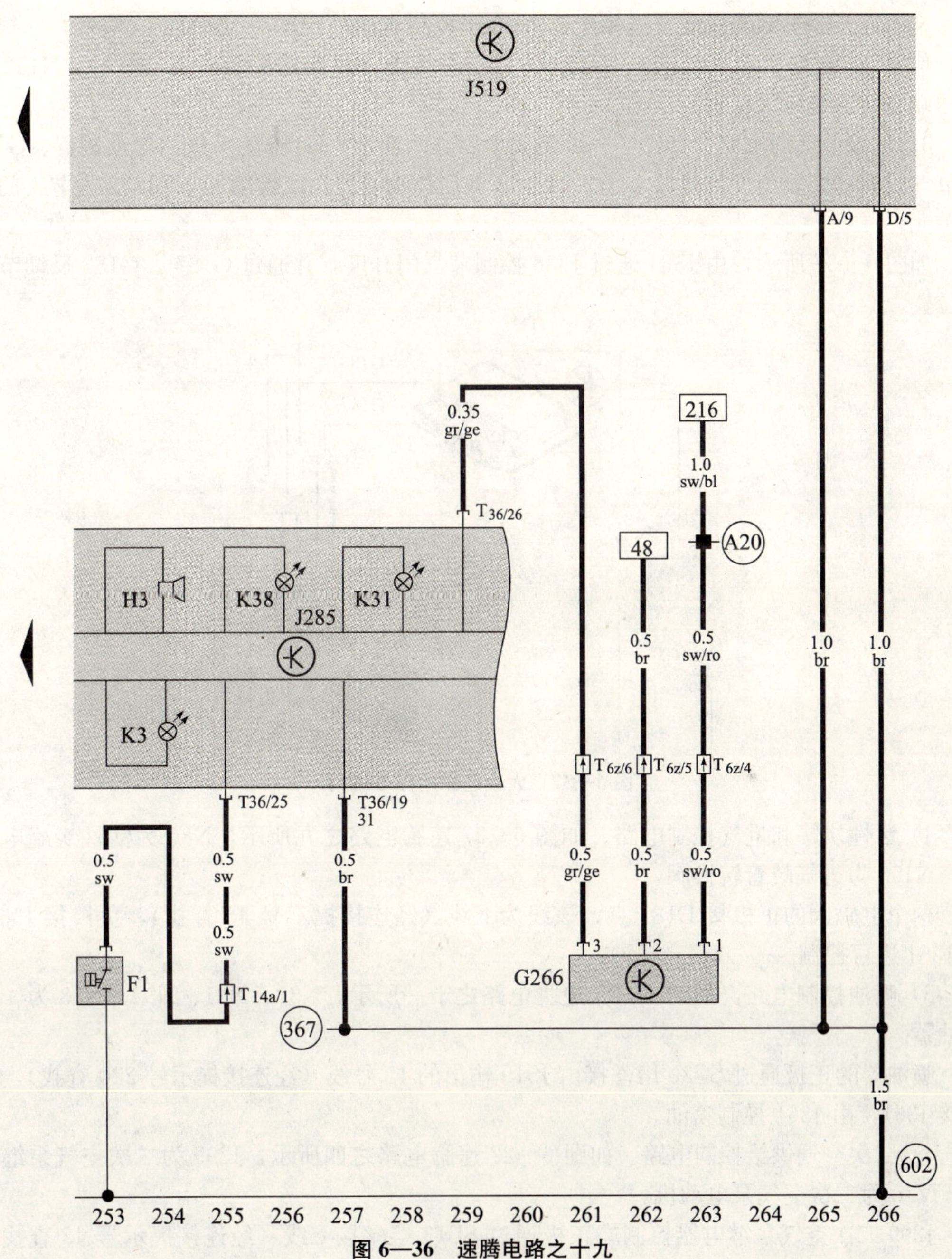

图 6—36　速腾电路之十九

F1—机油压力开关；G266—机油油位和机油温度传感器；H3—报警蜂鸣器；J285—组合仪表中带显示单元的控制单元；J519—车载电网控制单元；K3—机油压力指示灯；K31　GRA 指示灯，K38　机油油位指示灯

J17 燃油泵继电器控制端正极通过 SC1 熔丝接（由 J519 输出的）15 号线（经连接提示号 215 查找），负极接 J361（经连接提示号 85 查找），由 J361 控制燃油泵正常工作。

燃油泵 G6 的工作电源由 a 线（即 30 号线，经连接提示号 14 查找）提供。

2）点火控制电路。如图 6—25 速腾电路之七所示，N152 为点火线圈（内置控制器）；P 为火花塞插头；Q 为火花塞。

N152 与 J361 由两根线直接相连，由 J361 控制 N152 工作，一根为点火信号，一根为判缸信号（4 缸两个点火线圈），N152 的另一端接地（经连接提示号 40 查找）。N152 的高压端经高压线接火花塞。

3）电控节气门电路。如图 6—26 速腾电路之八所示，G186 为节气门驱动装置、G187 为节气门驱动装置角度传感器 1、G188 为节气门驱动装置角度传感器 2、J338 为节气门控制单元。

如图 6—37 所示，由 J361 通过 J338 控制节气门开度，并通过 G187 、G188 反馈节气门位置。

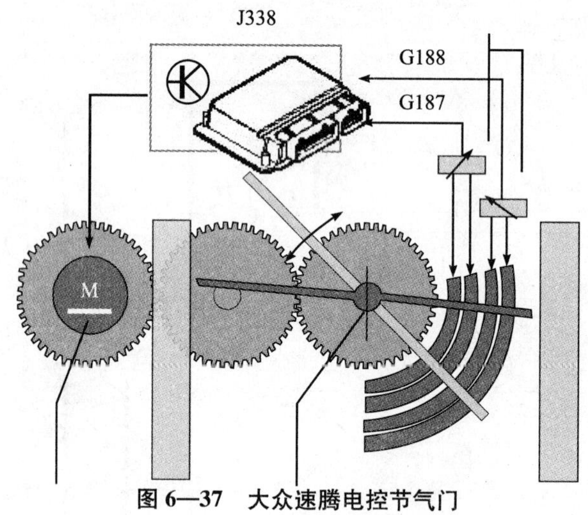

图 6—37 大众速腾电控节气门

4）活性炭罐和进气控制电路。如图 6—27 速腾电路之九所示，N80 为活性炭罐电磁阀；N156 为进气歧管转换阀。

两个电磁阀的正极接 D181 点，该线为 c 线（经连接提示号 45 查找），负极接 J361，由 J361 进行控制。

5）喷油控制电路。如图 6—29 速腾电路之十一所示，N30、N31、N32、N33 为 4 个喷油器。

喷油器的正极通过 SC30 熔丝接由 J519 输出的 15 号线（经连接提示号 220 查找），负极接 J361，由 J361 控制喷油。

6）二次空气供给控制电路。如图 6—22 速腾电路之四所示，J299 为二次空气泵继电器；V10 为二次空气泵电动机。

J299 二次空气泵继电器控制端正极通过 SB13 熔丝接 c 线（经连接提示号 42 查找），负极接 J361（经连接提示号 173 查找）。由 J361 控制二次空气泵工作。

（4）CAN 总线和 k 线。

如图 6—33 速腾电路之十五所示，B383、B390 线与 J361 相连，该线即为 CAN 总线，分别为 CAN-H 和 CAN-L，该线接网关 J533 形成全车总线系统。

如图 6—11 速腾电路之十六所示，J361 与 k 线相连，k 线接 J533 为故障诊断专用。

注：大众 CAN 总线工作原理见第 3 章。

学习测试

一、填空题

1. 从电路分析来看，带有 CAN 总线的汽车一般分为两种，一种是________________的车型，另一种是________________的车型。

2. 大众轿车点火开关电路，点火开关各触点连接情况是：无钥匙时，点火开关 30 与________相通。钥匙插入后，30 与________相通。钥匙处于点火位置时，30 与________相通。钥匙处于启动位置时，30 与________相通。

3. 大众速腾中央电器控制模块包括________、________和________等。

4. 汽车电路分析一般应与电路的检查相一致，发动机控制模块的电路分析的思路是，分别分析发动机控制单元 J248 的________、________、________和________线路。

二、判断题（对的画√，错的画×）

1. 配电中心或中央电器控制模块不但是全车线束的中心和全车用电设备的电源供给中心，也是全车线路的检测与故障诊断中心。(　　)

2. 大众轿车点火开关电路中，75 号线称为大电流（或大负载）运行带电，其带电情况与 15 号线相同，但能承受大电流。(　　)

3. 速腾中央电器控制模块的中央电器控制单元 J519、熔丝和继电器均放在一起(　　)。

4. 速腾发动机控制单元 J361（Simos 控制单元）的工作电源为 15 号线。(　　)

5. 速腾燃油泵由两个继电器 J17 和 J49 并联控制，其中一个继电器工作，燃油泵就工作。(　　)

三、选择题

1. 钥匙插入后，无论处于什么位置均有电的是(　　)。

A. P 线　　B. S 线　　C. 75 号线

2. 大众速腾点火开关信号除用于控制中央电器模块的电源形成外，还通过 CAN 总线给全车各个控制单元提供点火开关位置信息，将点火开关信号转换为总线信息的控制单元是(　　)。

A. J519 中央电器控制单元　　B. J533 网关控制单元　　C. J527 转向柱控制单元

3. 速腾发动机控制电路中 c 线电源由(　　)来控制。

A. 50 号线　　B. J361 通过 J363　　C. J527

4. 速腾电路中，两个氧传感器均带有加热装置，加热装置的正极接(　　)线，负极接 J361，由 J361 控制加热。

A. c 线　　B. 75 号线　　C. 30 号线

四、简答题

1. 大众速腾 15 号线是如何形成的？

2. 大众捷达 SDI 电路中，h 线是如何形成的？

3. 绘出并分析大众速腾电控节气门电路。

4. 绘出并分析大众速腾二次空气供给电路。

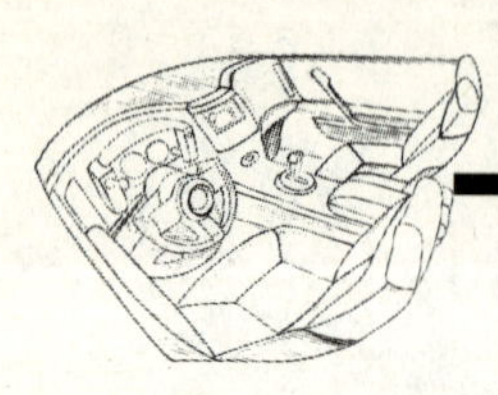

第7章

汽车媒体网络

引　言

汽车网络系统近年来的快速发展，已经形成了连接车内传感器、仪表、各部件的电控单元，以及通信、导航、娱乐、移动办公等电子设备的多功能、多层次混合网络。

由于车载多媒体设备，如DVD、CD播放器和数字电视等都要求具有比控制网络更大的同步带宽、更强的抗干扰能力并希望满足移动通信的需要，因而需要开发面向多媒体的专用网络协议。鉴于汽车内部强电磁干扰环境等原因，在面向多媒体的车载高速数字通信技术的开发中，光纤网络受到青睐。

目前汽车媒体网络均采用光纤通信系统，常用的总线通信标准有D2B、MOST和IDB-1394，其中以IDB-1394速度最快，其传输速率最高可达每秒千兆位。三种光纤通信网络均可以独立构成汽车媒体网络系统，也可以组成多功能多层次的混合网络。如以IEEE1394b作为汽车内部的高速媒体主干网络，组成多功能多层次的混合网络，车内的数据库、人机界面、计算机、导航系统等要求信息交换量大的电子设备都可以成为该网络的成员。1394b主干网络的一侧通过网关连接到汽车的控制网络CAN和LIN，控制网络主要用于连接汽车部件中的传感器、执行器、各类控制单元等。1394b主干网络的另一侧通过网关连接到汽车内部面向多媒体的网络MOST或D2B，其传输速率为10～50Mbit/s，主要用于连接车载娱乐系统中CD、DVD和显示器等音频视频设备。1394b主干网络还可通过蓝牙无线网关，以短距离无线通信的方式，与车内的蓝牙设备通信，并可通过远距离无线通信的方式，借助全球移动通信系统GSM，解决其移动中与社会沟通信息的需要。

学习任务一　多媒体信息系统总线与光纤通信技术

学习目标：认识汽车多媒体信息系统总线协议，了解光纤通信技术。

学习方法：启发式教学，多媒体教学。

1. 汽车多媒体信息系统总线

车载多媒体设备一般包括汽车信息娱乐装置、远程信息设备和汽车导航系统等。汽车多媒体信息系统需要功能强大的操作系统、极高的传输能力和极强的抗干扰能力的网络来满足其特殊需要。目前针对汽车多媒体信息系统应用的主要媒体网络（总线协议）如表7—1所列。

表7—1　　多媒体信息系统总线使用情况

分类	总线协议	传输速率	应用范围	备注
低速	IDB-C	250Kbit/s	工作速率为250Kbit/s的设备	基于CAN总线
高速	D2B	11.2Mbit/s	CD/DVD、显示器和音频/视频系统	
	MOST	50Mbit/s	汽车导航、显示、蜂窝电话以及CD/DVD等	
	IDB-1394	800Mbit/s	DVD和CD播放机、显示器和音频/视频系统	基于IEEE-1394 Fire Wire标准
无线	蓝牙		手机、计算机和PDA彼此之间的互连	短距离射频技术
	ZigBee		工业控制、家庭自动化、消费类应用、汽车应用	传输范围达75m

（1）D2B总线。D2B（Domestic Data BUS）是用于车载多媒体系统的一种较早的网络协议，1992年前由Philip和Matsushita开发。其数据传输速率为12Mbit/s。D2B主要用于音视频通信、计算机外设、车载多媒体应用等。奔驰S级车已采用D2B光纤总线，将车载收音机、CD机、电视、电话、自动驾驶仪和语音识别应用系统等连接成网络。

D2B是可应用于光纤网络的通信协议，采用环形拓扑结构，D2B旨在保持后向兼容的情况下与新技术一起演进。D2B基于一种开放式架构，仅使用一条聚合物光纤来处理车内多媒体数据和控制信息，简化了扩展，当在光纤环中增加一种新设备或功能时并不需要改变连接线缆。

由于D2B速度太慢，因而在1998年，Audi、BMW、DaimlerChrysler、Harman/Becker、Motorola、Oasis Silicon Systems、Johnson Controls、Delphi Delco等公司又联合开发了MOST（媒体系统数据交换）协议，以替代D2B网络。

（2）MOST总线。MOST由Oasis推出，包括奥迪、宝马、别克、克莱斯勒在内的50多家汽车制造商参与开发。MOST属于光纤网络协议，具备较强的数据流能力，数据传输速率可达50Mbit/s，用于车载多媒体、个人计算机、导航系统等的连接。MOST技术针对塑料光纤媒体而优化，采用环形拓扑结构，在器件层具有高度可靠性和可扩展性。它可以传送同步数据（音频信号、视频信号等流动型数据）、非同步数据（访问网络及访问数据库等的数据包）和控制数据（控制报文及控制整个网络的数据）。MOST得到包括BMW、Daimler Chrysler、Harman/Becker和Oasis公司的支持，已应用在多款车型上，如BMW7系列、Audi A8、Mercedes E系列等。

（3）IDB-C和IDB-1394总线。IDB（ Intelligent Transportation Systems Data BUS）即智能交通系统数据总线，是新一代的媒体总线协议，其主要技术特色是致力于汽车电子部件的民用化和即插即用，无须针对不同构造重新设计产品。智能交通系统数据总线由世界范围的汽车制造商组织Automotive Multimedia Interface Collaboration负责制定这个规范，以支持如数字收音机、数字电视、车载电话、PC和导航系统等高带宽设备。该规范首先认可IDB-C（CAN）作为低速网络，其音频总线可选，并选择了MOST和IDB-1394b

作为高速网，而 IDB-1394b 正是基于 IEEE1394 标准。

IDB-1394 网络采用光纤技术，允许 1394 兼容的各种民用便携式电子设备能够连接到汽车内网络并实现互操作。例如，包括数码视频相机和 Sony Play Station TM2 游戏机，以及各种民用视频显示器和各种 DVD 播放机的即插即用。与 MOST 相比，IDB-1394 则最大限度地利用民用设备市场，通过将现有的部件应用到车载设备上，解决了成本问题。

（4）蓝牙无线网络。由移动通信与移动计算公司联合推出的蓝牙（Bluetooth）是一种发展十分迅速的短距离无线通信技术。其小功率设备支持的通信距离可达 10m，适合在车内使用。

蓝牙采用短距离无线连接技术替代专用电缆连接。将蓝牙微芯片嵌入手机、便携电脑、个人数字助理、数字多媒体等设备内部，在这些“长了蓝牙”的设备之间，建立起低成本、短距离的无线连接，取消了设备之间不方便的连线。蓝牙规定了 4 种物理接口：通用串行总线 USB、EIA-232、PC 卡和通用异步收发器 UART 接口。蓝牙使用跳频（Frequency Hopping）、时分多用（Time Division Multi-Access）和码分多用（Code Division Multi-Access）等先进技术，来建立多种通信与信息系统之间的信息传输。蓝牙工作在 2.4GHz 的频段上，支持点对点和一点对多点的通信。异步数据通信的最大数据传输速率为 721Kbit/s。

（5）ZigBee 无线网络。ZigBee 无线网络在汽车上应用是针对蓝牙技术受车内电磁噪声影响的问题而提出的。ZigBee 可以工作在 1GHz 与 2.45GHz 之间的频带范围，数据传输速率为 250Kbit/s，主要应用范围包括工业控制、家庭自动化、消费类应用以及汽车应用。

2. 汽车光纤通信技术

光纤通信网络目前只应用在汽车网络中某些特定的网络，如媒体网络。大众公司的奥迪 A8 2003 款，就在它的多媒体系统中采用了光纤数据传输技术，包括 MBW 的 E65 在内的多种车型的多媒体系统也都采用了该技术。

车载网络发展到今天，已经开始大量采用光纤通信技术，光纤通信网络已经有从媒体网络向控制网络发展的趋势，光纤通信网络将是今后汽车网络技术的一个重要发展方向。对汽车维修人员来说，光纤通信是一个全新的课题，作为一个优秀的汽车维修人员，应该了解和掌握汽车领域的这一新技术。

（1）光纤通信系统的组成。如图 7—1 所示，光纤通信系统由光发信机、光收信机、光纤、中继器和光纤连接器 5 个部分组成。

1）光发信机。光发信机是实现电—光转换的光端机，它由光源、驱动器和调制器组成。其功能是将来自于电端机的电信号对光源发出的光波进行调制，成为已调光波，然后再将已调的光信号耦合到光纤或光缆来传输。

电端机就是常规的电子通信设备，主要包括载波机和电视图像发送与接收设备等。

光端机则是把电信号转变为光信号（发信机），或把光信号转变为电信号（收信机）的设备。光发信机和光收信机统称为光端机。

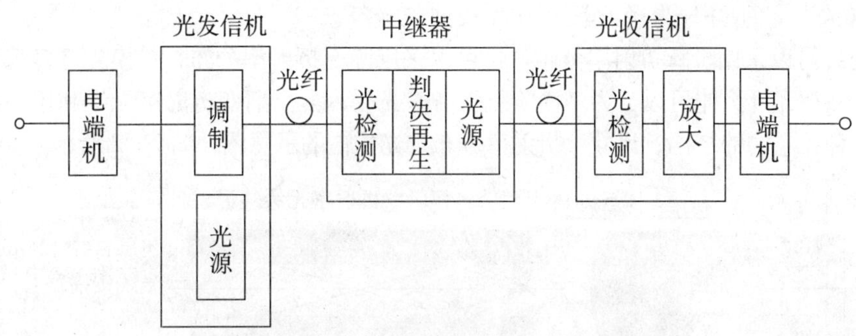

图 7—1　光纤通信系统的组成

2）光收信机。光收信机是实现光—电转换的光端机，它由光检测器和光放大器组成。其功能是将光纤或光缆传输来的光信号，经光检测器转变为电信号，然后再将这微弱的电信号经放大电路放大到足够的电平，送到接收端的电端机去。

3）光纤或光缆。光纤或光缆构成光的传输通路，其功能是将发信端发出的已调光信号，经过光纤或光缆的远距离传输后，耦合到收信端的光检测器上，以完成传送信息任务。

4）中继器。中继器由光检测器、光源和判决再生电路组成。它的作用有两个：一个是补偿光信号在光纤中传输时受到的衰减；另一个是对波形失真的脉冲进行整形。

5）光纤连接器、耦合器等无源器件。由于光纤或光缆的长度受光纤拉制工艺和光缆施工条件的限制，因此一条光纤线路可能存在多根光纤相连接的问题。于是，光纤间的连接、光纤与光端机的连接及耦合，对光纤连接器、耦合器等无源器件的使用是必不可少的。但是在实际的汽车网络系统中，由于网络的损耗不大，所以不需要中继器。

（2）光纤传输基本原理。光纤传输的基本方法：首先将拟传递的信息加载（或调制）到某种载体上，再将被调制的载体传送到目的地后，将信息从载体上解调出来。

目前实际使用的光纤通信系统都采用直接检波系统。直接检波系统就是在发送端直接把信号调整到光波上，而在接收端用光电检波管直接把被调制的光波检波为原信号的系统。

光纤通信的过程和一般无线电通信过程是十分相似的。不同的是光纤通信的传输手段是光导纤维，而一般无线电通信是在空间传输电波的。

（3）光纤的分类。根据折射率在横截面上的分布形状，可将光纤划分为阶跃型光纤和渐变型（梯度型）光纤两种；根据传输模式又可分为单模光纤和多模光纤。

阶跃型光纤：在纤芯和包层交界处的折射率呈阶梯形突变，纤芯的折射率和包层的折射率 n_2 是均匀常数。

渐变型光纤：纤芯的折射率 n_1 随着半径的增加而按一定规律逐渐减小，到纤芯与包层交界处为包层折射率 n_2，纤芯的折射率不是均匀常数。

单模光纤：只传输一种模式，纤芯直径较细，通常在 4～10μm 范围内。

多模光纤：可传输多种模式，纤芯直径较粗，典型尺寸为 50μm 左右。

按制造光纤所使用的材料分，有石英系列、塑料包层石英纤芯、多组分玻璃纤维、全塑光纤 4 种。光通信中主要用石英光纤，以后所说的光纤也主要是指石英光纤。另外，若按工作波长来分，还可分为短波长光纤和长波长光纤。

多模光纤可以采用阶跃折射率分布，也可以采用渐变折射率分布；单模光纤多采用阶跃折射率分布。石英光纤大体可以分为多模阶跃折射率光纤、多模渐变折射率光纤和单模阶跃折射率光纤等几种，它们的结构、尺寸、折射率分布及光传输的示意图如图 7—2 所示。

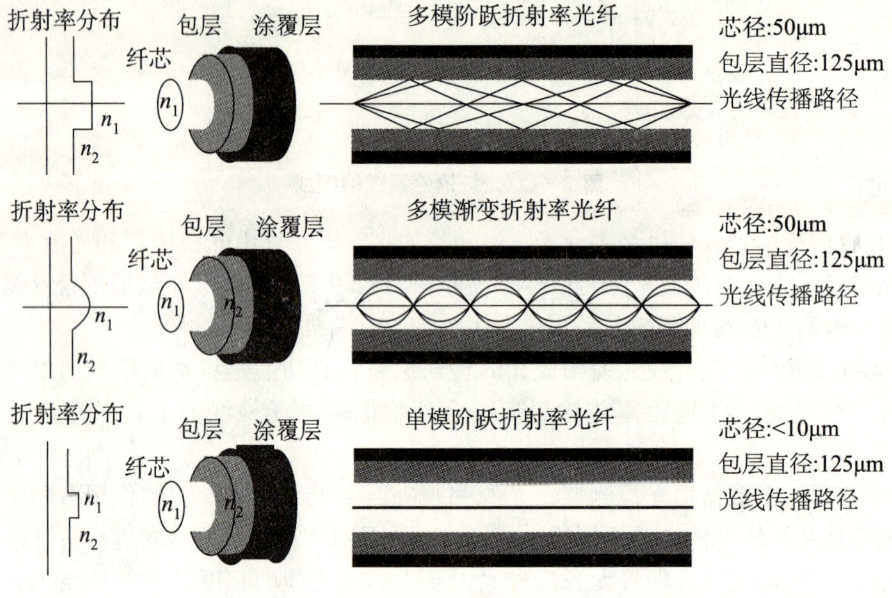

图 7—2　光纤的分类

(4) 多媒体通信系统的技术特点。多媒体应用需求的网络特征与其他应用相比有许多相同的特性，也有不少特有的特征：要求连续媒体信息（音频和视频）进行实时传送、对连续媒体信息的编码使得被交换的数据容量大且非常重要。

多媒体通信系统的技术特点主要有：

1）多媒体通信要求的吞吐量非常大。

2）多媒体通信要求的传输延迟很小。

3）多媒体通信要求的传输延迟波动很小。

4）多媒体通信要求的传输误码率很低。

这些特点决定了多媒体网络不但网络传输速率高、信号衰减小、网络控制单元功能强大，而且网络必须有很好的抗干扰能力。

(5) 光纤通信的优点。与电缆或微波等电通信方式相比，光纤通信的优点如下：

1）传输频带极宽，通信容量很大。

2）由于光纤衰减小，无中继设备，故传输距离远。

3）串扰小，信号传输质量高。

4）光纤抗电磁干扰，保密性好。

5）光纤尺寸小，质量轻，便于传输和铺设。

6）耐化学腐蚀。

7）光纤是石英玻璃拉制成形，原材料来源丰富，并节约了大量有色金属。

8）传输速度快。

（6）光纤通信的缺点。

1）光纤弯曲半径不宜过小。

2）光纤的切断和连接操作技术复杂。

3）分路、耦合麻烦。

由于光纤具备一系列优点，所以广泛应用于公用通信、有线电视图像传输、计算机、航空、航天、船舰、车载网络内的通信控制、电力及铁道通信交通控制信号、核电站通信，以及油田、炼油厂、矿井等区域内的通信。

在实际的汽车多媒体网络中，由于视频和音频的运用，需要每秒兆比特的传输速率，单是一个带立体声的数字电视信号就要求大约 6Mbit/s 的传输速率。同时车内的电磁波会对音频视频信号的传输产生强大的干扰，影响视听效果。而光波不但具有较高的传输速率而且还具有抗干扰和安全性，可以实现高质量的音频和视频效果。光纤通信具备的优点能够满足汽车多媒体通信的各种要求，光纤通信必然是汽车多媒体通信传输介质的最佳方案。

3. 光纤导线（光缆）

（1）光纤的基本结构。光纤是传光的纤维波导或光导纤维的简称。其典型结构是多层同轴圆柱体，如图 7—3 所示，自内向外为纤芯、包层和涂覆层。

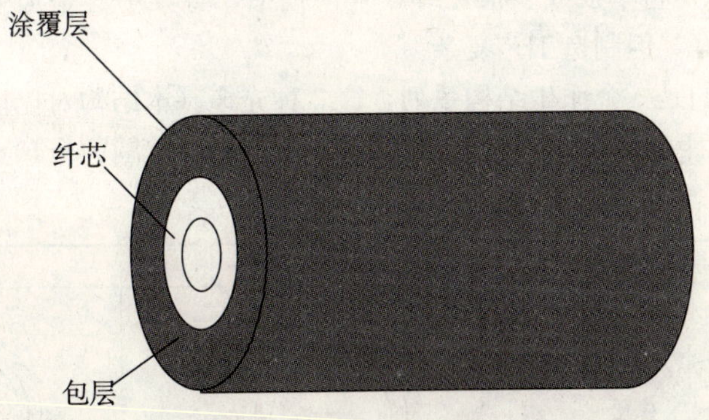

图 7—3　光纤导线结构图

核心部分是纤芯和包层，其中纤芯由高度透明的材料制成，是光波的主要传输通道；包层的折射率略小于纤芯，使光的传输性能相对稳定。纤芯粗细、纤芯材料和包层材料的折射率，对光纤的特性起决定性影响。涂覆层包括一次涂覆、缓冲层和二次涂覆，使保护光纤不受水汽的侵蚀及机械的擦伤，同时又增加光纤的柔韧性，延长光纤的寿命。

目前，光纤通信所用的光纤都经过了一次涂覆和二次涂覆的处理，经过涂覆后的光纤虽然具有一定的抗张强度，但还是经不起施工中的弯折、扭曲和侧压等外力作用。为了使光纤能在各种环境中使用，必须把光纤与其他元件组合起来构成光缆，使其具有良好的传输性能以及抗拉、抗冲击、抗弯、抗扭曲等机械性能。如图 7—4 所示为光纤导线实物图。

（2）光缆的种类。光缆按成缆结构方式不同可分为层绞式、套管式和沟槽式。

1）层绞式光缆是将若干根光纤芯线以加强元件为中心绞合在一起的一种结构，这种

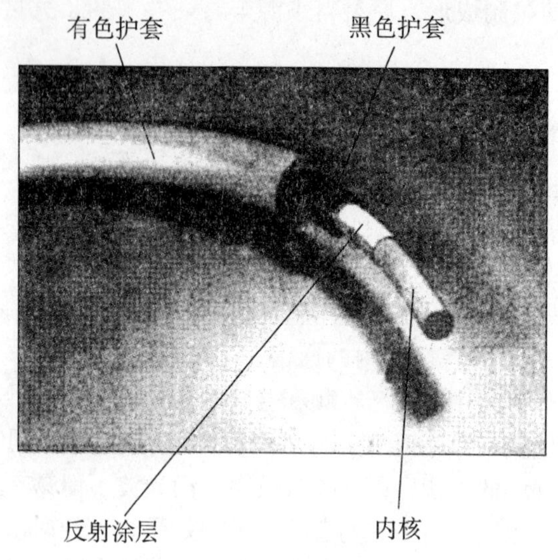

图 7—4　光纤导线实物图

结构适用于芯线数较少的光缆。

2）套管式光缆是将数根一次涂覆的光纤放入同一根塑料管中，管中填充油膏，光纤浮在油膏中。套管式光缆的结构合理、重量轻、体积小、价格便宜。

3）沟槽式光缆是将单根或多根光纤放入沟槽中，骨架中心是加强元件。这种结构的光缆的抗侧压性能好，但制造工艺复杂。

汽车领域应用的是一个派生结构系列，这 3 种光缆基本结构对比情况见表 7—2。驱动波长 650 nm，传输距离最长 50m，寿命最少 15 年，温度范围为－40～85℃。

表 7—2　　光缆基本结构对比

	层绞式	套管式	沟槽式
基本结构	抗张力体 光纤芯线 外被覆	带装光纤 抗张力体 外被覆	U形槽 光纤带 抗张力体 外被覆
抗张力体	在中心或分散	埋在外护套里	在中心或分散
特征	● 缆的结构简单 ● 可以用和金属缆同样的制造方法	● 高密度 ● 强度高	● 抗侧压等机械强度 ● 高密度，多变化

（3）光纤的连接。光纤与光纤的连接有两种形式，一种是永久性连接，另一种是活动连接。为了使光导体能连接到控制单元，将使用特殊的光纤线插头。在插座接头上有一个信号方向箭头，如图 7—5 与图 7—6 所示，显示了输入（到接收器）的情况。插头的外壳建立了到控制单元的连接。通过内核的正面实现了光线到控制单元内发射机/接收器的传输。

在生产 LWL（电光转换器）时，为了在插头外壳上固定 LWL，就要在 LWL 尾端利用激光技术焊上塑料套管或者在尾端卡上黄铜质地的套管。

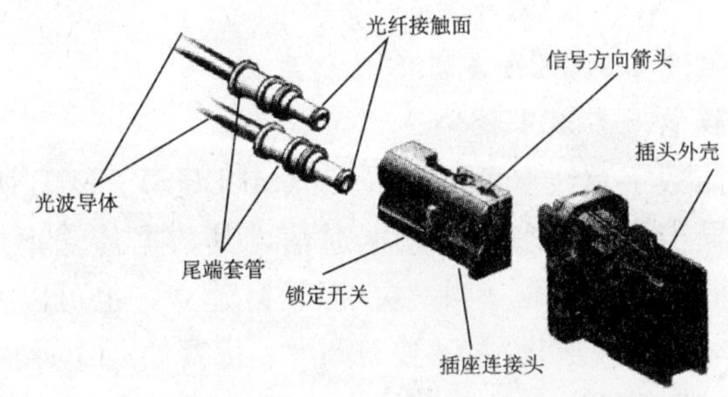

图 7—5　光纤的接头

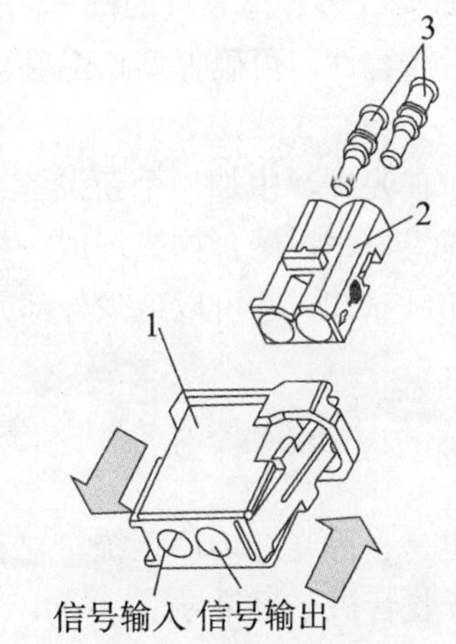

图 7—6　光纤的连接

1—壳；2—基础模块；3—触点

如图 7—7 所示为实际光纤端面，为了保证尽可能地无损耗传输，光导体的正面必须平滑垂直且干净，这种要求只能通过专用的切割工具来实现。污染和划痕会提高损耗（衰耗）。

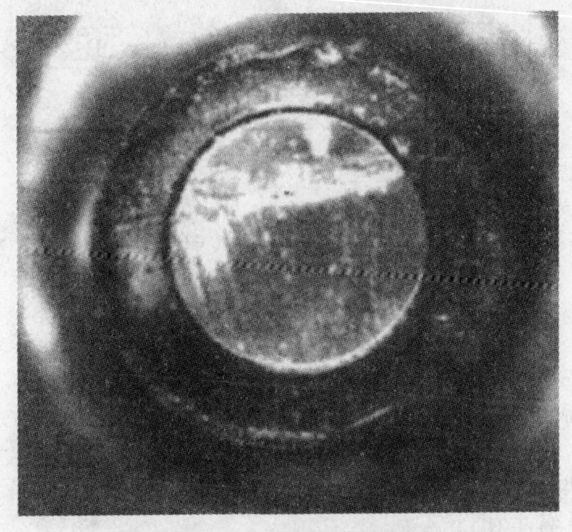

图 7—7　实际光纤端面图

学习任务二 D2B 光纤通信系统的应用

学习目标：认识奔驰汽车的 D2B 多媒体信息系统。

学习方法：启发式教学，多媒体教学。

D2B 的全称是多媒体数字总线（Domestic Digital BUS)。D2B 协议用于数字音频、视频及其他高速度同步、异步信号的多媒体数据通信，其数据传输率最高可达 11.2Mbit/s。D2B 数据总线既可以沿非屏蔽双绞线（叫“灵巧线”）建立，也可以通过单根光纤建立。这种通信网络由英国的 C&C 公司推广，并已被美洲虎、梅赛德斯—奔驰等公司所采用。例如，集成多媒体通信系统已被用于奔驰 S 系、美洲虎 X 型、S 型及新的美洲虎 XJ 型轿车。

D2B 光纤在启动时自动配置，无论当时有何种设备在线都可适应。这意味着新设备在使用期内可轻易连进网络。采用 D2B 光纤多媒体系统的汽车制造商可以发现该标准涉及的技术都是他们曾了解的。标准具有向后兼容性，可确保新产品在整个使用期内都可加入汽车系统中去。

D2B 光纤基于一个开放架构，在光纤环中加一个新设备或新功能时仅做简单扩展而无须改变电缆配线。总线仅使用一根缆线，一根聚合物光纤或一根铜缆线都可以用以处理车内多媒体数据或控制信息。这可以增加可靠性，并可以减少外部元件及连接器数量，还显著减轻了整个系统的重量。

1. 奔驰 D2B 光纤网络的组成

D2B 是一个数据传输系统，也是一种光纤传输系统，它利用光波来传送信息，数据按次序在光纤网络中传输。此系统用于收音机、卫星导航、CD、音控放大器、移动电话、道路交通导航系统之间，通过光纤以光波来传送数据。

如图 7—8 所示为奔驰 D2B 光纤网络结构。

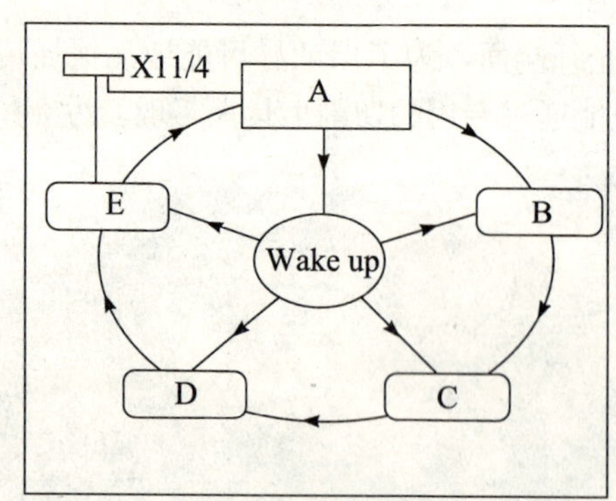

图 7—8　奔驰 D2B 光纤网络

A—收音机；B—CD 盒；C—声音控制电脑；D—电话；E—电话接收电脑；X11/4—诊断接头

光纤传输网络分别连接以下元件：

(1)“COMAND”网络主机。

(2) 收音机。

(3) 音响功率放大器。

(4) CD 控制盒。

(5) 车载电话系统。

2. 奔驰 D2B 的数据传输

移动电话、CD 音响、收音机皆使用 D2B 光纤电路来传送数据。

各 D2B 网络电脑，必须要有两条电源供应线路，两条输入与输出光纤线路（D2B）和一条唤醒信号线（Wake Up）。D2B 网络电脑同时可传达多种低频信号，而且信息不受干扰。

D2B 传输顺序必须依据 1→2→3→4→5→1 巡回传输，不可变换其位置，当每一次启动系统时，收音机会监视其巡回传输状况，当把奔驰 W210 与奔驰 W202 的收音机对调时，收音机会因巡回传输顺序错误而使操作功能错误，此时必须使用 HHT 或 Star Diagnosis 重设才可。

D2B 要做诊断时是由收音机与 HHT 或 Star Diagnosis 联机来诊断 D2B 组件。

D2B 网络是一种环状连接结构，所有的组件必须以环形连接，其传输方向是固定的。W210 与奔驰 W202 的多媒体数据传输的顺序见表 7—3 所示。

表 7—3 D2B 工作顺序

W210	收音机	CD	音量放大器	移动电话	导航系统
W202	收音机	CD	行动电话	音量放大器	

奔驰 W220 D2B 网络电脑及工作流程如图 7—9 所示。

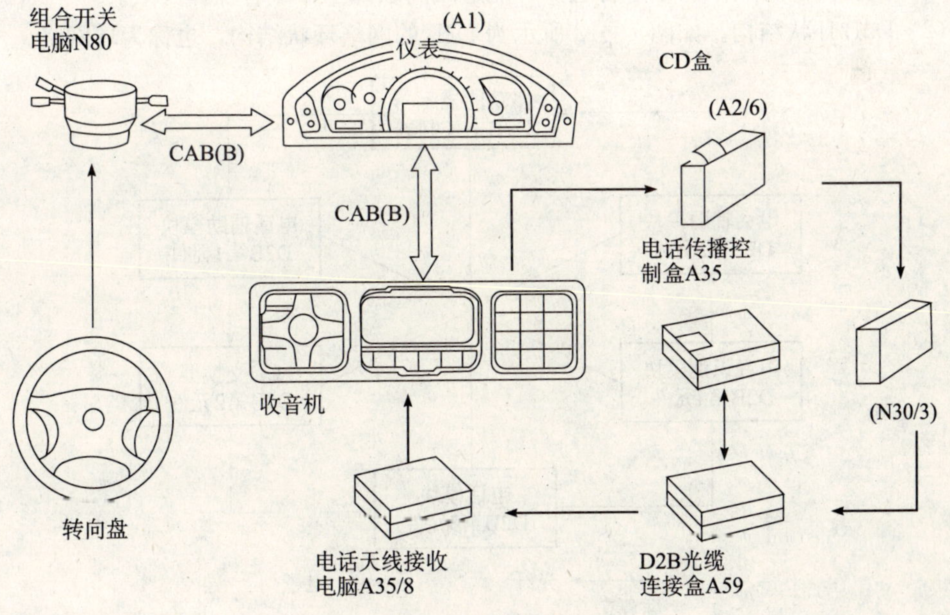

图 7—9 W220 D2B 工作流程

3. 奔驰 D2B 基本连接结构

(1) 通过红色的连接器可将光纤连接成环状结构，如图 7—10 所示。

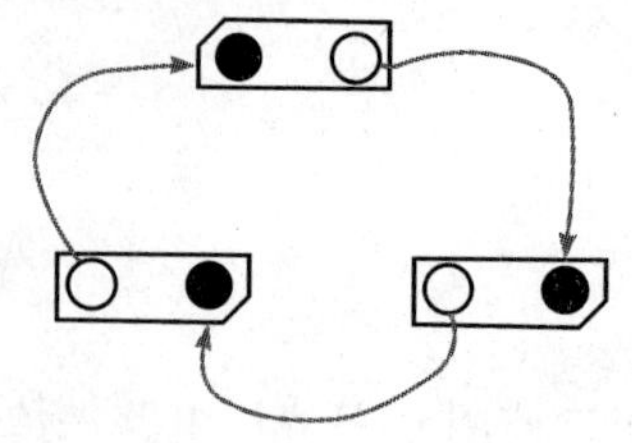

图 7—10　D2B 的连接

（2）使用连接器可将光纤连接更长，如图 7—11 所示。

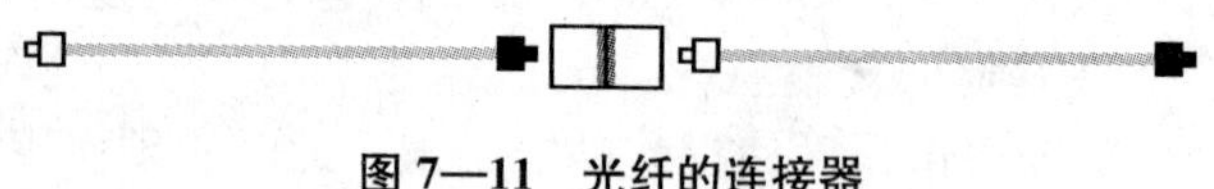

图 7—11　光纤的连接器

最大的光纤长度：没有连接器＝10m；1 个连接器＝7m；2 个连接器＝3.6m。

4. 奔驰 D2B 的工作原理和检测

（1）D2B 网络主机的功能。D2B 网络中主机的作用：存储配置结构；为唤醒线供给电压；发出唤醒信号；发出环网络（D2B 网络）启动信息；关闭环网络；检测自身和环部件的错误和存储故障码；是 CAN 与环系统之间的网关；可以从 SDS 故障诊断仪中对其执行一个诊断性的唤醒。

为了让环状网络的工作正确，光纤主控制器必须知道网络中的元件的号码，不正确的版本编码或者元件的工作顺序不合适，可能造成间歇性工作或者操作失效。

（2）D2B 环状结构。如图 7—12 所示为 D2B 的网络环状结构，也称为环网络。

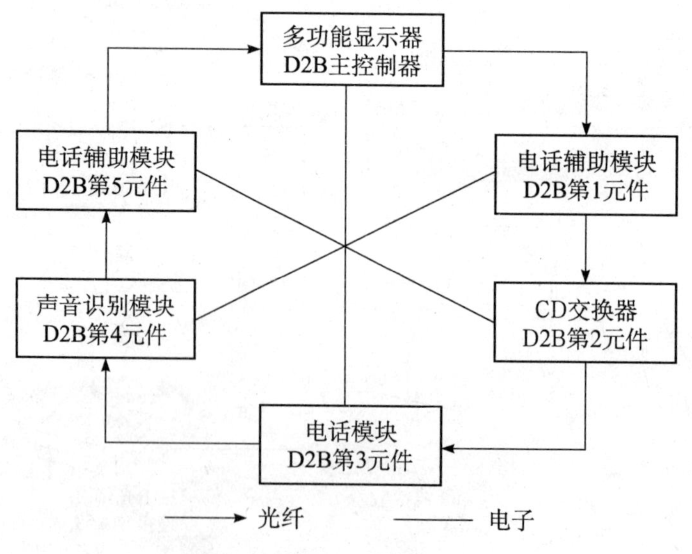

图 7—12　D2B 网络环状结构

（3）电子唤醒。因为光纤收发器在工作时会消耗很大的电流，因此，在网络环不工作时系统会进入休眠。

网络部件中的唤醒线电压总是来自于主机，主机会发送一个唤醒信号从唤醒线上传递给各部件，以唤醒各部件。唤醒线一般为蓝色。

D2B 网络中的每一个部件都各自引出一条电线（唤醒线），然后用接头或星形焊接的形式连接到一起，唤醒时由 D2B 主机开始发出电子唤醒脉冲，连接元件唤醒。在电子唤醒信号发出的同时，系统将开始准备工作，电子唤醒顺序如图 7—13 所示。接听或拨打电话时，CTEL1 唤醒整个系统，唤醒顺序如图 7—14 所示。

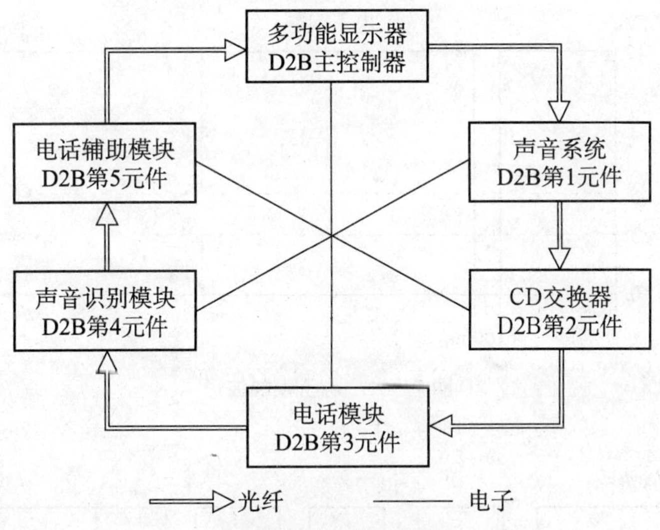

图 7—13　电子唤醒

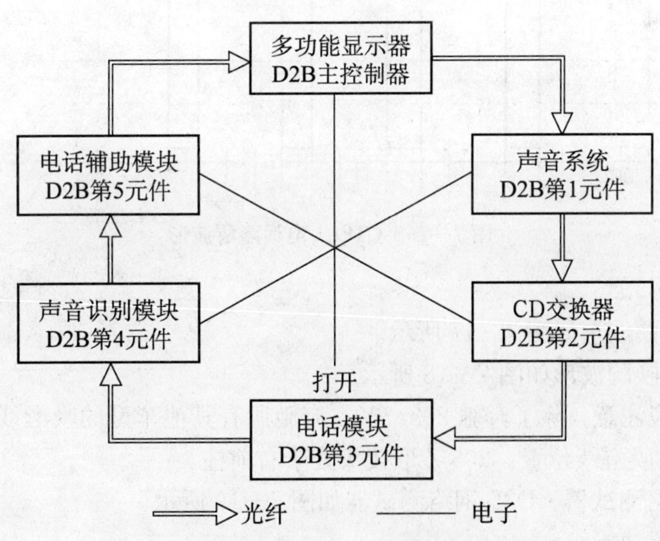

图 7—14　CTEL1 唤醒系统

接听或拨打电话，CTEL1 唤醒整个系统，其工作过程为

- CTEL1 发出唤醒信号；
- 主控制器分析唤醒脉冲；
- 除了 CTEL1 连接元件，其他元件都被唤醒；
- 自此以后 CTEL1 不被唤醒；

- 3 个附加的脉冲信号被发出；
- 每一个唤醒脉冲脉宽都会分析；
- 4 个脉宽被传送，但不传送到 CTEL1；
- 在 4 个脉宽之后，将会回到 COMAND。

如图 7—15 和图 7—16 所示为电子唤醒波形和电话唤醒波形。

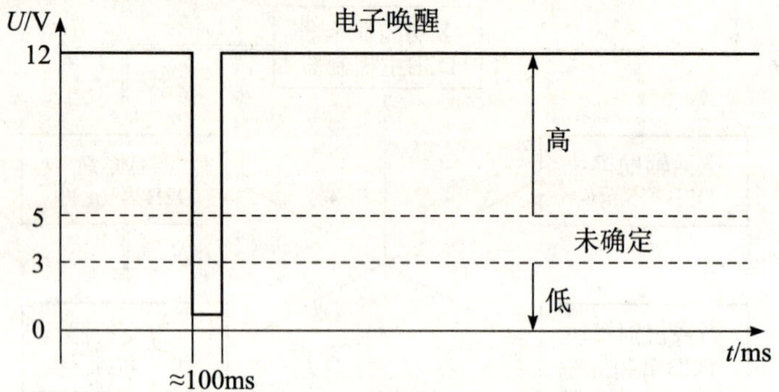

图 7—15　电子唤醒波形

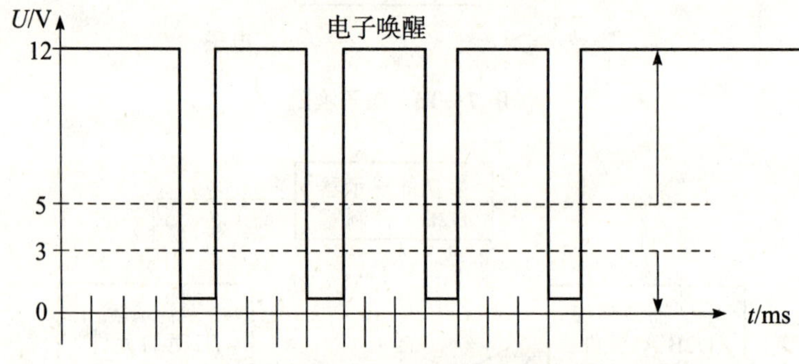

图 7—16　CTEL1 电话唤醒波形

（4）诊断波形。

1）正常的唤醒波形如图 7—17 所示。

2）不正常的唤醒波形如图 7—18 所示。

维修过程中应注意：除了奔驰 203/230，奔驰所有其他车型的唤醒线是通过 Z 形连接 X30/8连接所有的唤醒线位置：203 Z 形接头处于右前柱。

（5）D2B 网络测试器。D2B 网络测试器如图 7—19 所示。

测试器的主要功能：

1）测量光束的接收。

2）检查光束接收和信号。

3）检查元件输出。

测试器的使用：

D2B 网络测试器的使用和检查方法如图 7—20 和图 7—21 所示。

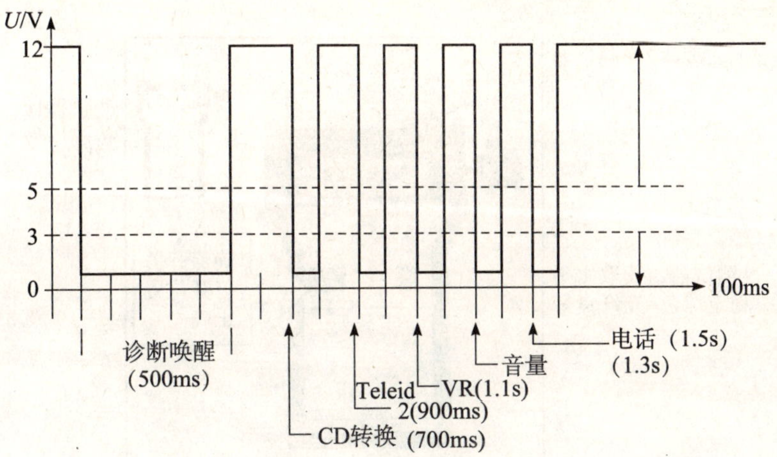

图 7—17 正常的唤醒波形

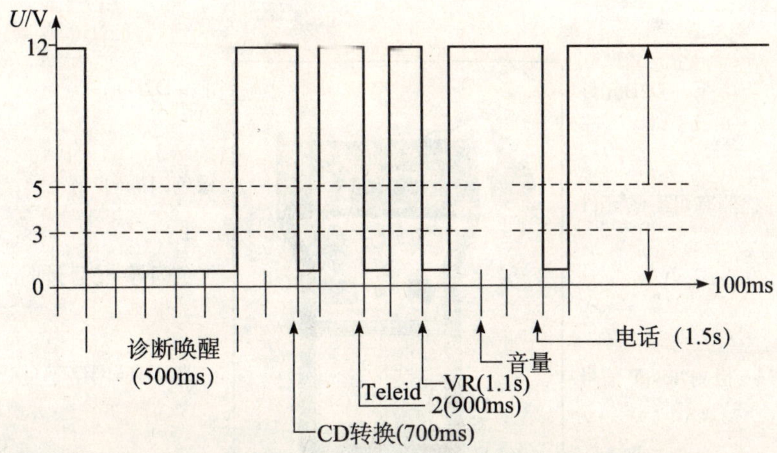

图 7—18 不正常的唤醒波形

图 7—19 D2B 网络测试器

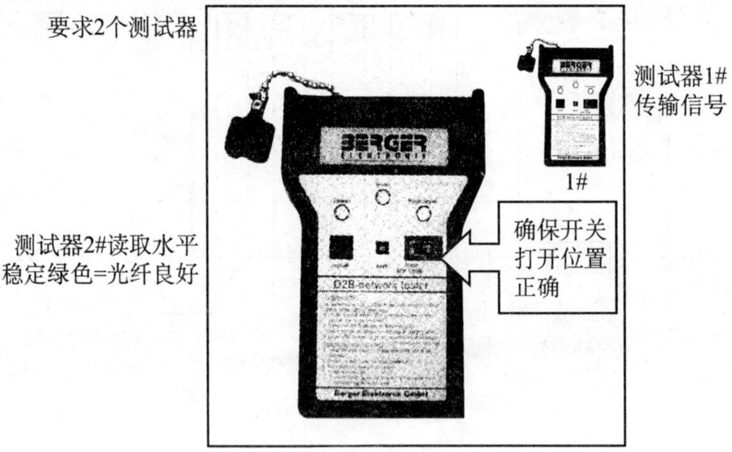

要求2个测试器
测试器1#
传输信号
1#
测试器2#读取水平
稳定绿色=光纤良好
确保开关
打开位置
正确

图 7—20　光纤传输能力检查

下—D2B元件
检测有可疑的元件
检测“level”信号
前—D2B元件
绿色闪烁=良好
红色闪烁=信号过弱
灯光不亮=网络不良

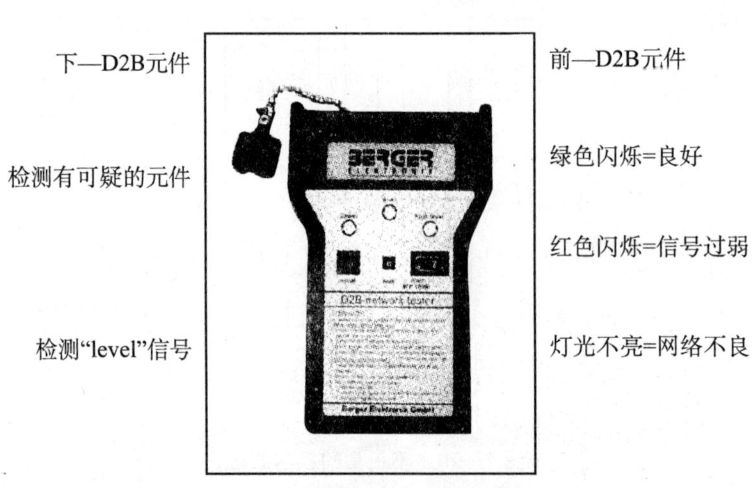

图 7—21　D2B 元件通信检查

5. D2B 光纤传输的优点

如图 7—22 所示，D2B 光纤由三层部件构成：2.2mm 的黄色保护套，用来保护覆盖层和传递媒介；覆盖层包住传递媒介；1.0mm 的传递媒介用来传送光信号。D2B 光纤传输有以下优点：

（1）高速度：5.6Mbit/s（20Mbit/s max）。

（2）光束波长 650nm（红色），不受电磁波辐射影响。

（3）传输性能强。

当光纤为直线时（正常），信号能有效传递，如图 7—23 所示。

当光纤被弯曲时（异常），信号也能有效传递，如图 7—24 所示。

当光纤被挤压时，弯曲半径超过最小弯曲半径（25 mm）时，信号也能有效传递，如图 7—25（a）所示。

当光纤破损时，信号也能有效传递，如图 7—25（b）所示。

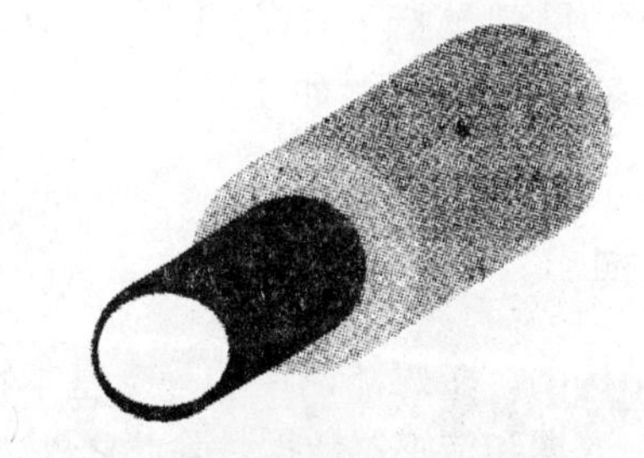

图 7—22　D2B 光纤

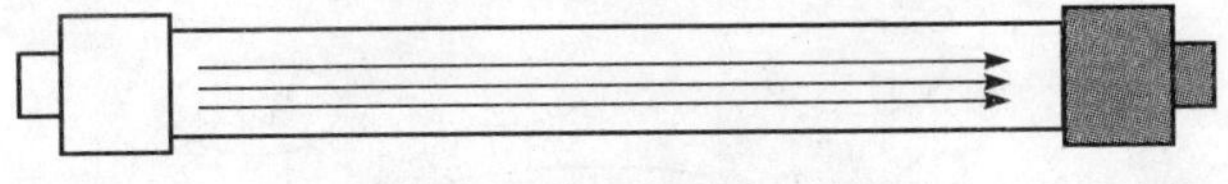

图 7—23　光纤直线时的传输

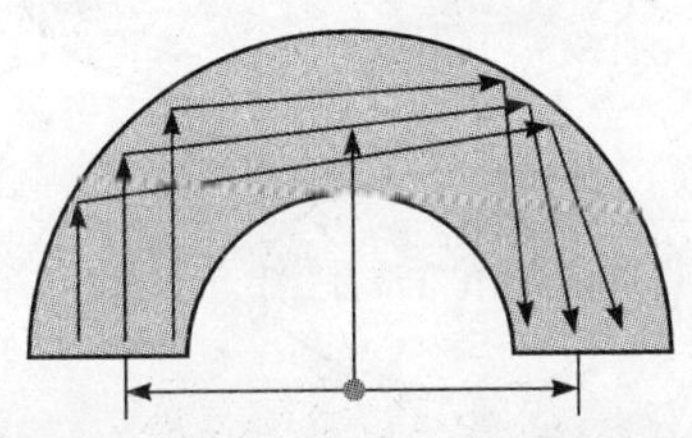

图 7—24　光纤弯曲时的传输

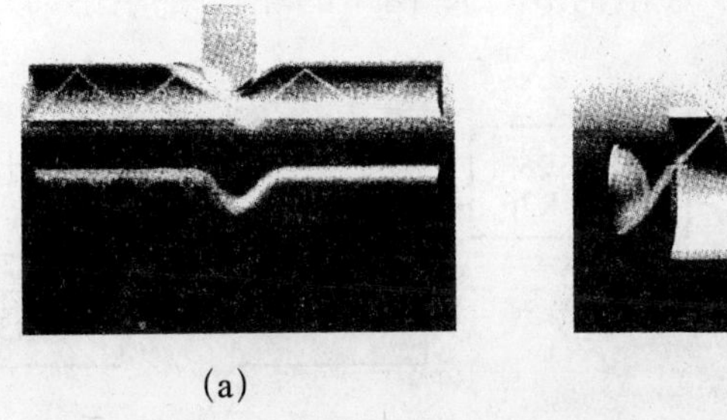

(a)　　　　(b)

图 7—25　光束通过挤压和破损的光纤

(a) 光束通过挤压的光纤；(b) 光束通过破损的光纤

(4) 光纤在使用中也存在着一些劣势，如材质脆以及不可维修等。

学习任务三　MOST 多媒体信息系统的应用

学习目标： 认识汽车 MOST 多媒体信息系统。

学习方法： 启发式教学，多媒体教学。

控制数据和传感器数据与多媒体数据（数字音频信号和视频信号系统）的最大区别在于数据的容量，数字音频信号和视频信号的数据容量非常大，所需的传输速率达到(15Mbit/s)，采用高速率的 CAN（1 Mbit/s）也无法满足要求。MOST 是专为在车辆中使用各种多媒体而开发的一种光纤通信技术，MOST 的全称是多媒体传输系统（Multimedia Oriented System Transport ）。MOST 多媒体网络技术使各种新的多媒体设备方便地应用在汽车和其他产品上。MOST 得到包括 BMW、Daimler Chrysler、Harman/Becker 和 Oasis 公司的支持，已应用在多款车型上，如 BMW7 系列、Audi A8、Mercedes E 系列等。

1. MOST 多媒体网络的原理

（1）MOST 多媒体总线的结构图。多媒体网络的一个基本特征是它不像 CAN 总线和 I-BUS 仪表总线那样，只传输控制数据和传感器数据，除此之外，一个多媒体网络还能传输数字音频信号和视频信号图形以及其他数据。如图 7—26 所示为 MOST 多媒体网络的结构图。

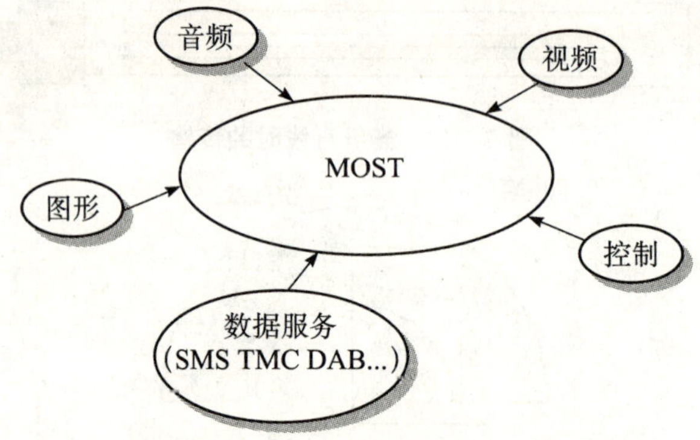

图 7—26　MOST 多媒体网络的结构

如图 7—27 所示为奥迪 A6 2004 款的 MOST 网络的环状结构图，该系统的传输速率为 21.2Mbit/s。

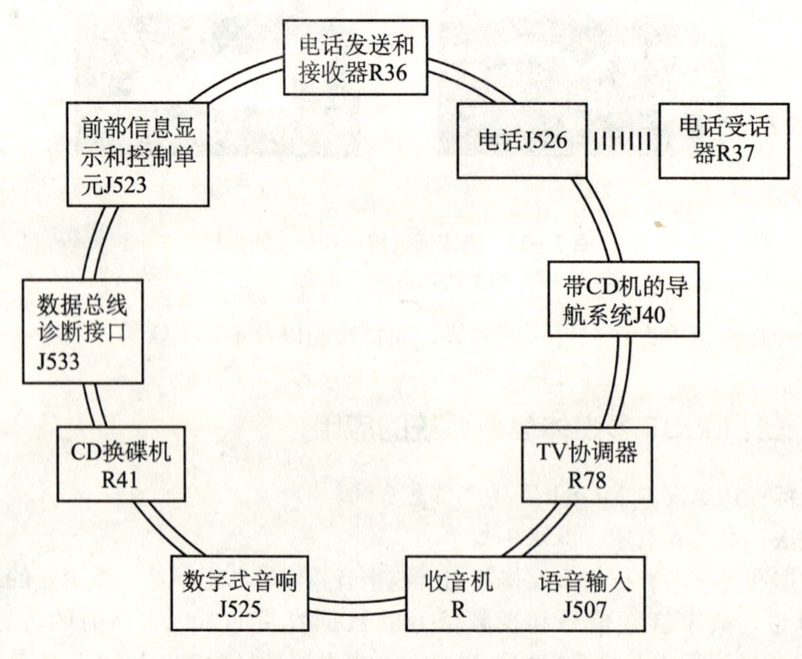

图 7—27　奥迪 A6 2004 款的 MOST 总线的环状结构图

(2) MOST 的传输速率。现在通过 MOST 可以传输大量的数据，各种多媒体设备的传输速率如表 7—4 所示。

表 7—4　MOST 网络中多媒体设备的传输速率

设备	传输速率
AM-FM	1.4Mbit/s
CC 检查控制	
CD 音频	
MD 电话	
SVS	
TV	1.4Mbit/s
CD 视频	1.4Mbit/s
DVD	(2.8～11) Mbit/s
导航	1.4Mbit/s

(3) MOST 数据格式。MOST 目前提供的带宽为 22.5 Mbit/s，为了满足数据传输的各种不同要求，如图 7—28 所示，每一个 MOST 信息分为 3 部分，包括：

1) 控制数据。

2) 异步数据，例如导航系统（箭头指示）。

3) 同步数据，例如音频信号、电视信号、视频信号。

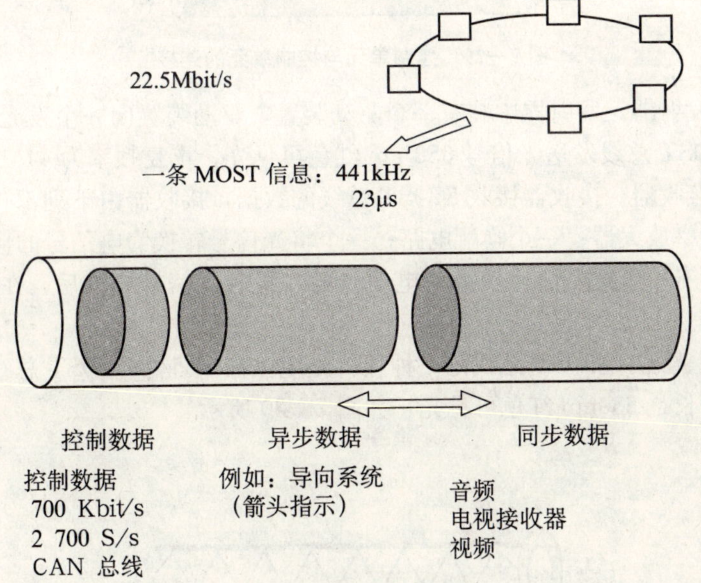

图 7—28　MOST 总线上的数据传输

通道数据传输速率为 700 Kbit/s，相当于每秒约 2 700 条信息，其中有 480bit/s 可用于传输同步或异步数据，它们之间的比例是可变的，例如，160bit/s 同步数据和 320bit/s 异步数据。

2. MOST 多媒体网络的组成

在 MOST 网络的每一个控制单元内都装有一个电光转换器 LWL 发射器和一个光电转

换器 IN 接收器，每个控制单元之间通过光纤连接，发射器和接收器是宝马公司开发的，发射器和接收器的低休眠电流特性，能够通过 MOST 总线由光信号唤醒。控制单元与控制单元的连接，MOST 环状总线的结构为 2 个控制单元之间以光学方式点对点连接，如图 7—29 所示。

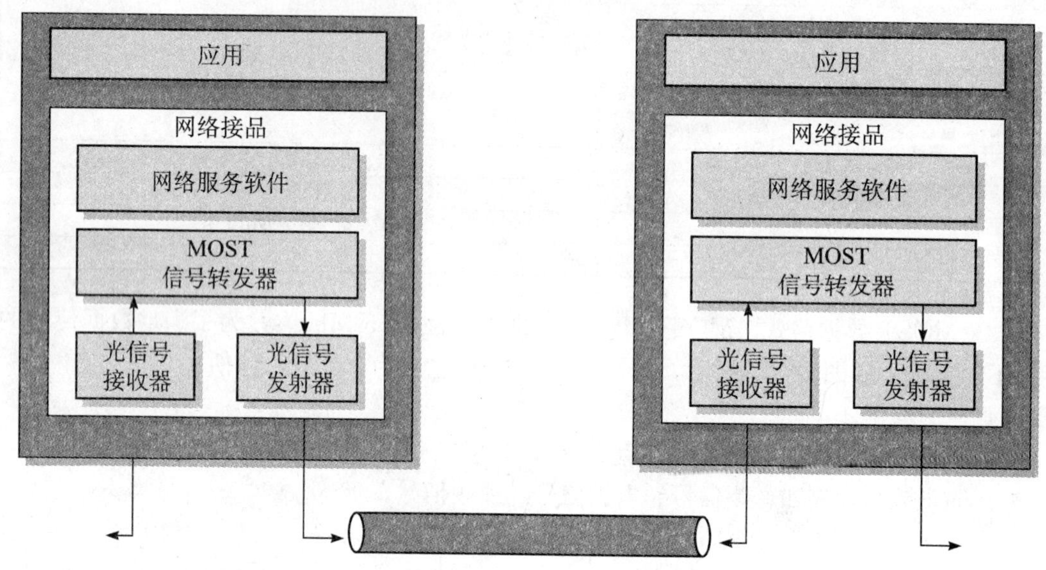

图 7—29　控制单元与控制单元的连接

(1) LWL 发射器。发射器中装有一个驱动装置，驱动装置向一个发光二极管 LED 供电，LED 向 MOST 总线发送光信号 650 nm 红色可见光，重复频率为 44.1 MHz。

(2) LWL 接收器。接收器接收 MOST 总线的数据，接收器由下列部件组成：一个二极管；一个前功率放大器；一个唤醒电路；一个将光信号转换为电信号的接口。

在接收器中有一个把光信号转换为电信号的二极管，信号放大后，在 MOST 网络接口上进一步处理。

(3) MOST 光缆。MOST 总线是一种塑料光缆，在 E65 中 MOST 总线用绿色作为特征标记，光的波长是 650nm 红色可见光，如图 7—30 所示。

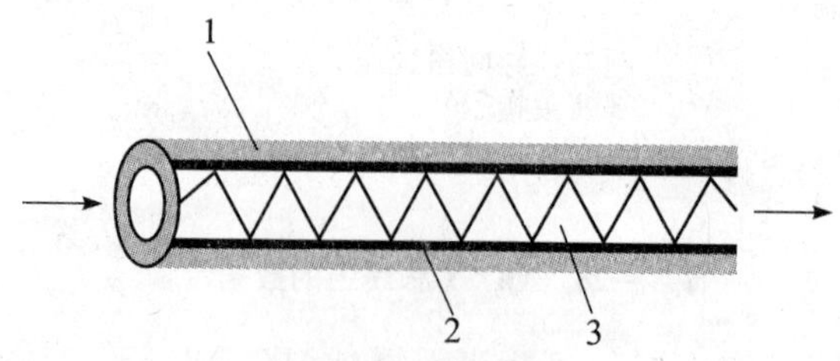

图 7—30　光缆的横断面

1—包装层；2—粘合层外壳/包层；3—光纤

3. 宝马光纤通信系统

(1) 宝马通信系统模块。宝马通信系统在 E38 系统里有 7 个模块，而到了 E65，就发展到了 12 模块，如图 7—31 所示。

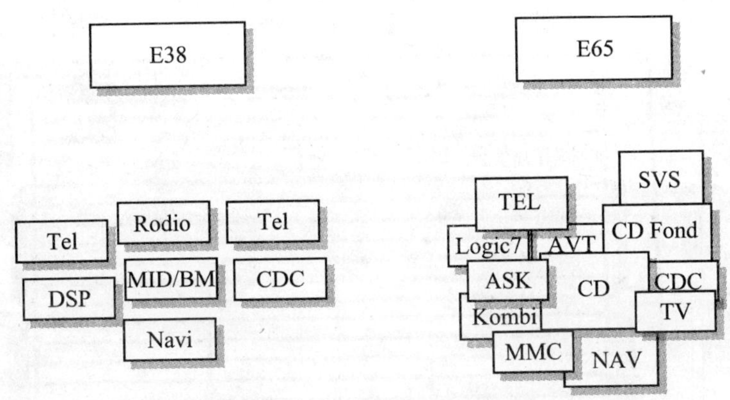

图 7—31　宝马媒体通信系统模块

（2）宝马音频控制器 ASK。音频控制器 ASK 在 E65 中，能对所有的声音信号进行控制协调，并按优先级输出，其控制单元称为音频系统控制器，缩写为 ASK。ASK 是网络主控单元，用于 MOST 网络的主控单元，具有唤醒、初始化设置、快速休眠、配置监控、网络运行监控故障码存储器。

（3）宝马调谐器。调谐器 AVT 与以前的车用收音机有本质区别，该调谐器是一个带有 MOST 接口的独立控制单元，如图 7—32 所示，它可以与收音机分开布置。该调谐器位于天线放大器中，天线放大器/调谐器安装在左侧 C 柱上右侧，有一个通过同轴电缆与择优多相式天线相连接。天线放大器提供数字音频信号，通过 MOST 传递给 ASK，取消了天线导线，不会造成信号损失和干扰效应。

图 7—32　天线调谐器的安装位置在左侧 C 柱

1—天线放大器；2—调谐器

（4）宝马天线。用于收音机和电视遥控功能 FBD 的天线位于后窗玻璃内，其中有一根 AM 调幅天线，用于接收 LW、MW 和 SW，另有 4 根 FM 调频天线，用于接收 VHF 超短波，一根 FM 天线，用于接收频率为 868/433/315 MHz 的交通广播，如图 7—33 所示。

（5）宝马电话。在 E65 上可根据国家规格 LA 或作为选装装备 SA 安装一部 GSM 全球移动通信系统电话，它与 2001 年款车型中采用的固定装备基本相同，即带有无绳手持话机 SBDH 的电话机座接 2 BIT2，另一个选择装备是用于后座区的串联电话设备，该电

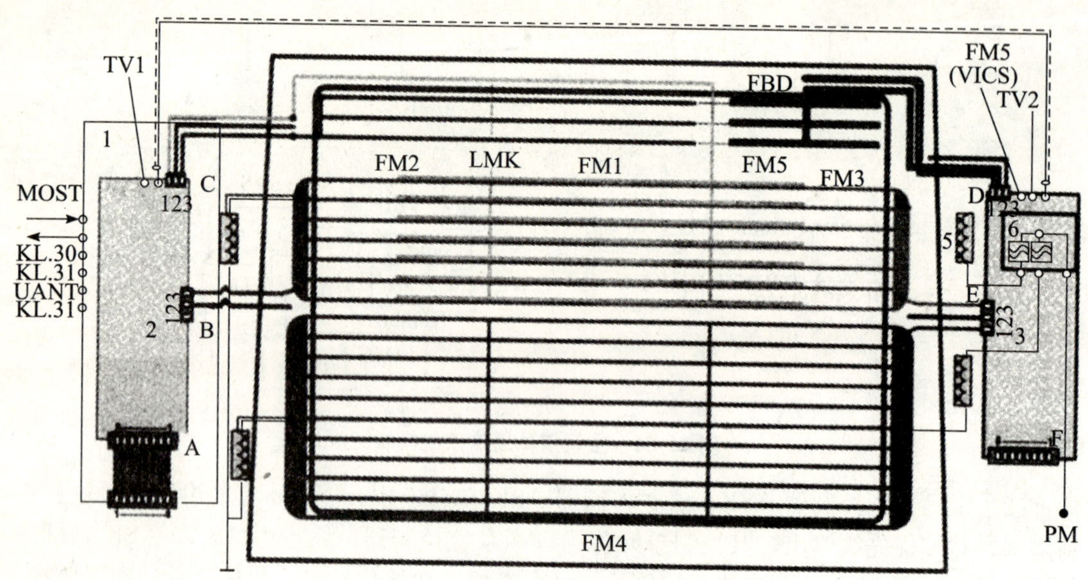

图 7—33　收音机接收和远程操作服务天线

话的发射功率最大为 8 W。

注册或注销 SBDH 程序：

SBDH 在出厂时已分配给发送/接收装置，如果打开一个尚未分配给系统的新 SBDH，那么就会在显示屏中出现字样 Please login，可用 Displus 或 Modic 注册，一个新的手持话机注册时要按以下顺序进行：

1）在 SBDH 上按压 OK 确定；

2）输入电话代码 0000；

3）用 Displus/Modic 发送注册信息。

在发射/接收装置上最多可以注册两个 SBDH，如果注册一个 SBDH，那么此信息将写入发射/接收装置的一个数据存储器 EEPROM 中，在一个已注册的 SBDH 失效时，该 SBDH 的数据仍存储在发送/接收装置中，如果现在注册了一个新的 SBDH，那么这些数据会写到发射/接收装置的第二个存储单元上，这样所有的存储单元都被数据占用了。如果已注册了两个，那么这两个存储单元也都被占用了，只有在发射/接收装置中至少有一个存储单元空闲时，才能在一个 SBDH 失效的情况下，注册一个新的 SBDH。用 Displu 或 Modic 只能把所有已注册的 SBDH 注销，即把两个存储单元释放出来，如果要注销的 SBDH 功能仍然完好，例如，只是外表划伤，那么可以直接在 SBDH 上进行注销，操作提示为菜单－>本地设置－>服务设置－>注销。

注册：原则上只用 Displus 或 Modic 和 SBDH。

注销：原则上使用 Displus 或 Modic 和 SBDH。

（6）宝马 GSM 天线。GSM（Global System for Mobile Communication）即全球移动通信系统天线，是由一个用于电话的多频带天线和一个用于导航系统的 GPS（Global Positioning System，全球卫星定位系统）天线组成，如图 7—34 所示。

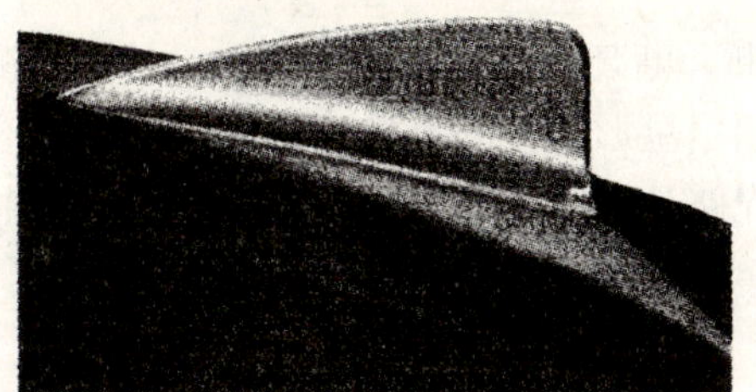

图 7—34　E65 中的 GSM 天线

4. MOST 光纤网络的故障诊断

(1) MOST 与光纤的注意事项。

1) 光纤保护帽只有在安装时才能直接被卸下。

2) 开口的光纤插头不允许触摸，不能被灰尘、油腻或其他液体弄脏。

3) 每种损坏形式和/或线束的完整性立即申购。

4) 光纤或空气管路的修理只允许由受过专业培训的人员进行。

5) 所有损坏的插头要申报并做好记录。

6) 线束只能按 PDM 说明图安装和连接。

7) 未装的长线束打上活结。

8) 线束不能从外部的破口处硬拉硬拽，只能从内向外推出。

9) 插头和缆线不允许在地上拖拉。

10) 不能踩在插头或导线上。

11) 线束任一位置不允许折叠。

12) 只有在确有必要的情况下才能断开控制单元插头和导线插头。

13) 在断开控制单元插头和导线插头前，应确保数据总线处于睡眠模式。在重新连接时一定要读出并删除所有控制单元故障存储器里的故障，如有必要应进行调整。

(2) 光纤导线常见故障。光纤导线常见故障如图 7—35 所示。

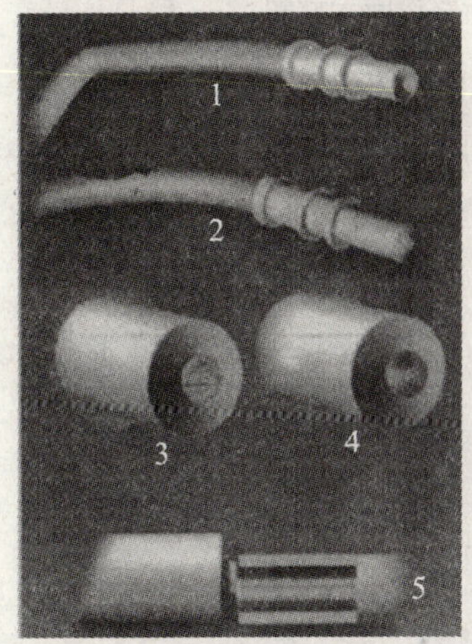

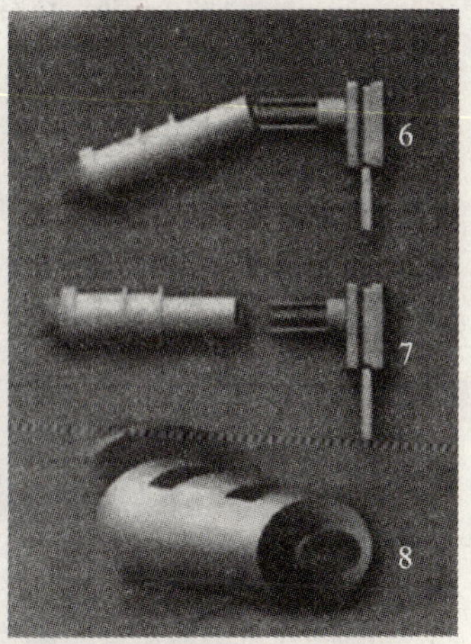

图 7—35　光纤导线常见故障图

1—弯曲半径不足；2—外壳破坏；3—端面破损；4—端面脏；5—端面错位；6—角度问题；7—两条光纤导线间漏光；8—端口问题

（3）MOST 总线的诊断。断环诊断通过网关导入，诊断检测仪的断环诊断被激发，因为光环断路，断环检测必须由星形连接的点检测实现，用断环诊断进行分析，判断总线上的所有控制单元的电路和光路是否正常。系统出现故障的原因主要有以下几点：

1）断环（光纤压坏、剪断或插头没插）。

2）控制单元没有电。

3）光纤变形。

4）发射、接收二极管有故障。

为分析出断环出现的位置，零件清单、断环诊断应答等信息非常必要，如图 7—36 所示，环路断路诊断可以通过以下方式进行：激活诊断接口的执行元件测试，从诊断接口发一个电脉冲到诊断线上，所有控制单元发送光信号，所有控制单元检查电器功能，所有控制单元检查环路上运行的光信号是否到达入口，控制单元通过诊断线回答，通过环路顺序检查（附加电路图）指出环路的断路位置。

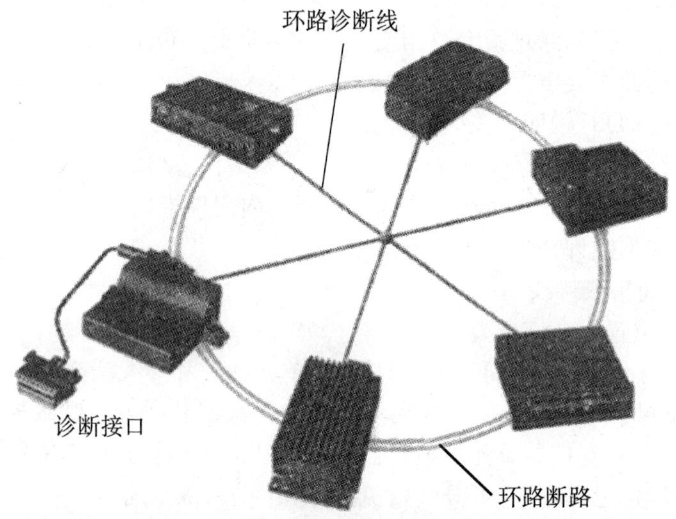

图 7—36　环路断路诊断示意图

（4）MOS 下导线的弯曲防护。波纹管弯曲应避免半径不足，如图 7—37 所示，最小弯曲半径 R 要大于 25mm，R 在 10～20mm 范围内会损害功能，R 小于 5mm 为破坏半径。

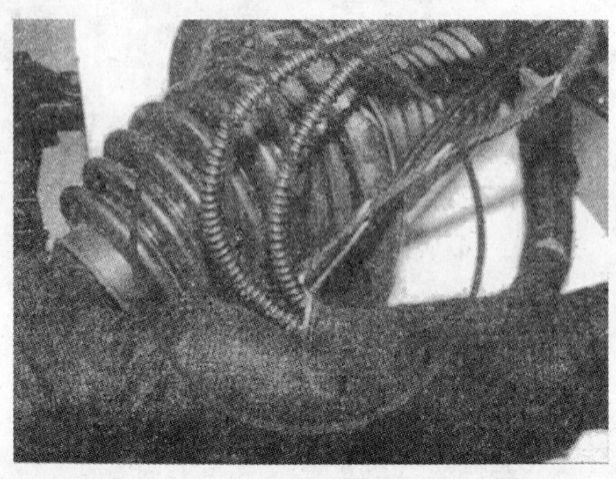

图 7—37　波纹管弯曲应避免半径不足

学习测试

一、填空题

1. 由于车载多媒体设备，如DVD、CD播放器、数字电视和笔记本电脑等都要求具有比控制网络更________、更________和满足________，因而需要开发面向多媒体的专用网络协议。

2. 目前汽车媒体网络均采用光纤通信系统，常用的总线通信标准有________、________和________，其中以________速度最快，其传输速率最高可达每秒千兆位，提高了实时性。

3. MOST得到包括BMW、Daimler Chrysler、Harman/Becker和Oasis公司的支持，已应用在多款车型上，如________、________和________等。

4. D2B光纤由三层部件构成，包括________、________和________。

二、判断题（对的画√，错的画×）

1. 光纤通信具备许多优点，能够满足多媒体通信的各种要求。可见，光纤必将是多媒体通信传输介质的最佳方案。(　　)

2. 当光纤为直线时，信号能有效传递；当光纤被弯曲时，信号就不能有效传递。(　　)

3. 多媒体数据（数字音频信号和视频信号）的数据容量非常大，需要高速CAN（传输速率达到1Mbit/s）才能满足要求。(　　)

4. MOST多媒体网络的一个基本特征是它只能传输数字音频信号和视频信号而不能传输控制数据和传感器数据。(　　)

5. MOST与D2B多媒体网络一样都采用环状结构。(　　)

三、选择题

1. MOST属于光纤网络协议，具备较强的数据流能力，通信传输速率可达(　　)，用于车载多媒体、个人计算机、导航系统等的连接。

A. 50Mbit/s　　B. 15Mbit/s　　C. 1 000Mbit/s

2. (　　)采用光纤技术，允许各种民用便携式电子设备连接到汽车内网络并实现互操作，包括数码视频相机和Sony Play Station TM2游戏机，以及各种民用视频显示器和各种DVD播放机，并能实现即插即用。

A. IDB-1394总线　　B. MOST总线　　C. D2B总线

3. (　　)无线网络在汽车上应用具有较强的抗电磁噪声影响。

A. 蓝牙无线网络　　B. ZigBee无线网络　　C. GSM通信网络

4. 每一个MOST信息分为3部分，包括：控制数据、异步数据和同步数据，其中音频信号和视频信号属于(　　)。

A. 控制数据　　B. 异步数据　　C. 同步数据

四、简答题

1. 宝马E65多媒体系统有几个模块？分别是什么？

2. MOST多媒体系统出现故障的原因主要有哪几方面？如何检查？

参 考 文 献

[1] 林伸茂编著 . 8051 单片机彻底研究 . 北京：人民邮电出版社，2004

[2] 杨庆彪主编 . 现代轿车全车网络系统原理与检修 . 北京：国防工业出版社，2007

[3] 朱建风，李国忠主编. 常见车系 CAN-BUS 原理与检修 . 北京：机械工业出版社，2006

[4] 管秀君主编. 汽车单片机及局域网技术 . 北京：人民交通出版社，2005

[5] 谢宜仁，谢炜等编著. 单片机实用技术问答 . 北京：人民邮电出版社，2003

[6] 饶运涛等编著. 现场总线 CAN 原理与应用技术 . 北京：电子工业出版社，2003

[7] 庄琴生编著. 计算机接口技术 . 西安：西安电子科技大学出版社，2004

[8] 南金瑞，刘波澜编著. 汽车单片机及车载总线技术 . 北京：北京理工大学出版社

图书在版编目（CIP）数据

汽车总线技术/徐景波主编．—北京：中国人民大学出版社，2011.9
中等职业教育汽车运用与维修系列教材
ISBN 978-7-300-14353-8

Ⅰ.①汽… Ⅱ.①徐… Ⅲ.①汽车-计算机控制系统-总线-中等专业学校-教材 Ⅳ.①U463.6

中国版本图书馆 CIP 数据核字（2011）第 183984 号

中等职业教育汽车运用与维修系列教材
汽车总线技术
主　编　徐景波
副主编　余红梅

出版发行	中国人民大学出版社		
社　　址	北京中关村大街 31 号	**邮政编码**	100080
电　　话	010－62511242（总编室）		010－62511398（质管部）
	010－82501766（邮购部）		010－62514148（门市部）
	010－62515195（发行公司）		010－62515275（盗版举报）
网　　址	http://www.crup.com.cn		
	http://www.ttrnet.com(人大教研网)		
经　　销	新华书店		
印　　刷	北京东方圣雅印刷有限公司		
规　　格	185 mm×260 mm　16 开本	**版　　次**	2011 年 9 月第 1 版
印　　张	11.25	**印　　次**	2011 年 9 月第 1 次印刷
字　　数	252 000	**定　　价**	20.00 元

教师信息反馈表

为了更好地为您服务，提高教学质量，中国人民大学出版社愿意为您提供全面的教学支持，期望与您建立更广泛的合作关系。请您填好下表后以电子邮件或信件的形式反馈给我们。

<table>
<tr><td>您使用过或正在使用的我社教材名称</td><td colspan="2"></td><td>版次</td><td></td></tr>
<tr><td>您希望获得哪些相关教学资料</td><td colspan="4"></td></tr>
<tr><td>您对本书的建议（可附页）</td><td colspan="4"></td></tr>
<tr><td>您的姓名</td><td colspan="4"></td></tr>
<tr><td>您所在的学校、院系</td><td colspan="4"></td></tr>
<tr><td>您所讲授的课程名称</td><td colspan="4"></td></tr>
<tr><td>学生人数</td><td colspan="4"></td></tr>
<tr><td>您的联系地址</td><td colspan="4"></td></tr>
<tr><td>邮政编码</td><td></td><td>联系电话</td><td colspan="2"></td></tr>
<tr><td>电子邮件（必填）</td><td colspan="4"></td></tr>
<tr><td>您是否为人大社教研网会员</td><td colspan="4">□ 是　会员卡号：________
□ 不是，现在申请</td></tr>
<tr><td>您在相关专业是否有主编或参编教材意向</td><td colspan="4">□ 是　　□ 否
□ 不一定</td></tr>
<tr><td>您所希望参编或主编的教材的基本情况（包括内容、框架结构、特色等，可附页）</td><td colspan="4"></td></tr>
</table>

我们的联系方式：北京市海淀区中关村大街 31 号

人大出版社教育分社

邮政编码：100080

电话：010-62515210

网址：http：//www.crup.com.cn/jyfs/

E-mail：jyfs_2007@126.com